석천錫川, 한없이 낮고 한없이 높은

석천錫川, 한없이 낮고 한없이 높은
석천 김종수 목사 1주기 추모집

2024년 5월 31일 처음 펴냄

지은이   김종수 외
엮은이   석천을 그리는 사람들
펴낸이   김영호
펴낸곳   도서출판 동연
출판 등록   제1-1383호(1992. 6. 12.)
주소   서울시 마포구 월드컵로 163-3, 2층
전화/팩스   (02)335-2630 / (02)335-2640
이메일   yh4321@gmail.com
인스타그램   https://www.instagram.com/dongyeon_press

ISBN 978-89-6447-006-0 03040

석천錫川,

한없이 낮고

한없이 높은

김종수 외 함께 씀
석천을 그리는 사람들 엮음

동연

1 · 코람데오스무스

끊어지지 않는
인류의 횃불 되어 타거라

一九八0 · 三 · 四

김종수 희보 세가정에

2 · 가족

3 · 일상

4 · 세상을 향해

5 · 교회-강단

해맑 종수^^

제5회 연세 민족민주동문 합동 추모제

2023년 11월 3일(금) 오후 7시 | 연세대학교 원두우 신학관 2층 예배실

주　　최 | 연세민주동문회
함께한 분들 | 김복영추모사업회, 노수석추모사업회, (사)이한열기념사업회, 정성희를기억하는사람들, 연세대학교총학생회비상대책위원회

차례

고^故 김종수_{金琮洙} 목사 발자취

1956년 4월 1일(양력)	출생
1978	연세대 신학과 졸
1981~1983	한빛교회 전도사
1983	연세대 대학원 신학과 졸
	KNCC 인권위원회 70, 80년대 한국 인권 상황 백서 작성 참여
1983~1985	유학(독일교회 지원)
1986년 12월	목사 안수(강원노회)
1986~1988	원주열린교회 시무
1989~1998	서울 대치교회 시무
	청목회 회장
	목회자정의평화실천위원회 임원
1998~2002	서울 성음교회
2002~2009	우리겨레하나되기 서울 공동대표
2002~2011	서울 하늘샘교회 개척
2002~2016	총회구역공과집필위원
2002~2023	평통사 평화통일연구소 이사
2004~2023	예수살기
2005	평양 방문
2007, 2019	민주평화통일자문회의 자문위원
2008~2011	두리반강제철거대책위원장
2011~2023	통일의길 이사

2011~2023	목포산돌교회
2012~2023	평통사 목포 대표
2012~2023	목회신학대학 강의
2014~2023	목회자를 위한 성서학당
2017~2023	총회구역공과 집필위원장
2018~2023	예수살기 광주전남 대표
2020~2022	전남NCC 초대회장
2023년 6월 28일	영면

저서

『산돌의 아침 ― 매일 성서 묵상(구약)』(동연, 2023)

『주의 사랑으로 우리를 구하소서(사순절)』(만우와장공, 2023)

『그리스도와 함께 나의 십자가, 나의 부활에 이르기까지』(만우와장공, 2022)

『전에는⋯ 이제는⋯ ― 참회의 기도』(동연, 2021)

『십자가와 함께 부활에 이르는 여정(사순절)』(만우와장공, 2021)

『그 빛이 어둠 속에 비치니(대림절)』(만우와장공, 2019)

『예수, 위로의 마을에서 꾸짖다 ― 설교자를 위한 성서읽기』(동연, 2018)

『마음의 눈을 밝히는 기다림(대림절)』(만우와장공, 2018)

『다시 부르는 마리아의 노래(대림절)』(만우와장공, 2017)

『하늘 샘물 흐르는 곳에』(하늘샘교회, 2005)

그리움이 밀려오다

석천이 떠난 지 1주년을 맞이하여 책을 발간한다. 그가 남긴 설교와 사회를 향한 메시지들이다. 그의 글은 정돈되어 있고, 또 예리하다. 그래서 자세하게 읽고, 여러 번 읽게 된다. 높은 수준의 글이기에 쉽게 읽을 수가 없다. 설교에 앞서 쓴 그의 글이 먼저 한편의 수려한 작품이 된다. 그의 글을 읽으면서 석천이 다시 만나서 말하는 것 같다.

석천을 그리는 사람들의 이야기가 나온다. 많은 분이 석천과의 인연과 그와의 에피소드를 소개하고 있다. 석천의 발자취는 교회를 뛰어넘어 사회에 깊숙이 퍼져 있다. 그래서 이 추모집을 만들고, 앞으로도 이런 추모집이 11년 동안 계속된다고 한다.

그는 서울에서 목포로 내려와 산돌교회 목회와 시민 운동의 중심이 되었다. 그리고 성서 연구와 총회 교육원의 여러 교재 집필을 하였다. 그는 온 힘을 다해 하나님 나라를 위해 헌신하였다.

그의 말과 글은 중후하고 모든 사람의 길잡이가 되었다. 그는 항상 여유와 웃음을 잃지 않았다. 그는 신학과 인문학을 두루 섭렵한 인재였다. 그래서 그는 이 세상과 성서에 대해 명쾌하게 이야기해 준다. 그는 길을 찾아 길을 따라 길을 떠났고 우리에게 길을 가르쳐 주었다.

이 책은 석천의 모습을 더 선명하게 볼 수 있게 한다. 그는 떠났지만, 우리 마음속에 그리움으로 남아 있다.

황인갑 목사
(청계서부교회, 전남NCC 회장)

ex와 eis 사이에서

한국교회의 미래를 염려하는 목소리가 날로 높아가고 있다. 단지 목소리만 높아가는 것이 아니라 교인과 신학생의 현저한 감소, 교회학교의 몰락 등등의 현실들이 암담한 미래를 분명하게 말해주고 있다. 30년 전부터 들려왔던 '개독교', '먹사', '병신도'의 비난이 결코 그냥 하는 소리가 아니었던 것이다. 그렇다면 이제 교회는 무엇을 해야 할 것인가? 당장 나는 무엇을 할 수 있을 것인가? 미국 목회 20년 한국 목회 20년의 경력을 갖고 있는 은퇴 목사로서 나는 무엇을 할 것인가?

그리하여 스스로 내린 결론이 한국교회의 미래는 목사들의 하늘뜻펴기(설교) 질에 달려 있다 생각하고 지난 2년 반 전부터 북미주의 주요 교단들이 펴낸 교회력 설교 보조 자료인 *Feasting on the Word* (Westminster John Knox Press, 2009)를 참고하여 매 주일 인터넷에 글을 올리고 있다.

이 책은 매 주일 네 개의 본문(제1성서/구약, 시편, 서신서, 복음서)을 네 개의 서로 다른 관점(신학적, 목회적, 주석적, 설교적)에서 서로 다른 신학자와 목사들이 설교 한 편의 길이로 글을 쓰고 있는데, 그래서 이를 따라가다 보면 매 주일 16편의 설교를 읽게 된다. 그러나 이는 북미 제1세계 목사들을 대상으로 쓴 글이기에 우리 상황에 맞지 않는 얘기들이 많아 제3세계 신학의 관점에서 이를 정리하고 기본적으로 답을 제시한다기보다는 질문을 던지는 형식을 취하고 있다.

설교집 추천의 글에 굳이 이런 얘기를 쓰는 이유는 이 책에 실린 설교들이 모두 이 네 가지 관점을 충실히 소화하고 있으며, 특히 주석 부문에서 희랍어 단어를 새롭게 재해석한 내용들은 그가 얼마나 성서 원어에 충실한 설교가인지를 분명하게 말해주고 있기 때문이다. 한 편 한 편이 주옥같은 내용이고, 한 문장 한 문장이 명구처럼 경쾌하고, 단어 하나 결코 의미 없이 쓰이지 않았다. 읽노라면 처음부터 끝까지 물이 흐르듯이 자연스럽게 흘러가면서도 다음에 어떤 내용이 나올까 하는 기대감에 긴장의 끈을 놓을 수가 없다.

사실 많은 기독인이 성서를 하나님의 변하지 않는 말씀(텍스트)이라고 부르는데, 이는 자칫 잘못하면 문자주의에 빠지게 만든다. 물론 하나님의 말씀은 변하지 않는다. 그러나 기록된 성서 말씀(닫힌 텍스트)이 곧 하나님의 말씀인 것은 아니다. 왜냐하면 성서에 기록된 글자는 인간의 이성적 언어라는 틀('옛 컨텍스트') 안에 갇혀 있기 때문이다. 이를 살아있는 하나님의 말씀으로 만들려면 성서가 기록된 시대와 언어의 틀을 벗겨내야 한다. 이러한 작업을 주석(exegesis)이라 부르고, 이 과정을 통한 말씀('열린 텍스트')을 오늘의 사회적 상황('새 컨텍스트') 안으로 재해석(eisegesis)했을 때 비로소 말씀이 살아 있게 된다. 이런 관점에서 그의 설교는 매우 훌륭한 하나의 모범이 된다. 여기에 적절한 예화와 인용 글들은 그가 평소에 얼마나 많이 인문학 독서에 충실한가를 말해 주고 있다.

하나의 예를 들어보면 "배를 탄 그들, 그러나 내린 사람은 그분 하나"(막 4:35-5:2)에서 파라람바노(παραλαμβάνω)라는 희랍어 단어 하나를 새롭게 해석한 부분이다. 우리말 성서에서는 '모신다'고 했지만, 문자적 의미는 '곁에 붙들어 둔다'이다. 이는 예수의 뜻을 따른다는 의미가 아니라 모양으로 예수를 '데리고 다닌다'는 의미라는 것이다. 곧 제자들의 자기중심적인 신앙을 비판하는 문구로 해석하고, 나아가 이 단어가 과거형이 아닌 현재형으로 되어 있어 오늘날의 예수 없는 한국교회를 말하고 있다는 내용들은 독창적이면서도 매우 설득력이 있다.

목사의 설교에는 갖추어야 할 기본 요소가 있다. 삶에 지친 교우들을 일으켜 세우는 위로와 사랑의 권면, 자신을 스스로 돌아보게 하는 상담과 자기 치유 그리고 자신의 안전지대를 넘어서도록 촉구하는 십자가에 대한 도전과 부활을 살아내고 영원을 바라보는 종말론적 희망이다. 이점에서도 김 목사의 설교는 탁월하다.

지금도 기억나는 것은 언젠가 산돌교회에서 있었던 예수살기 모임에 참석했는데, 어떤 집사님이 『에바다』란 제목으로 된 작은 설교 책자를 나눠주는 것이었다. 같은 본문에 같은 제목으로 다섯 번을 설교한 내용이었다. 시간을 두고 같은 본문으로 설교를 한두 번 할 수는 있지만, 다섯 번을, 그것도 연달아 하다니 참으로 충격이었다. 설교에 특별한 재능을 타고 나신, 아니 하나님의 특별한 은총을 받은 분이었다는 생각이 다시금 떠오른다. 좀 더 가깝게 지냈으면 좋았을 것을 하는 후회가 막심하다.

끝으로 설교와 거의 같은 분량으로 교회 밖 일반 시민들을 향한 칼럼 글 등이 함께 실려 있다는 점 또한 특이하다. 「목포시민신문」, 「영암일보」 등에 실린 여러 편의 글이다. 이는 김 목사님의 활동 영역이 단순히 교회에만 머문 것이 아니라 사회활동에도 매우 적극적이었다는 것을 말해 준다. 그분의 이력 또한 이를 반증한다. 칼 바르트는 "그리스도인들은 한 손에 성서를 다른 한 손에는 신문을 들어야 한다"고 말했는데, 김 목사님이 과연 그러한 분이었다. 그런데 그 칼럼을 읽어보면 이게 그냥 사회적 이슈에 관한 목사 개인의 발언이 아니라 성서 이야기에 바탕을 둔 또 하나의 설교문이다. 필자 또한 여러 차례 이런 부탁을 받았지만 역량이 부족하여 이를 거절하곤 했는데, 참으로 부럽기만 하다.

그리고 추모집으로서 평소 믿음의 관계를 맺어온 여러 분의 삶의 이야기가 함께 엮어졌다는 점 또한 이 책을 추천하는 또 하나의 이유다. 설교와 설교자의 삶은 결코 유리될 수가 없다. 필자 또한 젊은 시절 유명한 설교자들의 설교집을 구입해서 읽어보고 많은 감동을 받곤 했는데, 후에 사회나 교계에 여러 문제를 일으킨 이야기를 들을 때는 차라리 그의 설교집을 몰랐다면 좋았을 것을 하는 후회를 갖곤 했다. 모든 분이 하나같이 그리워하고 흠모해 마지않는 글을 읽노라면 나 자신이 한없이 부끄러워진다.

한 가지 아쉬움이 있다면, 교회력에 따른 본문 선택이다. 이천 년 교회 역사는 성서 전체를 아우르는 통합적 신앙을 지향하여 교회력(lectionary)이라는 전통을 만들었다. 삼 년에 걸쳐 성서 전체 주요 구절을 다 통섭한다는 전통이다. 대림절, 성탄절, 주현절, 사순절, 부활절, 성령강림절, 창조절이라는 1년 주기에 맞춘 4개의 본문을 제시하고, 말씀의 연속성을 위해 하나의 책을 정하면 그 책의 중요한 본문들을 차례로 다룬다. 목사가 성서 본문을 선택하는 것이 아니라 성서 본문이 목사를 선택하기에 공부하지 않을 수 없고, 기도하지 않을 수 없다.

그런데 김 목사님은 설교 마지막 부분에서는 그날이 절기 몇 주라는 얘기는 하지만, 절기 자체에 관한 신학적 해석은 별로 보이지 않고 설교 본문은 하나다. 이는 대부분의 한국교회 목사들이 택하는 방식이다. 물론 설교라는 건 20~30분이라는 짧은 시간 안에 교인들의 삶에 변화를 줄 수 있는 강한 메시지를 전해야 하기에 4개의 본문을 다 다루는 것은 불가능하다. 필자 또한 4개의 본문을 예배에서 읽기는 했지만, 설교에서는 두 개의 본문 이상을 다루지는 아니했다. 그렇더라도 교회는 세계 교회가 하나라는 에큐메니칼 정신을 설교 본문에서부터 실천하는 것이 중요하다. 왜냐하면 개 교회의 설교자는 시간의 흐름에 따라 결국 바뀌게 마련이고 교인들 또한 사정상 교회를 옮기는 경우가 생기는데, 이런 경우에도 하나님 말씀의 연속성은 변함없이 유지될 수 있기 때문이다. 목사들이 임의로 본문을 선택하게 되면 평생 교회를 다녔던 사람이라 할지라도 성서 전체의 숲을 바로 보지 못하고 단지 몇 개의 큰 나무들만 기억하고 마는 편향된 신앙인이 되기 쉽다. 현재 한국교회의 교단 분열은 극심하다 못해 참혹하기 짝이 없다. 문체부에 등록된 장로교단만도 이백 개가 넘는다. 그런데 설사 교파가 수천 개가 된다 하더라도 단상에서 외쳐지는 성서 말씀에서 하나가 된다면 하나의 교회라 말할 수 있을 것이다. 이는 가톨릭과 정교회에 비해 개신교가 갖는 약점이며, 특히 한국교회가 개선되어야 할 부분이다.

끝으로 제2의, 제3의 계속되는 설교집 출간을 기다리며 김 목사님의 이 땅에서의 마지막 설교의 파송사로 추천사의 결론을 대신한다.

"오늘은 어린이 청소년 주일입니다. 이제 그들을 주변으로 밀어내지 마십시오. 그들을 지옥 같은 경쟁으로 몰아넣지 마십시오. 그들을 소중히 여겨 우리 가운데 세우십시오. 그들에게 배우십시오. 낮아지는 법을 배워 모든 사람에 대한 존중을 배우십시오. 우리 아이들의 미래를 황폐하게 하거나 뺏지 마십시오. 이 지구는 우리 아이들이 살 미래임을 잊지 마십시오. 그들의 미래가 우리의 생명입니다."

조헌정 목사
(촛불행동 고문, 전 향린교회 담임목사)

석천을 추모하는 마음을 책으로 담아내는 뜻은

석천은 한없이 낮고 낮았다. 그래서 만나는 사람을 무장해제시켰다. 꾸밀 것도 없고, 애써 아는 척, 가진 척하지 않아도 되었다. 있으면 있는 대로, 없으면 없는 대로 문제가 되지 않았다. 외려 위장하고 적당히 꾸며야 되는 것이 거추장스러웠다. 석천은 앞에 있는 이에게 액면 그대로의 모습으로 훅 다가왔기에 처음에 잠깐 당황하다가 이내 완화되고 편안하게 되었다. 소탈하고 털털하고 솔직함으로 낮아졌기에 만나는 사람들을 금세 친구와 동지로 이끌어갔다. 가식이라고는 1도 없었기에 가능한 석천만의 소박하고 담백한 인간미였다.

석천은 한없이 높고 높았다. 평생을 천착한 진리를 해석하고 풀어내어 설파하는 남다른 면모가 그렇다. 예수의 알쏭달쏭한 말씀들을 속시원히 풀어주었다. 애매모호한 성구들이 석천의 손에 붙잡히면 분명해지고 또렷해졌다. 아하 그렇구나! 탄성을 자아내게 만드는 석천의 연필 끝이 이제는 유산으로 살아있다. 뻥 뚫리는 시원함으로 맺힌 것 풀어주어 통쾌함을 주는 설교 말씀들은 밝고 환한 진리의 대로를 열어주었다. 그렇게 석천은 자신만이 아니라 동행자들까지 높고 높은 곳으로 이끌어갔다.

석천은 늘 사람 곁에 있었다. 세월호의 현장에, 사회적 약자를 대변하는 자리에, 불의와 불공정 앞에, 이 땅에서 강도 만난 자의 이웃으로, 신원하시는 하나님의 제자답게 억울한 사람들 곁에 늘 있었다. 석천은 그렇게 성육신을 몸으로 보여주었고 또 그렇게 당신의 자리매김을 하였다.

석천은 분출하는 의지와 뜻을 한 데 모을 줄 아는 시대의 예언자적 지성의 소유자였다. 거대 담론을 거뜬히 주도하였다. 조직하고 연대하여 선한 영향력을 유감없이 발휘하였다. 그러면서도 석천의 눈길은 항상 사람에게 관심하였다. 그 무엇보다 우선하는 사람 중심! 사람 우선의 영성으로 관계하였다. 밥 한번 먹자! 라던 석천의 음성은 가슴을 따뜻하게 덮혀준다.

홀쩍 그가 우리 곁을 떠나고 보니 그랬었다. 허한 마음과 그리움이 꼬리에 꼬리를 물 듯이 이어지는 것은 그래서 그랬다. 지금도 그렇다.

"망각은 멸망의 지름길이요, 기억은 구원의 뿌리다"라는 랍비 발 셈 토브의 말처럼 석천을 경험한 사람은 석천을 망각할 수 없게 된다. 아는 것과 경험한 것은 다르니까. 그 아름다운 경험과 소중한 기억을 기록으로 남겨야 하는 분명한 까닭이다.

황현수 목사
(대기리교회, 석천을 그리는 사람들 대표)

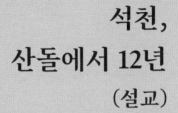

석천,
산돌에서 12년
(설교)

일러두기

이 책에 사용한 신구약성서 역본은 표준새번역이며, 다른 역본을 사용한 경우 별도로 표기하였다.

첫사랑

(요한계시록 2:1-7)
내가 네가 한 일과 네 수고와 인내를 알고 있다. 또 나는, 네가 악한 자들을 참고 내버려둘 수 없던 것과, 사도가 아니면서 사도라고 자칭하는 자들을 시험하여 그들이 거짓말쟁이임을 밝혀낸 것도, 알고 있다. 너는 참고, 내 이름을 위하여 고난을 견디어 내고, 낙심한 적이 없다(2-3절).

처음 사랑

결혼식장에 가면 늘 듣는 결혼 서약이 있습니다. 가장 중요한 약속이면서도 이제는 너무나 먼 옛날이야기처럼 느껴지기도 합니다. 여러분, 어떤 경우에나 사랑하겠다는 이 서약이 지금도 유효합니까? 처음 결혼식 때처럼 씩씩하게 그리고 자신만만하게 "예!"라고 대답하기가 쉽지 않을 것입니다. 결혼 생활에도 유통 기간이 있는 것처럼 보입니다. 물론 철모르는 젊었을 때의 풋사랑으로 돌아가라는 말이 아닙니다. 그 풋사랑으로 시작된 우리의 사랑이 얼마나 익어가고 있는지를 돌아보자는 것입니다. 우리가 그토록 다짐하고 약속했던 처음 사랑, 첫사랑도 현실 앞에서 흔들리고 때론 여지없이 무너집니다.

사실 결혼 서약만이 아닙니다. 제가 처음 목사가 될 때도 그러합니다. 저의 목사 임직식 때도 저는 목사로서 서약했습니다. 그 세 번째 서약에 이런 질문이 나옵니다.

"그대는 성직자로서 하나님을 기쁘시게 하고 교회 안팎의 모든 사람에게 유익을 주는 목사가 될 것을 서약합니까?"

저는 물론 뚜렷하게 "예, 서약합니다" 하고 대답했습니다. 과연 이 서약대로 살아온 26년이었을까요? 그때만 해도 하나님께 충성을 다하며 하나님의 뜻에 따라 양 떼를 먹이며 사랑할 것이라고 여겼습니다. 그러나 목회라는 현실이 또한 만만치가 않습니다. 그 처음 사랑을 지키며 익어가게 한다는 것은 결코 쉬운 일이 아니었습니다. 사실 우리의 신앙생활과 교회 생활도 예외는 아닙니다. 처음 신앙생활의 감격과 주님과 그 몸인 교회에 대한 사랑도 어느새 퇴색해 갑니다.

에베소교회

오늘 우리가 읽은 요한계시록 2장 1-7절은 아시아에서 제일 먼저 세워진 에베소교회에 하나님이 하신 말씀입니다. 당시 아시아의 최대 항구였던 에베소라는 도시는 그 지리적 조건 때문에 사람과 상품이 끊임없이 드나드는, 소위 아시아의 관문이었습니다. 그렇기에 이와 같은 대규모의 상업 도시, 교역 도시는 그 물량의 풍요로움만큼이나 인간을 유혹하여 타락하게 하는 것들을 가지기 마련입니다. 흔히 항구 도시나 대도시가 갖고 있는 것처럼 많은 물질과 부로 인한 향락과 쾌락은 이 에베소 도시의 만연된 풍조였습니다.

고대 철학자 헤라 크리투스는 이 도시를 보면서 "누구든지 에베소를 돌아보면 어디서나 볼 수 있는 부도덕에 울지 않을 수 없다"고 말했습니다. 윤리적, 도덕적 타락뿐만이 아니라 에베소는 종교적으로 엄청난 죄악의 도시였습니다. 로마 황제 숭배와 더불어 아데미 여신을 숭배하는 이단 중심지였습니다. 특히 아데미 신전을 중심으로 한 도덕적 타락은 실로 엄청난 것이었습니다. 어떠한 악한 범죄자도 돈만 주면 그 신전으로 들어가 안전하게 보호받는 도피전이 있어 범죄자들의 천국이었고, 수백 명의 여자 사제들은 창부 노릇까지 겸하고 있었습니다.

바로 이렇게 사회적으로나 종교적으로나 부도덕하고 타락하고, 우상 숭배와 이단이 판을 치는 이곳 에베소에 교회는 세워졌습니다. 교회의 복음과는 전혀 거리가 먼, 신앙과는 전혀 반대인 이곳 타락의 삶 한복판 에베소에 말입니다. 바로 이러한 곳에서 숱한 시련을 겪으면서, 악전고투하면서 에베소교회는 그 위대한 신앙을 뿌리내렸습니다.

이 타락한 도시에 교회를 세우기까지 3년 동안이나 수고한 사도 바울의 눈물과 땀이 있었습니다. 사실 에베소는 사도 바울이 전도여행을 하던 중 가장 오래 머물러 있었던 곳이기도 했습니다. 그러나 바울이 흘린 눈물과 땀이 있었다고는 하지만, 에베소교회 교인들의 열심이 없었더라면 에베소교회는 이 지역에 뿌리내리기 어려웠을 것입니다. 특히 고린도전서 16장 19절에 보면 아굴라와 브리스가라는 부부가 나오는데, 이 부부는 자기 집을 교회로 내놓았습니다. 로마서 16장 4절에서 사도 바울은 브리스가와 아굴라 부부가 생명의 위험을 무릅쓰고 자신의 목숨을 구해주었다고 말하고 있습니다. 그리고 사도 바울이 에베소를 떠난 후에는 디모데가 열정적인 사랑을 가지고 아낌없는 수고를 했습니다.

이것을 두고 본문 4절은 '처음 사랑', '첫사랑'이라고 말하고 있습니다. 사도 바울과 에베소 교인들의 이 뜨거운 첫사랑이 에베소교회를 건강하고 성숙하게 세워가는 기초가 된 것입니다. 오늘 성서 본문 2절 이하에서 하나님은 에베소교회 교인들이 그동안 지켜온 위대한 신앙을 극구 칭찬하고 있습니다.

내가 네가 한 일과 네 수고와 인내를 알고 있다. 또 나는, 네가 악한 자들을 참고 내버려둘 수 없던 것과, 사도가 아니면서 사도라고 자칭하는 자들을 시험하여 그들이 거짓말쟁이임을 밝혀낸 것도, 알고 있다. 너는 참고, 내 이름을 위하여 고난을 견디어 내고, 낙심한 적이 없다.

하나님은 그곳 타락의 에베소에 신앙의 뿌리를 내린 에베소교회를 칭찬하고 있습니다. 물론 그 에베소교회 교인들이 걸어온 길은 결코 평탄하지 않았습니다. 에베소교회가 그곳에 신앙의 뿌리를 내리고 복음을 전도하는 데에는 많은 훼방꾼이 있었습니다. 에베소교회가 잘 세워지고 잘 전도하는 것을 시기하고, 싫어하고, 방해하는 무리가 있었습니다. 유대인들이 기독교 교회를 붕괴시키기 위해 가짜 사도들을 파송해 교회를 혼란케 하였고, 직업적인 거지와 종교 깡패들을 보내어 교회의 복음 전도를 방해했습니다.

니골라당의 훼방

특별히 본문 6절이 말하는 니골라당이 바로 그들입니다. 니골라당이란 니골라우스라는 사람을 추종하는 무리입니다. 니골라우스는 원래 기독교 개종자였고 안디옥 교회의 일곱 집사 중 하나였습니다만 후에 정통 신앙을 떠나 육체적 쾌락을 추구하는 이단자가 된 것입니다. 이 니골라당의 교리는 인간의 신앙을 유혹하기에 충분한 것이었습니다. 그것은 쾌락주의였습니다. 교회와 교회의 교리에 매일 필요 없고 하고 싶은 대로 다 해도 그저 선하게만 살면 하나님의 축복이 내린다는 것이요, 지금 쾌락적으로 사는 것 자체가 하나님의 축복이라는 것입니다.

환락과 방탕의 도시 에베소 사람들에게 이 교리는 타락을 정당화시켜 주는 좋은 구실이 되었던 것입니다. 오늘날로 말하면 적당한 교회 생활과 세속적 삶이 아무런 갈등이 없이 평행선을 그으며 우리의 삶 속에 자리 잡아 가고 있는 것과 마찬가지입니다. 회색빛 신앙, 세상적 쾌락과 신앙이 적당히 어울리는 종교 혼합 현상이 바로 니골라당의 정체입니다.

에베소교회는 이러한 이단자를 색출해 내고, 처벌하고 치리하며, 오늘 성서의 말씀대로 거짓된 것을 가려내어 가짜 사도들을 고발하였습니다. 실로 에베소교회는 그 참다운 신앙을 교회 안에 정립하기 위해 외부의 핍박을 참아내고 모든 악조건과 싸우며, 복음의 훼방꾼들의 압력을 물리치며 그 순수한 신앙을 지켜 왔습니다.

한 가지 책망할 것

에베소교회는 과연 오늘 성서의 말씀대로 하나님의 칭찬을 받을 만한 훌륭한 교회였습니다. 그런데 이처럼 칭찬받기에 마땅한 에베소교회에 하나님은 단 한 가지 책망을 내리십니다. 그리고 바로 이 한 가지 잘못 때문에 지금까지 잘해오던 모든 인내와 수고의 미덕이 다 필요 없는 것이 되었다고 말씀하십니다. 그 부족한 한 가지란 오늘 본문 4절이 말하듯이 "처음 사랑"을 버렸다는 것입니다. 에베소교회가 처음 출발할 때 지녔던 첫사랑을 잃어버렸다고 말입니다.

에베소교회는 그 위대한 신앙을 순수하게 지켜 왔음에도 불구하고 어째서 첫사랑을 잃어버렸습니까? 무엇이 그 위대한 에베소교회를 칭찬의 자리에서 책망의 자리로 떨어지게 만들었습니까?

그것은 기독교의 정통성과 순수성을 훼방하던 악한 자들, 거짓 사도들 그리고 이단을 몰아내는 것에만 온갖 신경을 곤두세우다 보니 심판하고 정죄하는 일에만 급급했던 것입니다. 새로운 교인이 들어와도 그를 따뜻하게 맞이할 생각은 하지 않고 혹 이단이 아닌가 하며 수상쩍은 눈길을 보내면서, 처음 교회를 세웠을 때의 뜨거운 사랑은 차츰 사라지고 있었던 것입니다.

물론 에베소교회로서는 신앙의 순수성을 지키기 위하여 핍박하는 무리들과 투쟁해야 했고, 이단을 색출해야 했으며, 온갖 거짓 사도들의 위협과 방해는 경계하며 날카롭게 물리쳐야만 했습니다. 그래서 교회 안으로 새로운 교인이 들어오면 반갑게 맞기보다는 혹시 이단이나 깡패 혹은 교회를 붕괴하려는 유대인들이 보낸 사람이 아닌가 하며 의심하였습니다. 물론 그 당시로서는 이것은 불가피했습니다. 그러나 에베소교회가 이단자들인 훼방꾼들을 몰아냄으로써 정통성과 순수한 교회의 방향을 끝까지 지키기는 했지만, 그로 인하여 치른 대가는 너무도 큰 것이었습니다. 그 희생의 대가가 바로 처음 교회를 세울 때의 주님에 대한 사랑 그리고 교우들 사이의 오고 갔던 뜨거운 사랑, 이 신앙의 감격을 상실했다는 것입니다.

저는 젊은 청년 시절을 한빛교회라는 곳에서 보냈습니다. 그 교회 청년부에서 대학 시절을 보냈고, 이어서 전도사로 5년 가까이 임직하였습니다. 저는 한빛교회가 제 모교회라고 말하는 것을 주저하지 않습니다. 그것은 그 교회가 이 나라 어두운 군사 독재 정치의 역사를 외면하지 않았기 때문입니다. 불의한 독재 권력에 결코 굴종하지 않았던 교회였고, 그곳 출신의 많은 교인이 이에 저항하다 감옥에 가고 온갖 고문을 당하였습니다. 한빛교회는 불한당 만난 역사의 길목에서 기꺼이 사마리아인으로 억울하고 가난하고 소외된 사람들의 편에 섰습니다.

그러나 문제가 발생하였습니다. 바로 하나님이 에베소교회에 지적한 것이었습니다. 불의한 권력에 항거하다 보니 교회는 늘 기관원의 사찰을 받았고 교회의 일거수일투족 감시를 받아야 했습니다. 교회 주변에는 늘 사복 경찰이 있었고 때론 교회 안으로 교인을 위장한 프락치들도 들어왔습니다. 그래서 교회는 새로운 사람이 오면 혹 기관원이 아닌가 하는 의심스럽고 수상한 눈으로 바라보아야 했습니다. 결국 새로운 교인이 들어와도 반갑게 맞이할 수가 없었고 마치 기관원처럼 신원을 확인해야 했습니다. 결국 불의에 저항한 정의로운 교회는 되었지만, 교회 내 따뜻한 사랑은 식어져 가고 있었습니다. 하나님께서 에베소교회에게 경고하였듯이 처음 교회를 세웠을 때의 첫사랑을 잃어버린 것입니다.

이것은 과거 한빛교회만의 이야기는 아닐 것입니다. 요즘 각 교회마다 새로운 사람이 오면 긴장을 합니다. '신천지'라는 이단 때문입니다. 신천지가 들어와 교회를 분열시키고 접수하는 일들이 자주 벌어지고 있기 때문입니다. 결국 새로운 사람이 와도 환영보다는 의심의 눈초리로 보아야 하는 현실이 되었다는 것입니다. 이단을 정죄하고 색출하였지만 결국 이 의심이 교회를 세울 때의 첫사랑을 잃어버리게 합니다.

하나님은 바로 이 첫사랑을 잃어버린 에베소교회에 엄청난 책망의 심판을 내리십니다. 본문 5절에서 하나님은 이 처음 사랑을 잃어버린 것에 대해 에베소교회가 "회개치 아니하면 네 촛대를 옮긴다"고 말씀하십니다. 여기서 '촛대'란 교회를 상징합니다. 즉, 첫사랑을 회복하지 아니하면 하나님의 장중에 있는 교회를 하나님의 품으로부터 버리겠다는 무서운 심판을 경고합니다.

잃어버린 첫사랑

사실 교회만이 아닙니다. 인간사가 다 그렇습니다. 현실이 우리의 첫사랑을 무너뜨립니다. 검은 머리 파뿌리가 되도록 사랑하겠다고 서약을 한 결혼 생활도 현실 앞에 무릎을 꿇습니다. 여러 가지 크고 작은 일들을 통해 그들이 처음 가졌던 사랑은 시험을 받습니다. 그리고 너무나 쉽게 무너집니다. 영원할 것 같았던 그 사랑의 열정이 어찌 그렇게 맥없이 무너지는 것일까요? 기쁠 때나 슬플 때나 한결같을 것 같던 그 사랑이 왜 이리 허무하게 사라져 버리는 것일까요?

사실 무슨 특별한 사건이 없더라도 사람은 살다 보면 서로의 나쁜 점을 더 많이 알게 되고 보기 마련입니다. 좋은 점만 보고 사랑하며 살날들도 그리 많지 않은데, 사람은 좋은 것 백 가지보다도 나쁜 것 한 가지에 마음 걸려 합니다. 사실 이것은 아담의 마음입니다. 아담은 사람이라는 뜻입니다. 에덴동산에서 하고많은 좋은 것 다 놔두고 먹지 말라 하신 선과 악을 알게 하는 나무 열매 하나에 목을 맵니다. 결국 에덴동산에서 쫓겨납니다. 그 하나의 욕심을 채우려다 그만 전부를 잃습니다. 이것이 바로 사람입니다.

못하는 것만 보이고 결점만 눈에 들어옵니다. 그리고 그 결점이 일부가 아닌 전부로 보입니다. 결국 파경에 이르는 결혼 생활의 원인은 온통 상대방의 잘못으로 귀착됩니다. 아담은 창세기 3장 12절에서 이렇게 핑계를 댑니다.

"하나님께서 저와 함께 살라고 짝지어 주신 여자, 그 여자가 그 나무의 열매를 저에게 주기에, 제가 그것을 먹었습니다."

아담의 첫사랑이 여기서 깨집니다. 아담은 하나님께서 그의 배필을 처음 만들어주셨을 때 이렇게 외쳤습니다. 창세기 2장 23절입니다. 이 구절은 공동번역으로 읽어드리겠습니다.

"드디어 나타났구나. 내 뼈에서 나온 뼈요, 내 살에서 나온 살이로구나. 지 아비에게서 나왔으니 지어미라고 부르리라!"

이렇게 기뻐하며 외친 첫사랑, 이 여자 아니면, 이 남자 아니면 결코 살 수 없을 것처럼 여겼던 천생연분도 여지없이 무너집니다. 이때부터는 모든 것이 잘못된 것으로 보입니다. 급기야는 첫사랑 시절 좋았던 것도 나쁜 것으로 보입니다. 착하다고 여긴 것은 무능함으로 보이고, 지혜롭다고 여긴 것은 약삭빠르고 교활한 것으로 보입니다. 소탈한 것은 추접스러운 것으로 보이고, 깔끔한 것은 인간미가 없는 것으로 보입니다. 모든 것을 부정적으로 봅니다. 여기 처음 사랑은 사라집니다.

우리의 신앙생활, 우리의 교회 생활도 마찬가지입니다. 여러분, 처음 신앙생활 할 때의 감격과 사랑을 간직하며 키워가고 있습니까? 처음 교회를 세울 때의 열정과 사랑이 지금도 타오르고 있습니까? 자신도 모르는 사이에 '뭘 그렇게 열심히 할 필요가 있나? 유별나게 신앙생활 할 필요가 없어. 신앙생활 잘한다고 누가 알아주나? 그냥 한 발은 교회, 한 발은 세상에 딛고 적당히 사는 거야'라는 생각에 점점 젖어들고 있지는 않습니까?

이것이 바로 니골라당의 사상입니다. 처음 사랑과 열정은 없어지고 회색빛 신앙이 우리를 잠식합니다. 마치 "그때는 제가 눈에 콩깍지가 씌어져 있었어요. 결국 제가 속은 거예요"라고 말하는 빛바랜 사랑을 아무 거리낌 없이 얘기하는 부부들과 마찬가지입니다. 누군가가 아주 오래전 버전으로 결혼식 곡에 "속았구나 속았구나"라는 가사를 붙여 부릅니다. 심지어는 그 첫사랑이 처음부터 잘못된 것이었다고, 처음부터 잘못 착각한 것이었다고 여기기도 합니다.

삶이 속일지라도

우리가 너무 잘 아는 푸시킨의 시 한 구절인 "삶이 그대를 속일지라도 슬퍼하거나 노하지 말라!"가 생각납니다. 삶이 우리를 속인 것이라고 여깁니다. 아닙니다. 내가 삶을 속인 것입니다. 아니, 내가 나를 속인 것입니다. 아담처럼 그만 핑계를 대십시오. 여기서 사도 요한은 오늘 우리에게 본문 5절에서 말씀하십니다.

> "그러므로 네가 어디에서 떨어졌는지를 생각해 내서 회개하고 처음에 하던 일을 하여라."

첫사랑을 회복하라는 말입니다. 이 첫사랑이 어디서 무너지게 되었는지를 생각하고 회개하여 그 첫사랑을 회복하라는 말씀입니다.

어느 한 부부가 있었습니다. 서로 너무나 사랑하여 결혼하였고 사랑스런 아이도 하나 갖게 되었습니다. 그런데 그 아이가 몇 해 못 살고 병으로 그만 죽어버렸습니다. 이로 인해 이 부부는 큰 상심에 빠지게 되고, 그렇다 보니까 그만 부부 사이도 황폐해지기 시작했습니다. 결국 아이가 죽은 지 10년 만에 이 부부는 이혼하기로 결심했습니다. 그래서 서로의 짐을 정리하기 위해 함께 옷장 문을 열고 서로의 것을 가려내고 있었습니다. 이 넥타이는 당신 것, 이 옷은 내 것, 이것은 당신 것, 저것은 내 것 하면서 서로의 물건을 가리기 시작했습니다. 그런데 그러다가 맨 마지막 밑에서 다 치운 줄 알았던 것이 나왔습니다. 그것은 다름 아닌 죽은 아기의 옷과 사진 한 장이었습니다.

그들 부부는 그것을 보자 깊은 생각에 잠기게 되었고 10년

전으로 돌아가 생각해 보았습니다. 그들이 연애할 때 미치도록 사랑했던 시절, 결혼하여 많은 사람과 축복을 받던 시절, 아이를 낳았을 때의 함께 기뻐하던 모습과 그 아기를 키울 때의 그 사랑, 그리곤 아이가 죽었을 때 함께 울면서 위로해 주던 생각… 서로의 고통과 어려움을 사랑으로 극복했던 10년 전 시절로 돌아가면서 그들은 다시금 옷장 앞에서 서로를 붙잡고 눈물을 쏟았습니다. 잃어버린 첫사랑으로 돌아가게 된 것입니다.

얼마 후면 산돌교회도 10년이 됩니다. 10년이면 강산도 변한다는데, 여러분은 어떻게 변하고 있습니까? 처음 교회를 세웠던 그 열정, 그 사랑, 그 첫사랑이 익어가고 있습니까? 산돌교회는 그냥 세워진 교회가 아닙니다. 많은 교회 중 또 하나의 교회가 아닙니다. 산돌교회 역시 그 첫사랑에는 아픔이 있었고 고뇌가 있었습니다. 이 아픔과 고뇌를 함께 나누며 세워진 교회입니다. 그리고 훨씬 전에 하나님이 원하시는 교회를 꿈꿨던 거인 같은 분이 있었습니다. 굳이 그분의 이름을 말하지 않아도 알 것입니다. 이렇게 세워진 교회입니다. 이 뜨거운 첫사랑을 여러분은 아직도 간직하며 키워가고 있습니까?

여러분 가정은 어떤가요? 첫사랑을 소중히 간직하며 익어가게 하고 있나요? 아니면 그 첫사랑은 아스라이 먼 얘기가 되었나요? 주님은 어디에서 그 사랑이 떨어졌는지를 생각하고 회개하라고 말씀하십니다. 기쁠 때만 사랑이던가요? 슬플 때는, 힘들 때는 미움이 솟구치던가요? 조심하십시오 사랑은 마냥 좋을 때의 이야기가 아닙니다. 그래서 우리 선조들은 '미운 정'을 이야기하지 않습니까? 고운 정, 미운 정이 어우러져 가는 것, 이것이 사랑입니다. 고울 때만 사랑이 아닙니다. 시련을 만날 때, 삶이 버거울 때 만나는 미움도 사랑입니다. 시련은 사랑을 익어가게 합니다. 시련은 성숙한 사랑을 만듭니다.

정호승의 시 하나를 읽어드리겠습니다.

사랑하다가 죽어버려라

사람들은 사랑을 모른다
자기 마음대로 사랑하고
사랑한다고 말을 한다

너는 어찌되었던지
나만 사랑하고
사랑한다고 말을 한다
너는 무엇을 원하는지
너는 무엇이 되고 싶은지
물어보지도 않는다
그저 내가 원하는 것만
내 마음대로 네가 되는 것을
사랑이라고 말한다

사랑하다가 죽어야 하는데
너를 사랑하기 위해
내가 죽어야 하는 것이
사랑인 것을 알지 못한다

나를 살리는 것은

사랑이 아닌 것을 알지 못한다

너를 살리는 것이 사랑인 것을 알지 못한다

그러므로 사랑하다가 죽어버려라

여기 "사랑하다 죽어버려라"라는 시구가 마음에 다가옵니다. 왜냐하면 우리는 사랑하다 죽어버린 분을 주님으로 믿고 따르는 사람들이기 때문입니다. 그래서 우리도 사랑하다 죽어버리려고 이 자리에 모인 것입니다. 그것이 사는 길, 살리는 길이기 때문입니다. 이 사랑이 바로 이기는 사랑입니다. 사도 요한은 본문 7절에서 말합니다.

"귀 있는 사람은, 성령이 교회들에게 하시는 말씀을 들어라. 이기는 사람에게는 내가 하나님의 낙원에 있는 생명나무의 열매를 주어 먹게 하겠다."

생명나무는 살리는 나무입니다. 우리 서로를 살리고, 이웃을 살리고, 세상을 살리는 곳, 바로 이곳이 교회입니다. 여러분, 사랑하다 죽어버립시다. 오늘 대림절 셋째 주일 이 아침, 사랑하다 죽어버린 그리하여 오히려 영원히 살아계신 아기 예수를 품는 우리 그리고 그 아기가 자라 첫사랑을 회복하는 우리 산돌교회가 되기를 주님의 이름으로 축원합니다.

(2011. 12. 11. 목포산돌교회 첫 설교)

고향으로 돌아가는 날

(누가복음 15:11-24)

그제서야 그는 제정신이 들어서, 이렇게 말하였다. '내 아버지의 그 많은 품꾼들에게는 먹을 것이 남아도는데, 나는 여기서 굶어 죽는구나. 내가 일어나 아버지에게 돌아가서, 이렇게 말씀드려야 하겠다. 아버지, 내가 하늘과 아버지 앞에 죄를 지었습니다. 나는 더 이상 아버지의 아들이라고 불릴 자격이 없으니, 나를 품꾼의 하나로 삼아 주십시오'(17-19절).

어떤 사람

오래전 서울 대치동에서 목회할 때 일입니다. 30살이 좀 넘어 보이는, 직장을 잃은 어떤 젊은 사람이 저를 찾아왔습니다. 물론 모르는 사람이었습니다. 돈을 얻기 위해 길을 가다 들른, 흔히 볼 수 있는 노숙자나 걸인이 아니었습니다. 그는 얼마 전부터 교회에 나가게 되었다고 했습니다. 신앙을 얻고 자신의 삶을 되돌아보게 되었다고 하였습니다. 그의 얘기에 따르면 그는 16살 때 시골집에서 돈 100만 원을 훔쳐 서울로 무작정 상경하였습니다. 그리고 이일 저일 하면서 살아왔습니다. 그러다가 최근에는 일자리가 없어

매우 어려운 지경에 이르렀습니다. 설령 제대로 된 직장을 얻을 기회가 있어도 고향에서 도망친지라 주민등록증이 없어 그마저도 못하고 있는 실정이었습니다.

그는 신앙을 갖게 되면서 고향에 있는 집을 생각하게 되었다고 했습니다. 그래서 얼마 전 용서를 구하는 편지를 고향에 있는 부모님께 보내서 답장이 왔는데 "이미 너를 자식으로 생각하고 있지 않다"는 냉정한 내용이었다고 했습니다. 정신을 차려 고향으로 가고 싶었는데 이제 그것도 할 수 없게 되었노라 하면서 어떻게 하면 좋겠느냐며 저를 찾아온 것입니다.

이분에게 이제 고향은 더 이상 고향이 아닙니다. 반겨 맞이할 사람이 없는 곳을 고향이라고 할 수는 없을 것입니다. 고향이 있어도 갈 수 없는 이분은 더욱 그러할 것입니다. 너무도 고향 부모님과 형제들이 보고 싶다고 말하며 교회를 나서는 그의 뒷모습이 안쓰럽기만 했습니다.

수구초심

수구초심(首丘初心)이라는 말이 있습니다. 여우가 죽을 때 제가 살던 굴이 있는 언덕 쪽으로 머리를 둔다는 뜻으로, 고향을 그리워하는 인간의 귀소 본능을 이르는 말입니다. 세대가 바뀌고 오랜 세월이 흐르면 귀성 풍속도 희미해지거나 없어질 것으로 생각되는데도 어릴 때 엄마, 아빠 손을 잡고 고향을 다녀온 아이들이 자라서 또다시 그 길을 찾는 것을 보면 참 신기하기도 합니다. 마치 치어였던 연어가 먼 대양으로 나갔다가 성어가 되어서 어릴 적에 자랐던 고향 하천을 잊지 않고 회귀하는 것과 똑같은 현상이 아닐까 하는 생각이 듭니다.

고향을 찾는 긴 자동차 행렬을 따라서 아무리 오래 걸려도 고향을 찾아 돌아가는 사람들을 볼 때면, 문득 그 사람들의 뒷모습에서 삶의 거짓 없는 진실을 보는 것 같습니다. 분명 시골보다는 도시 생활이 더 부요하고, 부모님 곁보다는 서울 거리, 도시의 거리가 더 화려합니다. 그런데도 추석이 오면 생업을 중지하고, 살아온 삶의 터전을 쉬게 하고 고향으로 돌아갑니다.

과연 고향을 찾고 부모를 그리워하는 마음, 이 마음을 낳게 한 한가위 중추절의 귀한 의미는 무엇일까요? 그것은 이 도시의 부요함만으로는 채워지지 않는 그 무엇이 있기 때문이요, 이 거리의 화려함으로는 메워질 수 없는 허전한 마음이 저마다의 가슴에 있기 때문일 것입니다. 직장의 일터를 뒤로 하고, 먹고사는 것에 아등바등하며 살았던 생업의 현실을 떠나서 고향으로 돌아가는 사람들의 행렬, 이 행렬은 단순히 공휴일의 행렬이 아니라 무언가 근원적인 곳으로 찾아가고 있는 마음의 수렴이 아닌가 싶습니다.

특히 이북에 고향을 두고 떠난 사람들, 실향민의 마음은 둥근 저 달이 야속하게 느껴질 것입니다. 그래서 그 실향민들은 북녘 하늘을 쳐다보며 차례상을 차려 놓고 타는 목마름으로 고향으로 돌아가기를 기원해 보기도 합니다. 돌아가는 날. 추석은 무엇인가에게로 확실히 돌아가는 날입니다. 고향으로, 부모에게로, 선조들이 묻힌 곳으로 돌아가는 우리. 아마도 과거의 발자취를 따라 삶의 원점에 도달하는 모습이기도 합니다.

추석은 하나의 축제입니다. 한 해 동안 지은 농사, 한 해 동안 일한 결실을 두고 서로 간에 그 수확의 기쁨을 나누는 날입니다.

그런데 기이한 것은 이 기쁜 축제의 날에 조상을 찾아 무덤에까지 간다는 것입니다. 어째서 기쁜 날에 죽은 사람이 묻혀 있는 무덤으로 찾아가고 있는 것이겠습니까? 여기에 추석이 주는 생명의 근원에 대한 비밀이 있으며 수확의 결실을 낳게 한 삶의 원천이 있습니다.

탕자, 고향을 버린 사람

오늘 우리가 읽은 소위 '돌아가는 탕자의 비유'라고 불리는 이 말씀을 통해 생명의 근원이 무엇인지, 또 저마다 고향으로 돌아가고 있는 마음의 뜻을 찾을 수 있습니다. 본문에 보면 어떤 아버지가 두 아들을 두고 있는데, 그중 작은아들이 아버지에게 자기에게 돌아갈 재산의 몫을 달라고 합니다. 이에 아버지가 작은아들에게 재산을 나눠 주었고, 이 아들은 받은 재물을 가지고 먼 지방으로 가서 허랑방탕하게 그 가진 모은 재물을 탕진하였습니다. 더욱이 그곳에 마침 흉년이 들어 이 아들은 배고픔과 가난에 시달리게 되었습니다. 그래서 그곳 어떤 사람에게 몸 붙여 돼지를 치며, 그 돼지가 먹는 쥐엄나무 열매라는 더러운 돼지 먹이로 배를 채울 정도가 되었습니다.

이 탕자의 이야기는 남의 이야기가 아닙니다. 고향을 떠난 사람의 이야기입니다. 단지 육신의 고향 이야기를 하는 것이 아닙니다. 제 삶의 뿌리, 제 생명의 근원을 잃은 우리 자신의 이야기입니다. 오늘 이 탕자의 자리에 나 자신이, 우리 각자가 세워지지 않는 한 이 말씀은 우리에게 어떤 의미도 주지 않을 것입니다. 이것도 아버지이신 하나님을 떠난 사람, 마음의 고향, 신앙의 고향, 생명의 고향을 잃어버린 사람, 분명 본문 13절이 말하듯 아버지가 계신 고향 땅에서 한참 떨어진 먼 지방에서 살았던 사람의 이야기입니다.

오늘 본문에서 분명히 밝히듯이 작은아들이 갖고 있는 재산은 아버지께로부터 받은 재산입니다. 이 아들의 방탕함과 탕진이 바로 여기에 있습니다. 제가 가진 것이 원래부터 자기 것이라는 생각 속에 있었습니다. 그래서 너무나 뻔뻔스럽게 아버지에게 달라고 한 것입니다. 본문 12절에서 작은아들은 말합니다.

"아버지, 재산 가운데서 내게 돌아올 몫을 내게 주십시오."

참으로 뻔뻔합니다. 그래서 재산 싸움을 합니다. 그래서 형제가 원수가 됩니다. 자기 것도 아닌데 서로 자기 것이라고 여깁니다. 그래서 내 마음대로 해도 좋다는 생각입니다. 가진 것이 제 것이라는 생각 속에, 그 가진 것이 부모로부터, 더 나아가 선조들로부터 받은 것임을 그리고 더 궁극적으로는 그 부모와 선조들을 허락하신 아버지인 하나님으로부터 받은 것이라는 사실을 망각하는 데에서 그의 방탕함을 시작되는 것입니다.

받은 그 재산이 내 것이라고 생각하는 교만, 그러니 내 마음대로 할 수 있다는 생각이 그의 방탕을 불러일으키고 그의 삶을 돼지 먹이나 먹게 되는 비참한 인생으로 전락시킵니다. 재산, 몸, 목숨, 학식, 재능, 지위, 이 모두가 하나님으로부터 받은 것임을 알고 그것을 주신 분의 뜻을 알려고 할 때 삶은 비로소 엄숙하고 경외스러운 것입니다. 여러분, 이것이 신앙입니다. 그 어느 것 하나 받지 않은 것이 없음을 알고 그것을 주신 분의 뜻을 물으며 사는 것, 이것이 신앙입니다.

어떤 이들은 부모에게 물려받은 것이 없기에 다 자기 스스로가 이룬 것이라고 여깁니다. 아무것도 받지 않았다고 부모를 원망합니다. 지금 가진 것도 저 스스로 이룬 것이라고 여깁니다. 그런 사람에게는 물질만이 전부입니다. 모든 것이 자기 것인 양 게걸스럽게 제 입에 넣기만 합니다.

그런 사람은 고향을 버린 사람, 스스로가 뿌리라고 여기는 사람, 스스로가 모든 것을 이루어 냈다고 여기는 사람, 부모도 조상도 아버지이신 하나님도 떠난 삶, 세상 속에서 이리저리 바쁜 듯이 돌아다니는 삶이 싸우고, 빼앗고, 아등바등하는 삶이 삶의 전부라고 세상 속에 젖어 있는 삶입니다.

그저 내 마음대로, 내 돈으로 먹고 마시는 무절제함 속에는 배부른 돼지의 모습만이 남을 뿐입니다. 탐욕의 게걸스러움만 있을 뿐입니다. 돼지가 먹이를 먹을 때 제 어미, 제 아비도 알지 못하고 저만 먹기 위해 살고자 합니다. 돼지가 식사하면서 "아버지, 어머니 드십시오"라고 기다리는 것을 보았습니까? "이것이 맛있으니 잡숴보세요"라고 말하는 돼지를 보았습니까? 제 입에만, 제 배에만, 제 욕심에만 채워 넣기 바쁜 모습일 것입니다.

"그는 돼지가 먹는 쥐엄열매라도 좀 먹고 배를 채우고 싶은 심정이었"다는 본문 16절의 말씀에는 오직 먹기 위해 사는 삶의 비참함과 아울러 그러한 삶에 대한 준열한 책망이 숨겨져 있다는 것을 깨달아야 할 것입니다. 설령 아무리 잘 먹고 잘살아도 그 먹고사는 삶이 삶의 근원이신 아버지 하나님을 떠난 것이기에, 자신을 낳아주고 길러준 제 어미, 제 아비 모르는 돼지우리 속에 사는 삶일 수밖에 없고, 설령 아무리 배를 채웠다 한들 그것은 돼지나 먹을 쥐엄나무 열매에 불과합니다.

돌아가야 할 생명의 고향

여기에 돌아가야 할 생명의 고향이 있습니다. 작은아들은 비참한 돼지우리 같은 삶 한복판에서 자신의 죄를 돌아보며 참회하게 됩니다. 어미, 아비도 모르며 모든 것을 제 것인 양 여긴 방탕한 삶, 탕진의 삶에 대한 뼈아픈 자성을 하게 됩니다. 17절 초반부의 말씀처럼 이제야 제정신이 들었습니다. 빗나간 그동안의 허랑방탕한 길의 잘못됨을 깨닫고 모든 것을 주신 아버지에게로 돌아갈 것을 결심합니다. 17절 이하의 말씀입니다.

"그제서야 그는 제정신이 들어서, 이렇게 말하였다. '내 아버지의 그 많은 품꾼들에게는 먹을 것이 남아도는데, 나는 여기서 굶어 죽는구나. 내가 일어나 아버지에게 돌아가서, 이렇게 말씀드려야 하겠다. 아버지, 내가 하늘과 아버지 앞에 죄를 지었습니다. 나는 더 이상 아버지의 아들이라고 불릴 자격이 없으니, 나를 품꾼의 하나로 삼아 주십시오.'"

이제 알았습니다. 당연히 자기 것이라고 여겼던 철없는 자식이 더 이상 아니라는 것을 알았습니다. 나를 잉태한 생명의 고향, 내 재능과 내 능력을 주신 부모님, 선조들 그리고 영적으로는 아버지이신 하나님이 있음을 안 것입니다.

여러분, 아직도 모든 것이 내 것이므로 돌아갈 필요를 느끼지 않을 정도로 자신만만한 인생을 살고 있습니까? 내 인생 내가 책임지겠노라고 아직 큰소리치며 살고 있습니까? 먹고, 마시고, 입고 사는 것이 순전히 내 노력이요, 그렇기에 그 전부가 내 것이라고 생각하십니까? 그렇다면 우린 아직 쥐엄나무 열매를 먹으며 내 배만을 채우는 돼지와 다를 수가 없습니다.

탈무드에는 아주 의미 있는 우화 하나가 있습니다. 어느 날 한 마리의 여우가 포도원 옆에 서서 어떻게든지 그 속에 들어가려고 했습니다. 그러나 울타리가 있어서 기어들어 갈 수가 없었습니다. 그래서 여우는 사흘 동안 단식하여 몸을 가늘게 만들어서 간신히 울타리 틈을 빠져들어 가는 데 성공했습니다. 포도원에 들어가서 여우는 포도를 실컷 먹었습니다. 그러고 나서 포도원을 빠져나가려고 했습니다. 그러나 이제는 배가 불러 울타리 틈을 빠져나갈 수가 없었습니다. 그래서 할 수 없이 여우는 다시 3일간 단식하여 몸을 가늘게 만들어서 간신히 빠져나올 수 있었습니다. 이때 여우는 이렇게 말했다고 합니다.

"결국 배 속은 들어갈 때나 나갈 때나 똑같구나."

이 교훈이 우리에게 무엇을 시사해 줍니까? 내 배 속에 있다고 내 것입니까? 내 것이라고 여기는 한 과수원 울타리를 빠져나올 수 없습니다. 내 것은 애초부터 없었습니다. 잠시 삶이라는 울타리 안에서 받은 것입니다. 그리고 내놓고 떠나는 것이 우리 인생입니다. 바로 이것 때문에 우리는 헉헉대며 열심히 살아온 삶도 뒤로 한 채 내 생명의 뿌리인 고향으로 그리고 내 모든 것을 주신 부모님에게로, 선조들에게로 그리고 신앙적으로는 아버지이신 하나님에게로 돌아오는 것입니다.

오늘 성서의 작은 아들처럼 걸어온 그 길이 잘못된 길임을 깨닫고 그 길이 돌아가 아버지께로 갈 수 있다고 생각한다면 그리고 아버지의 사랑이 고생과 고난 속에서 허우적거리며 살아가는 우리의 삶 면발치에서 달려와 우리를 감쌀 것이라는 것을 믿는다면 우리의 원래 고향, 하나님의 형상대로 지음을 받은 원래 우리의 귀한 모습이 찾아질 것입니다.

부활, 생명의 고향

추석이 되면 돌아가신 부모님, 앞서가신 할아버지, 할머니의 흙으로 된 무덤을 찾는 것, 여기에 예사롭지 않은 인간 회귀, 귀소 본능의 진실이 있습니다. 걸어온 내 인생의 방탕함과 죄를 깨닫고 작은아들처럼 종 된 삶으로 아버지에게 돌아가려는 마음에서 찾는 앞서가신 분의 무덤이라면, 그 무덤은 단지 흙만으로 된 것은 아닐 것입니다. 우리 한국인의 무덤이 임산부의 배처럼 불러있다는 것은 우리에게 놀라운 교훈을 시사해 줍니다.

그것은 죽은 사람의 단순한 무덤이 아니라 임산부의 불러있는 배처럼 새 생명의 잉태를 말하고 있다는 것입니다. 부모님 앞에서 우리, 고향으로 돌아가는 우리, 무덤 앞에선 우리는 바로 내 생명의 고향에 와 있으며, 그것으로부터 우리는 사람다운 삶이라는 참 생명으로 다시 삶을 시작하는 것입니다.

부모님은 늙어 가고 흙으로 된 무덤에 들어가게 되겠지만, 그 부모님으로 인해 우리에게 생명이 주어진 것처럼 모든 인간의 생명이 궁극적으로는 하나님 아버지로부터 나왔다는 것을 잊어서는 안 됩니다. 무덤을 박차고 새 생명으로 우리에게 나타나신 예수 그리스도를 믿는 우리, 바로 여기에 부활의 새 생명이 있습니다. 잘못된 방탕한 길을 돌이켜 생명의 고향으로 돌아가는 우리의 삶에 새로운 생명의 삶, 거듭난 인생이 주어진다는 것입니다. 본문 18절 처음 "내가 일어나 아버지에게 돌아가서"라는 말씀에서 '일어나'라는 말이 희랍어로 '아니스테미'(ἀνίστημι)라고 하는데, 이 단어 바로 초대교회 부활 공식 용어입니다.

부활, 다른 것이 아닙니다. 죽은 시체가 벌떡 일어나는 것이 아닙니다. 제정신이 들어 내 모든 것이 아버지에게로부터 온 것임을 깨닫고 거기로 돌아가는 것입니다. 주어진 모든 것이 내 마음대로 내 배를 채우기 위한 것이 아니라 너무나 소중하게 받은 것임을 깨닫고 주신 그분의 뜻을 묻는 것입니다.

이제 우리의 양식이 결코 배만 부르기 위해 먹는 쥐엄나무 열매일 수 없으며, 우리의 삶의 처소가 배부른 돼지우리일 수 없습니다. 우리의 생명의 고향인 하나님 아버지에게로 돌아가려 한다면, 우리의 삶이 지치고 고통스럽다 할지라도 하나님은 우리를 뜨겁게 맞아 참아들로 불러주실 것입니다. 우리 모두 한 번뿐인 귀한 인생입니다. 결코 아무렇게나, 되는대로 살아가지 마시기 바랍니다.

예전에는 주일 새벽에 세례 받는 이들을 위한 새벽기도회를 가졌습니다. 그리곤 말합니다. "바로 여기가 당신 삶의 고향이요. 하루를 시작하는 새벽 제단이 당신의 시작점, 당신 생명의 고향임을 잊지 마십시오" 우리가 아직 삶에서 방황하고 있다면 바로 그 기도의 자리로, 아버지이신 하나님에게로 돌아가지 않았기 때문입니다.

당신을 위한 잔치

여러분, 오늘 우리가 이 자리에 있기에, 교회에 왔기에 우리 모두가 하나님의 자녀입니까? 하나님을 믿는 사람입니까? 아니라는 것을 우리 각자 자신이 잘 압니다. 이 자리에 있어도 마음은 세상에 있습니다. 아직 돌아오지 않았습니다. 몸이 억지로 교회에 있어도 여러분이 방황하고 있다는 것을 우리 자신이 알 것입니다. 저는 교회에 와서 방황하는 이들을 너무나 자주 보았습니다. 이 자리에 있어도 여전히 아직 제 인생이 제 것입니다. 받은 것임을 모릅니다. 생명의 고향을 못 찾아 교회 속에서조차 방황합니다. 그래서 새벽 제단 이야기를 한 것입니다. 아버지이신 하나님께 돌아와 주신 아버지의 참뜻을 아는 것이 믿음이요, 이것을 알려는 것이 기도입니다.

예배란 하나님이 우리를 껴안은 자리입니다. 교회란 일상적인 삶으로부터 해방되어 다시금 자신의 삶의 고향, 생명의 고향으로 돌아와 참된 내 인생의 원주소가 어디인가를 찾는 신성한 삶의 지성소입니다. 삶의 지성소인 이곳 교회의 예배가 자신의 삶의 고향으로 고백되는 신앙에서만 주님은 우리에게 이웃과 함께 나눌 복음의 기쁨을 줄 것입니다. 잃어버린 이곳 지성소에서의 내 자리로 돌아와야 합니다.

삼국지의 유비는 한때 조조 밑에서 황족의 후예로 대접받으며 허송세월하고 있었습니다. 어느 날 유비는 화장실에서 살이 오른 허벅지를 보았습니다. 그는 가슴을 치며 자책합니다. 마침내 삼국 통일을 위한 대위업을 결심합니다. 쥐엄나무 열매나 먹고 취했던 돼지 같은 삶을 청산하고 뜻을 받들어 고향을 향합니다.

오늘은 고향으로 돌아가는 우리 고유의 명절, 추석입니다. 그리고 9월의 마지막 날입니다. 이제 제 것인 양 살아온 어두운 삶을 9월의 마지막 날에 묻고 10월로 넘어갑시다. 오늘 결단의 찬송은 <10월의 어느 멋진 날에>라는 노래입니다. 높은 하늘의 가을, 이 가을조차 누리기에는 아까운, 받은 것임을… 바로 이런 가을에 하나님 앞에서 만난 우리입니다. 더는 소원이 없습니다. 하나님 안에서 엄마와 딸이 만났고, 아버지와 아들이 만났고, 부부가 만났고, 며느리와 시어머니가 만났습니다. 그리고 멀리서 온 제가 여러분을 만났습니다. 우리 서로 만난 이 자리, 그냥 만난, 어쩌다 만난 자리가 아니라 서로 아버지라고 부르는 마음의 고향, 생명의 고향이신 하나님 안에서 만난 자리입니다. 서로 사랑 가득한 이 자리를 이루어야 합니다. 노래 가사처럼 이 사랑이 밤 꿈처럼 사라질까 두려워 기도하겠습니다.

알고 보면 우리 모두 품꾼에 불과합니다. 땀 흘리며 일한 것에 주어야 받는 품꾼입니다. 그러나 아들로 삼아주시고 아들로 껴안아 주십니다. 우리가 일어나 기도의 자리로, 예배의 자리로 돌아오기만 하면 아들로 껴안는 하나님 아버지이십니다. 이것 하나만 아셨으면 좋겠습니다. 아니, 이것이 신앙의 전부입니다. 우리가 돌아오기만을 눈이 빠지게 기다리시는 아버지 하나님이십니다. 본문 20절은 말합니다.

"그는 일어나서, 아버지에게로 갔다. 그가 아직도 먼 거리에 있는데, 그의 아버지가 그를 보고 측은히 여겨서, 달려가 그의 목을 껴안고, 입을 맞추었다."

바로 이분이 우리가 믿는 하나님이십니다. 언제나, 하루 종일 신앙의 고향에서 그 아들 돌아오기만 기다리시는 하나님이십니다. 일어나 돌아오기만 하면 됩니다. 스스로 아들 자격이 없다고 말하는 아들을 위해 아버지는 종들에게 명령합니다. 본문 22절 이하입니다.

"어서, 가장 좋은 옷을 꺼내서, 발에 신을 신겨라. 그리고 살진 송아지를 끌어내다가 잡아라. 먹고 즐기자. 나의 이 아들은 죽었다가 살아났고, 내가 잃었다가 되찾았다."

아버지는 이 돌아온 아들을 위해 잔치를 열었습니다. 무슨 말일까요? 내 생명의 고향, 삶의 고향으로 돌아온 자의 삶은 잔치입니다. 받은 은혜임을 깨닫고 쥐엄나무 열매나 먹으며 방황하는 비참한 삶으로부터 일어서는 자의 축복입니다. 삶이 다릅니다. 행복이 넘칩니다. 가장 좋은 옷입니다. 옷은 성서에서 인격이나 지위를 상징합니다. 내 삶의 소중함, 내 존재의 소중함입니다. 그리고 삶을 달리합니다. 주신 삶, 받은 인생을 소중히 여기며 살아갑니다. 그래서 새로운 인생의 길을 걸어갈 새 신을 신습니다. 오늘 이 자리가 고향으로 돌아온 자리라면, 오늘 말씀은 우리에게 주님이 주신 옷이요 신입니다. 그리고 오늘 우리의 삶은 살진 송아지 같은 풍성한 잔치입니다. 이제 일어나 돌아오기만 하면 됩니다.

오늘 창조절 다섯째 주일 이 아침, 고향으로 돌아가는 우리의 발걸음에 아버지 하나님에게로 향하는 신앙의 옷과 신을 입고, 널 만나 더는 소원이 없는 가족과의 즐거운 만남을 이루어 풍성한 잔치의 삶을 만끽하기를 그리고 주님과 손을 잡고 동행하는 10월의 멋진 어느 날을 이제 시작하기를 주님의 이름으로 축원합니다.

(2012. 9. 30.)

멀찍이 떨어져서

(마태복음 26:57-75)

그런데 베드로는 멀찍이 떨어져서 예수를 뒤따라 대제사장의 집 안마당에까지 갔다. 그는 결말을 보려고 안으로 들어가서, 하인들 틈에 끼어 있었다(58절).

감각의 사랑

요즈음 신문이나 잡지의 자동차 광고를 보면 별 예외 없이 자동차 옆에 늘씬한 미모의 여자가 서 있는 것을 볼 수 있습니다. 신문의 광고뿐만이 아닙니다. 자동차 쇼를 보아도 언제나 그 자동차 옆에는 미모의 여인이 상당히 선정적인 자태로 포즈를 취하고 있는 것을 볼 수 있습니다. 언뜻 보면 이것이 자동차 쇼인지 아니면 미인 선발 대회인지 분간이 안 될 때가 있습니다. 자동차 쇼나 광고에 자동차만 나오면 됐지, 왜 미모의 여성이 등장하고 있습니까? 이유는 우리가 다 알고 있습니다. 일단 사람들의 관심을 끌기 위한 것입니다. 자동차 선전에 자동차가 먼저 눈에 띄는 것이 아니라 미모의 여성이 먼저 발견되는 것은 앞뒤가 맞지 않는 것 같지만, 일단 그 광고에 주목하게 되는 효과는 상당하다는 평가를 받습니다.

이것은 정작 보아야 할 것은 보지 않고 감각적이고 피상적이고 표피적인 것에 일차적으로 관심을 집중하는 사람의 본능적인 착각을 노리는 상술인 것입니다. 본질은 보지 못하고 일단 눈에 혹은 피부에 일차적으로 접해오는 것들에 도취되어버린 인간의 본능을 노리고 있는 것입니다.

물론 이것은 광고만의 이야기는 아닙니다. 대부분의 영화, 비디오, TV 드라마의 주제가 되는 사랑 이야기도 예외는 아닙니다. 많은 주제가 불륜, 삼각관계, 불장난, 성적인 쾌락 등 말초신경을 자극하는 것으로 사랑을 표현하고 있습니다. 그런 주제로 해야 드라마 인기도 올라가고, 영화도 흥행하기 때문입니다. 물론 육체적인 것은 나쁜 것이고 정신적인 것만이 지고한 사랑이라고 말할 수는 없습니다. 다만 감각적이고 표피적인 느낌만을 사랑의 전부, 사랑의 본질이라고 생각하는 위험을 말하고 있는 것입니다.

오늘날 특히 우리 젊은이들이 자유로운 이성의 만남을 허용 받아 많은 점에 있어서 인간을 보는 다양한 눈이 성숙되어지고 있지만, 이에 못지않게 우려되는 것은 '인간의 만남' 그 자체의 진지성을 상실하고 있지 않나 하는 생각입니다. 젊음과 젊음이 만나 청순한 사랑을 하게 된다는 낭만적인 생각이 대부분이겠습니다만, 사랑의 본질이 다분히 그 감각적인 것에 가리고 쾌락적인 기능에 그쳐 버려 원래적으로 추구하고자 하는 사랑의 본질에는 접근하지 못하고 있는 것을 우려하는 것입니다.

만남과 헤어짐이 너무 쉽고 가볍습니다. 결정적인 것은 서로 간에 사랑의 본질에는 들어가지 않으려는 데 있는 것입니다. 사랑의 본질, 즉 서로의 다른 점을 이해하고 아픔과 고통을 나누는 일에는 진지하지 못합니다. 성격 차이니, 이상이 다르니 하며 쉽게 갈라섭니다.

　사랑이 주는 감각과 쾌락, 사랑의 주변을 이루고 있는 육체적인 기능들에는 너나 할 것 없이 동의하지만, 고난과 슬픔이라는 삶의 본질을 나누는 사랑의 중심에는 참여하지 않습니다. 사도 바울이 사랑장이라 불리는 고린도전서 13장에서 말하는 바, 모든 것을 바라고 견디고 참을 수 있는 사랑의 깊이에는 들어가지 않는다는 것입니다. 칼 융 계열의 심리학자인 로버트 존슨은 그의 저서『당신의 그림자가 울고 있다』에서 이렇게 말하고 있습니다.

> 두 사람이 서로 사랑한다면
> 한동안은 구름 위를 걷게 되고
> 말 그대로 영원할 것 같은 행복에 잠기게 된다.
> 그러나 어느 날 이들이 땅으로 되돌아올 때는
> 현실적으로 서로를 바라봐야 한다.
> 이때부터 비로소 성숙한 사랑의
> 가능성이 열린다.

　맞습니다. 사랑은 삶입니다. 현실입니다. ‘결혼’은 특히 더 그렇습니다. 때로 구름 위를 걷는 황홀경도 있지만, 땅으로 내려와 어깨도 부딪치고 서로의 가슴에 낸 상처의 길을 함께 걸어야 합니다. 이게 사랑의 현실입니다. 그리고 이 상처가 현실입니다. 그렇기에 모든 사랑의 본질에는 ‘희생’이 있습니다. 희생이 없는 한 값싼 쾌락만이 있을 뿐입니다. 만해 한용운 선생의 <사랑하는 까닭>이라는 시가 있습니다.

내가 당신을 사랑하는 것은 까닭이 없는 것은 아닙니다

다른 사람들은 나의 홍안만을 사랑하지만은

당신은 나의 백발도 사랑하는 까닭입니다

내가 당신을 그리워하는 것은 까닭이 없는 것은 아닙니다

다른 사람들은 나의 미소만을 사랑하지만은

당신은 나의 눈물도 사랑하는 까닭입니다

내가 당신을 기다리는 것은 까닭이 없는 것은 아닙니다

다른 사람들은 나의 건강만을 사랑하지만은

당신은 나의 죽음도 사랑하는 까닭입니다

사랑은 진실할수록 치러야 할 대가를 그 본질로 가지고 있습니다. 그러나 쾌락이 있는 표피적인 사랑, 주변적인 사랑은 좋지만, 상대방의 아픔을 지고 가기는 싫다는 깊이의 사랑을 상실한 오늘의 시대입니다. 기쁨은 좋지만 슬픔은 싫고, 보람은 좋지만 고생은 싫고, 쾌락은 좋지만 아픔은 싫다는 깊이와 내용을 포기한 삶, 이러한 인생이 바로 변두리 인생이 아닌가 생각됩니다. 본질, 중심에는 들어가지 못하고 주변에 머무르며, 그 표피적이고 감각적인 주변을 본질이라고 착각하는 삶, 이것이 변두리 인생입니다.

이러한 변두리 사랑, 변두리 인생의 이야기가 비단 남녀의 사랑 이야기에 한정되는 것은 아닙니다. 그저 우리에게 기쁨을 가져다주고 쾌락을 가져다주는 것만 좋고, 진실로 고뇌하고 아파해야 하는 삶에는 무감각하고 잊고 피하고 싶어 하는 우리 자신이 변두리 인생이 아닌가

하는 자기성찰을 해야 할 것입니다.

베드로의 사랑

오늘 우리가 읽은 마태복음 26장 57-75절의 베드로의 배반 이야기는 단순히 베드로만의 이야기가 아닙니다. 오늘 변두리 인생을 살아가는 우리의 배반 이야기입니다. 베드로는 예수님의 수제자입니다. 그는 예수님에게 마태복음 16장 16절에서 이렇게 고백합니다.

"선생님은 살아계신 하나님의 아들 그리스도십니다."

그는 예수님을 메시아라고 고백한 첫 번째 제자요, 그분 예수님이 누구인지를 신앙의 눈을 통해 처음으로 깨달은 사람입니다. 그런데 십자가 처형을 앞둔 상황에서 베드로는 철저히 그분 주님을 부인합니다. 예수님이 체포되기 직전까지도 주님을 배신하지 않겠다고 말한 베드로였습니다. 예수님이 체포되기 직전 마태복음 26장 33절에서 베드로는 말합니다.

"비록 모든 사람이 다 주님을 버릴지라도, 나는 절대로 버리지 않겠습니다."

이어 26장 35절에서도 다른 제자들과 함께 거듭 맹세합니다.

"주님과 함께 죽는 한이 있을지라도, 절대로 주님을 모른다고 하지 않겠습니다."

그러나 몇 시간, 아니 몇 분이 안 되어 베드로는 주님을 배반합니다. 하긴 예루살렘 입성 전까지 예수님의 활동을 생각할 때 베드로의 맹세도 충분히 납득이 갑니다. 여기저기서 수많은 사람의 불치병을 고치시고, 풍랑을 잔잔하게 하시며, 오병이어의 기적을 행했던 주님, 당시의 종교 권력층이었던 바리새파나 사두개파 사람들과의 논쟁에서도 당당히 승리했던 주님의 모습을 보아온 베드로에게 예수님은 당연히 승리의 화신이요, 왕의 모습이요, 승리를 앞둔 혁명가의 모습으로만 보였을 것입니다.

베드로의 눈에 예수님이 걷는 미래는 탄탄대로요, 승리요, 영광뿐이었을 것입니다. 이제 남은 것은 예루살렘을 정복하고 축배의 잔을 부딪치는 일 이외에는 아무것도 남지 않았다고 생각했기에 "비록 모든 사람이 다 주님을 버릴지라도 나는 절대로 주님을 버리지 않습니다"라고 맹세했을 것입니다.

그러나 예루살렘 입성 후 예수님은 단 하나의 기적도 베풀지 않습니다. 비유적으로 '저주받은 무화과나무'의 이야기를 제외하고는 병 고침의 기적도, 귀신을 쫓아내는 기적도, 아무 기적도 보여주지 않았습니다. 오히려 예루살렘 입성 이후 예수님은 그 자신이 체포될 것이고, 재판을 받고 십자가에 처형당할 것이라는 비관적인 이야기만 하게 됩니다. 가룟 유다는 일찍이 이 사실을 눈치챘지만, 좀 아둔하고 순진한 어부 출신의 베드로는 체포되는 그날 저녁까지 예루살렘 정복의 꿈을 버리지 않고 있었습니다.

멋진 기적이 예루살렘에서 일어나 로마 군대, 사두개파, 바리새파 사람들이 예수님의 발 앞에 엎드리게 될 것이라는 승리의 달콤한 생각만을 하게 되었을지도 모르겠습니다. 그러나 그날 밤 예수님은 체포되어 대제사장 가야바의 집에서 일차적으로 재판을 받게 되었습니다. 그런데 마태복음 26장 56절은 주님이 체포되었을 때를 이렇게 보도하고 있습니다.

그 때에 제자들은 모두, 예수를 버리고 달아났다.

제자들 모두, 그렇게 배신하지 않겠다고 맹세한 베드로도 예외 없이 예수님이 체포되자 예수님을 버리고 도망갔습니다. 왜 복음서는 '모두'라는 말을 쓰고 있는 것일까요? 제자들 모두가 예수님을 버리고 달아났기에 사실 그대로 쓴 것일까요? 혹 이 '모두' 속에 우리 자신이 있는 것은 아닐까요? 저는 작은 목회만을 해와서인지 이 말씀에 많은 위로를 받습니다. '예수님은 열두 명 목회도 제대로 못 해 다 도망가게 했는데 나에게는 아직 이렇게 많이 남아 있지 않은가?' 하며 스스로를 위로해 봅니다. 아닙니다. 사실 그렇지 않습니다. 저도 예수님처럼 목회하면 아마 제 주위에 아무도 없을지도 모릅니다. 저도 타협하고 있기 때문에 이렇듯 여러분 앞에서 목회하고 있는지도 모릅니다.

멀찍이 떨어져서

마태복음 26장 58절에 의하면, 양심이 걸린 탓인지 베드로는 멀찍이 예수를 뒤따라 대제사장의 집 뜰에까지 갑니다. 결과를 보기 위해 안으로 들어가 하인들과 함께 앉습니다. 여기 '멀찍이 떨어져서'라는 말이 예사말로 들려오지 않습니다. 혹 저 베드로의 모습이 멀찍이 떨어져서 예수님을 구경만 하고 가는 오늘 예배 속의 나 자신은 아닐까요? 예배를 드리지 않고 보고만 있는 우리는 아닙니까?

베드로는 멀찍이 떨어져, 눈에 띄지 않게 하인들 틈에 끼어 안뜰에서 고문당하는 예수님을 보고 있었습니다. 마태는 다시 본문 69절에서 베드로의 위치를 설명합니다.

베드로가 안뜰 바깥쪽에 앉아 있었는데

분명 안뜰 '바깥쪽'이라고 멀리 떨어져 있는 상태를 다시 그려주고 있습니다. 이때 한 하녀가 베드로에게 다가와서 묻습니다. "당신도 저 갈릴리 사람 예수와 함께 다닌 사람이네요." 베드로는 깜짝 놀랐을 것입니다. 베드로는 즉각적으로 70절에서 "나는 네가 무슨 말을 하는지 모르겠다"고 주님을 부정합니다. 이어 같은 질문이 71절에서 다른 하녀에 의해 주어집니다. "당신도 나사렛 예수와 같은 패가 아니냐"고 또 같은 부정이 베드로의 입에서 흘러나옵니다. 73절에서 베드로와 함께 서 있던 사람들이 그에게 세 번째로 같은 질문을 하지만, 그는 또다시 완강히 예수님을 부정합니다. 이 부정을 본문 74절은 이렇게 말하고 있습니다.

그 때에 베드로는 저주하며 맹세하여 말하였다. "나는 그 사람을 알지 못하오."

예수님을 저주하면서까지 맹세하며 부정하는 베드로의 배반을 볼 수 있습니다. 여기서 첫 번째 하녀의 질문에 나타난 '저 갈릴리 사람 예수'와 두 번째 하녀의 질문 '나사렛 예수'에 나타난 '갈릴리'와

'나사렛'은 단순한 지역적인 표시가 아닙니다.

갈릴리는 이스라엘의 변방 지역으로 농업과 어업이 주된 업종인데, 대부분 예루살렘의 사두개파나 로마 사람들의 세금 착취에 시달리고 있는 지역입니다. 즉, 이스라엘의 가장 고난받고 있는 현장을 말합니다. 나사렛은 갈릴리 지방의 한 부분을 말합니다. 그러므로 두 여종과 함께하던 사람이 물은 이 지역적인 질문은 결코 예사로운 질문이 아닙니다. 당시의 가장 고난 받고 고통스런 지역, 예수님 자신뿐만이 아니라 베드로 자신의 삶의 현실이었던 갈릴리와 나사렛입니다. 여기에 베드로는 자신이 그 고난의 현장의 출신이라는 것을 거부합니다.

그러므로 베드로의 예수에 대한 부정은 예수에 대한 배반일 뿐만이 아니라 동시에 그가 삶의 본질, 삶의 현실을 도피하는 것임을 분명히 말해줍니다. 궁극적으로 예수를 모른다고 한 베드로의 부정과 배반, 즉 근본적으로 그것은 십자가의 고난을 당하신 주님의 현실을 피하겠다는, 그래서 바깥쪽에서 멀찍이 떨어져 바라만 보겠다는 베드로의 변두리 삶, 변두리 인생, 변두리 신앙을 말해 줍니다. 그런 의미에서 본문 58절의 '멀찍이'라는 부사가 주는 메시지는 예사롭지 않다고 여겨집니다.

변두리 인생

기적과 승리와 영광만을 갖고 다니는 주님만을 믿고, 십자가와 고난과 패배와 좌절을 겪고 있는 주님은 믿지 않겠다는 것입니다. 비단 이것이 베드로의 삶에만 한정된 것이겠습니까? 오늘 우리는 주님의 고난의 현장에서 멀찍이 떨어진 베드로의 변두리 신앙보다는 좀 나은 신앙을 가지고 있다고 자부할 수 있겠습니까?

여기 자녀들을 둔 부모님들이 계십니다만, 어린 자녀들에게 우리는 "정직하라, 의로운 삶을 살라"고 늘 말합니다. 그러나 자녀들이 불의의 현장 한복판에서 불의와 싸우는 것을 원하는 부모는 많지 않습니다. 아마 자녀에게 "애야 너는 나설 필요 없다. 너는 그저 가만히 공부만 하면 된다. 네가 안 해도 그것은 다 어른들이 알아서 한단다"라고 말할 것입니다. 그런데 어른인 우리는 하고 있습니까? 우리 자신도 삶의 본질, 삶의 중심 한가운데 살지 않고 멀찍이 떨어진 변두리 인생을 살면서 우리의 자녀들에게마저도 그 변두리 인생을 강요합니다.

앞서 이야기한 오늘 젊은이들의 감각적이고 표피적인 사랑 이야기, 본질은 못 들어가고 그저 육체적인 것에만 맴돌다가는 변두리 사랑 이야기는 전적으로 우리 기성세대의 책임입니다. 의로운 것은 끝내 아픔을 가져다 주고, 참된 사랑은 끝내 고통만을 가져다 주는 것이니 피하여 가라고 일러준 우리가 오늘의 젊은이들의 인생을 변두리 인생으로 전락시키고 있습니다. 아니, 우리 자신이 그 변두리 인생을 살아가고 있습니다.

승리를 위한 적당한 타협과 요령, 그것이 마치 인생의 지혜요 살아온 연륜이라고 말하는 우리 자신, 자신의 본질적인 인생은 보지 않고 남이 보아주는 인생을 살아온 우리가 사실 변두리 인생들입니다. 끝내 천한 하녀의 질문에조차 당당할 수 없고 주춤할 수밖에 없었던 베드로, 당당하게 "네, 내가 지금 나를 위하여 고난당하고 있는 주님의 제자요"라고 말하지 못했던 베드로의 현실은 오늘 우리의 현실입니다.

이것이 바로 오늘 우리의 변두리 신앙이기도 합니다.

영광의 주님, 부활의 주님, 축복의 주님, 승리의 주님만 믿고 고난의 주님, 십자가의 주님, 좌절의 주님, 패배의 주님은 믿지 않겠다는 우리의 신앙은 변두리 신앙입니다. 베드로처럼 멀찍이 십자가를 보기만 하듯 예배를 구경만 하며, 지적 유희만을 즐기며, 삶의 변화는 없는 형식적인 신앙입니다.

하긴 베드로는 닭이 우는 소리와 함께 통곡의 회개를 하였다는 성서의 증언이 있지만, 과연 오늘 우리는 그 회개조차 하고 있는지 또다시 깊이 생각해 보아야 합니다. 우리야말로 여전히 주님의 십자가 처형이 확정될 때까지 "바라바를 놓아주고 예수를 처형하라"고 외쳤던 사람들이 아닙니까?

오늘 우리가 바로 이 자리에 주님께 고난의 아픔이 없는 영광의 삶, 승리의 삶, 축복의 삶만을 바라고자 나왔다면, 우리는 아직 멀찍이 떨어져 주님을 바라보고 있는 변두리 인생들입니다. 우리는 십자가를 장식처럼 걸어 놓고 멀리서 보기만 하고 돌아가고 있습니다.

십자가 중심으로

주님은 지금도 고통스런 십자가에 매달려서 우리를 보고 신음합니다. "거기 멀리 있지 말고 가까이 와 나의 고통의 십자가를 들어 달라"고 절규합니다. 이것이 오늘 우리들의 이웃, 사회, 자연, 그 모든 피조물의 신음 소리를 통해 들려옵니다. 모든 그리스도인은 바로 이 본질, 피조물들의 고통과 신음에 귀를 기울여야 하며, 이 아픔이 삶의 본질이요 삶의 중심의 현실임을 기억해야 합니다. 그리고 신앙은 바로 여기 있습니다.

그렇기에 바울은 골로새서 1장 24절에서 "이제 나는 여러분을 위하여 고난을 받는 것을 기쁘게 여기고 있으며, 그리스도의 남은 고난을 그분의 몸 곧 교회를 위하여 내 육신으로 채워가고 있습니다"라고 고백합니다.

우리는 오늘 십자가에 달리신 주님을 바라보며 예배를 드리고 있습니다. 이 자리가 단지 멀찍이 떨어져 고난 당하신 주님을 바라만 보는 자리가 되어서는 안 됩니다. 아무리 오래 교회를 다녀도, 아무리 많은 예배를 드려도 삶은 십자가의 변두리만 맴돌다 가는 사람이 적지 않습니다. 아니, 삶다운 삶조차 단 한 번도 살지 못하고 변두리 신앙생활을 하는 많은 교인이 있음을 봅니다.

교회에는 왔으되 교회 중심에는 결코 들어오지 못하고 교회의 변두리만 맴돌다 갑니다. 십자가의 삶은 없고 십자가의 변두리만 돌며 쳐다만 보고 갑니다. 그렇기에 교회 속에서의 참다운 봉사와 섬김, 사랑이 없습니다. 나아가 말씀이 삶이 되지 못합니다. 말씀이 머릿속에서만 머무르고 가슴 한복판, 삶의 한복판으로 가지 못합니다. 그렇기에 말씀이 삶의 한복판에서 능력을 갖지 못합니다. 변두리 인생, 변두리 신앙이기 때문입니다.

여러분, 우리 대부분이 교회에 다닐 만큼 다녀본 사람들입니다. 이젠 그저 왔다가는 변두리 신앙을 벗어 던집시다. 이젠 말씀이 머릿속에서만 맴도는, 삶의 중심이 되지 못하는 변두리 인생을 정리합시다. 교회는 내 자신이 지체가 되어 이루는 주님의 몸입니다. 그렇기에 내가 곧 주님이십니다. 그 지체의 역할을 지금 내가 하고 있나를 묻기 바랍니다. 그리고 교회, 상처 받는 곳입니다. 아픔이 있고 오해가 있는 사람들의 모임입니다. 오해 받고 아프십시오. 그게 십자가요 사랑입니다. 교회, 그냥 왔다 가는 곳이 아닙니다. 책임지는 곳입니다. 그래서 무겁습니다. 버겁습니다. 져야 할 십자가가 있습니다. 물질, 시간, 정성, 진실의 십자가입니다. 그게 본질입니다.

우리 교우들 사이에도 서로 멀찍이 떨어져 만나지 맙시다. 매주 혹은 매일 만나면서도 마음으로는 서로의 변두리만을 맴돌았던 교회 안에서의 우리의 만남이 아닌가를 돌아보시기 바랍니다. 그저 서로 인사만 하며 스쳐 지나가지 않기를 바랍니다. 기도, 말씀 안에서 그리스도 중심 안에서의 깊은 만남을 갖기를 바랍니다. 이제 더 이상 멀찍이 떨어질 수 없습니다. 더 이상 변두리 인생, 변두리 신앙일 수 없습니다.

오늘 성령강림 후 열한째 주일 이 아침, 멀리 떨어져 있는 우리가 주 안에서 가까이 하나 되어 버거운 삶 한복판에서도 서로의 아픔을 십자가로 짊어지며 용기와 위로의 일으킴이 있기를 주님의 이름으로 축원합니다.

(2013. 8. 4.)

누룩을 넣지 말아라

(레위기 2:11-13)

네가 바치는 모든 곡식제물에는 소금을 넣어야 한다. 네가 바치는 곡식제물에는 네 하나님과 언약을 세울 때에 넣는 그 소금을 빼놓지 말아라. 네가 바치는 모든 제물에는 소금을 넣도록 하여라(13절).

점점 잊혀져 가는 이완용

국사 교육의 부재 탓인지 요즘 초 · 중 · 고등학생들에게 이완용을 아냐고 물어보면 적지 않은 아이들이 모른다고 대답합니다. 그러나 대부분의 어른들은 학력에 관계없이 이완용 하면 나라를 팔아먹은 매국노의 대명사로 알고 있습니다. 말할 것도 없이 사실입니다. 이완용에 대해 인터넷 위키백과는 이렇게 서술하고 있습니다.

이완용(李完用)은 조선의 문신이자 외교관, 대한제국의 관료이다. 조선 말기의 개화파 출신 관료이자, 독립협회 위원장이었으며, 후에 대한제국 내각총리대신으로 한일 병합 조약 체결을 주도했다. 을사오적(乙巳五賊), 정미칠적(丁未七賊), 경술국적(庚戌國賊) 중 한 사람이며 대한제국

을 일본제국에 합병시킨 장본인의 한 사람으로 오늘날 친일 매국노의 수
괴로 대표되고 있다.

여기 정미칠적이란 을사조약 체결 후 2년 후에 1907년 한일신협약
의 주범을 말하고, 경술국적이란 1910년 한일강제병합 당시의 주범을
말합니다. 이완용은 1907년 이후 대한제국 초대 총리대신으로 한일강
제병합까지 이 직위를 가졌습니다. 총리대신 재직 중 일본이 헤이그
밀사 사건의 책임을 물어 한국 정부에 압력을 가하자 그는 고종
대신 순종이 사무를 대리하는 것으로 협의를 보려 하여 고종은 퇴위하
였고 이후 고종 퇴위의 주범으로 비난받으면서 매국노의 대명사로
낙인찍혔습니다. 대한제국이 일본에 강제 병합된 이후에 조선 귀족,
백작 작위를 받았고, 1919년에는 후작으로 승급되어 조선총독부 중추
원 고문 등을 지냈습니다. 이 정도면 그가 자신의 안위를 위해 나라를
팔아먹은 역적이라는 것은 두말할 필요가 없을 것입니다. 그러나
이들에게도 변명이 있습니다. 요약하면 이렇습니다.

조선이 자신의 주권을 지켜낼 수 없는 상황이었다. 그런 상황에서 러시아
에 병합되었다면 공산주의의 나락으로, 중국에 병합되었다면 여전히 극
심한 가난으로 고통받고 있을 것이다. 그나마 일본에 병합된 덕에 이만큼
먹고 사는 거다.

이완용을 이어가는 뉴라이트

이런 말에 여러분은 어떤 생각이 드시나요? 일본에 강제적으로

병합된 것이 나라를 위한, 이 백성의 가난을 극복하기 위한 것이라는 것입니다. 이것은 단지 과거의 이야기가 아닙니다. 과거의 문제가 아닙니다. 오늘날에도 이 친일 매국은 계속되고 있습니다. 전 정권도 마찬가지였지만, 현재 새누리당과 이 정권을 지원·후원하는 뉴라이트라는 단체가 있습니다. 이 단체의 이사장이자 새누리당 여의도 부설 연구소의 이사장을 지낸 안병직 서울대 명예교수는 일제의 식민 통치를 축복이라고 말한 사람입니다. 그는 위안부 문제는 결코 일제의 강제적인 사건이 아니라고 했습니다. 그러니 우리의 할머니들이 꽃다운 나이에 자발적인 창녀 노릇을 했다는 것입니다.

요즘 독도 문제를 두고 일본이 어느 때보다도 설치는 것은 바로 이런 단체와 이런 정부가 있기 때문입니다. 안병직도 일본의 독도 영유권 주장은 상당한 근거가 있다고 말한 바 있습니다. 이런 사람들은 이봉창, 이준 열사, 안중근 의사, 김구 선생님을 테러리스트라고 말하고, 일제에 나라를 넘긴 사람들을 그들의 변명대로 나라와 백성을 위해 그런 짓을 했다고 두둔합니다. 이 사람들의 입장에서 보면 이완용은 애국자가 됩니다.

깔레의 시민

이완용을 보면서 문득 "노블리스 오블리주"라는 말이 생각납니다. 이것은 풀이하자면 '귀족의 의무'라는 뜻이 되겠습니다. 이 말을 나타내는 로댕의 유명한 조각품이 있습니다. <깔레의 시민>이라는 작품입니다.

프랑스 노르망디 해안을 따라 올라가면 '깔레'라는 작은 항구 도시가 있습니다. 인구 12만의 이 항구는 영국의 도버해협과 불과 20마일밖에 떨어져 있지 않아 영국과 프랑스 파리의 중간이기도 합니다. 소도시인 '깔레'는 세계적인 미술품을 하나 가지고 있습니다. 그것은 '깔레' 시청에 전시되어 있는 로댕의 <깔레의 시민>이란 작품으로, 여섯 명이 목에 밧줄을 감고 고통스런 표정으로 걸어가고 있는 모습의 조각품입니다. 이는 단순한 조각이 아니라 '깔레' 시민의 명예이며 프랑스의 긍지이기도 합니다. 이 작품에는 너무나 소중한 역사적 배경이 있습니다.

프랑스와 영국의 백년전쟁 때 '깔레'시는 끝까지 영국에 저항하지만, 끝내 구원군이 오지 않아 1347년 항복하게 됩니다. 영국 왕 에드워드 3세는 누군가는 그 저항에 책임을 져야 한다며 여섯 명의 깔레 시민이 목에 밧줄을 매고 영국군 진영으로 걸어와 처형당할 것을 요구했습니다. 이때 깔레에서 제일 부자인 '외스타슈드 생 피에르'가 선뜻 나섰습니다. 그러자 시장인 '장데르'가 나섰고, 이에 부자 상인인 '피에르 드 위쌍'이 나섰습니다. 게다가 '드 위쌍'의 아들마저 아버지의 위대한 정신을 따르겠다며 나서는 바람에 이에 감격한 시민 세 명이 또 나타나 한 명 더 많은 일곱 명이 되었습니다.

이 도시 제일 부자인 '외스타슈드'는 제비를 뽑으면 인간인 이상 행운을 바라기 때문에 내일 아침 처형장에 제일 늦게 나오는 사람을 빼자고 제의했습니다. 다음 날 아침 여섯 명이 처형장에 모였을 때 외스타슈드가 모습을 보이지 않았습니다. 이상하게 생각한 시민들이 그의 집으로 달려갔을 때 외스타슈드는 이미 자살한 시체로 변해 있었습니다. 처형을 자원한 일곱 명 가운데 한 사람이라도 살아남으면 순교자들의 사기가 떨어질 것을 우려하여 자신이 먼저 죽음을 택한 것입니다. 이에 영국 왕비가 크게 감동하여 에드워드 3세에게 깔레 시민에게 자비를 베풀 것을 애원하였습니다. 당시 왕비는 임신 중이었기 때문에 왕은 왕비의 소원을 받아들여 처형을 취소했습니다.

그 후 깔레는 "노블레스 오블리주"라는 단어의 상징이 되었으며, 몇백 년이 지난 후 깔레시의 요청으로 로댕이 10년 작업 끝에 <깔레의 시민>을 만들어 내게 된 것입니다. 노블레스 오블리주, 만일 친일 매국노에게 이 이야기를 들려준다면 적어도 이 나라와 이 민족을 위해 나라를 넘겨준 것이라고는 말하지 않을 것입니다. 차라리 권력과 자신과 자기 집안의 안위를 위해 그랬다고 솔직히 말했을 것입니다.

개신교의 친일

사실 이것은 일제하의 교회에도 똑같이 적용되는 이야기입니다. 기독교 역사가들은 한말과 일제 식민지 시기 기독교가 전개한 반봉건·반외세 운동을 기독교 민족운동이라 부르는가 하면, 이 운동에 가담한 교회를 민족 교회로 지칭해 왔습니다. 한국 기독교가 민족적 기독교였다는 이야기입니다. 105인사건, 3.1운동, 농촌 및 사회운동이 대표적인 기독교 운동으로 언급됩니다. 이런 민족적 전통에도 불구하고 한국 기독교가 일제 치하에서 민족사에 떳떳한 일만 남긴 것은 아닙니다. 한국교회를 대표하는 인물들 다수가 일제 말기에 접어들면 자의든 타의든 일제의 지배를 옹호하고 정당화하는 행동을 한 것도 사실입니다. 이들이 지향한 것은 민족적 기독교가 아니라 일본적 기독교였습니다. 이것을 두고 반성하는 기독교인들이 있는가 하면, 오히려 두둔하는 기독교인들도 있습니다.

이만열 교수는 신사참배 등 일제에 동조하고 옹호한 일본적 기독교를 말하면서, 이것에 대한 반성과 회개가 없었기에 일제를 청산하지 못한 원인이 되었다고 말합니다. 그로 말미암아 친일파들이 다시 교권을 잡았고 오늘날까지 정체성을 잃은 채 친일, 친미의 사대주의적인 기독교로 전락하였다고 말합니다. 그러나 이와는 전혀 다른 입장이 있습니다. 민경배 교수는 이들이 친일파로 불리지만 바로 그들이야말로 전국적 조직의 교회와 기독교 기관을 유지시킨 인물이라는 것입니다. 교단과 기독교 기관의 책임자들로서 자유로울 수 없는 상황에서 이것들을 유지시키려면 종교 행위를 일제의 요구에 알맞게 맞추는 조절 이외 다른 방도가 없었다는 것입니다.

여러분은 어떻게 생각하십니까? 신사참배를 지지하고 일본적 기독교에 맞춰서라도 교회의 외양적 모습을 유지하는 것이 옳다고 보십니까? 사실 현실적인 일제의 억압 속에서 교회를 바르게 유지하는 것은 대단히 힘들 것입니다. 그렇다고 교회의 본질을 왜곡해서라도 유지하는 것이 옳은 일이었을까요?

사실 문제는 일제하에서 어쩔 수 없었다는 것에 그치는 것이 아니라 오히려 친일을 두둔하여 자신을 정당화하는 쪽으로 가기에 더욱 문제가 생긴 것입니다. 이것이 결국 이승만으로 하여금 일제 청산의 반민특위를 짓밟게 했고, 친일파를 옹호하여 자신의 세력으로 만드는 기반이 되었던 것입니다. 결국 교회는 이승만, 박정희로 이어지는 친일의 굴레를 끝내 씻지 못했고, 오늘날에도 교계의 중심에 이들이 있고, 특별히 앞서 말한 뉴라이트 세력이 그 중심이 되고 있는 것입니다.

천주교의 친일

천주교도 예외는 아닙니다. 1942년 1월 3일 천주교경성교구장 임직식에서 교구장으로 임명된 노기남 신부는 "우리는 무엇보다도 충량한 황국신민이 되어야 한다"고 말합니다. 노기남 신부는 누구보다도 먼저 창씨개명을 하였고, 징용, 징병에 앞장섰습니다. 뿐만 아니라 일제 말 태평양 전쟁을 위한 일제 병기 확충을 위한 전국적인 헌금을 독려하였습니다. '미영 격멸 비행기 2백 대 헌납 운동'을 벌여 예상보다 훌륭한 성적을 내어 248대분인 24,818,366원 71전을 거두었다고 합니다.

누룩은 본질 아니다

사실 생각해 보면 본질적인 것은 교회라는 조직을 지켜야 하는 것이 아니라 교회가 과연 그리스도의 몸으로 사는 삶을 지킬 수 있느냐는 것입니다. 일제하에서는 일본인에 억압받던 위안부, 징용자, 징병자 그리고 수탈당하는 가난한 농민, 도시 빈민자들 가운데 예수님이 있었던 것을 개신교나 천주교나 외면했던 것입니다. 물론 이 점은 불교나 유교도 마찬가지였습니다. 사실상 교회의 본질, 종교의 본질을 상실한 것입니다.

오늘 우리가 함께 읽은 레위기 2장 11-13절의 말씀은 신앙의 본질이 무엇인가에 대한 하나님의 말씀입니다. 본문 11절에서 하나님은 말씀하십니다.

"너희가 나 주에게 바치는 곡식제물은, 어떤 것이든지, 누룩을 넣지 않은 것이어야 한다. 나 주에게 살라 바치는 제사에서, 어떤 누룩이나 꿀을 불살라서는 안 되기 때문이다."

하나님께 바치는 모든 곡식 제물에는 반드시 누룩을 넣지 말라고 합니다. 특히 하나님 앞에서 죄를 태우는 화제의 제사에는 누룩과 함께 꿀도 넣어서는 안 된다고 말합니다. 사실 누룩이 없는 빵은 정말 맛이 없을 것입니다. 누룩이 있어야 맛도 있고 목 넘김도 좋습니다. 더욱이 거기에 꿀이 들어가면 더할 나위가 없겠지요. 그러나 그 맛있게 하는 것들을 다 빼고 하나님께 바치라는 것입니다.

누룩 없는 빵에 대한 기원은 이스라엘 백성들이 히브리 노예로 있었던 이집트에서 탈출할 때에서 비롯됩니다. 이들이 해방 때 먹었던 빵이 바로 무교병의 기원입니다. 히브리 백성들이 이집트를 탈출하던 마지막 날 밤 하나님은 히브리 노예들의 지도자 모세와 아론에게 누룩을 넣지 않은 떡, 즉 무교병을 먹으라고 명령하십니다. 그리고 이 히브리 노예들이 광야 40년을 거쳐 가나안 땅에 도착하면 칠일간의 무교절을 지키라고 하십니다. 즉, 칠일간은 누룩이 없는 떡만을 먹어야 한다는 것입니다. 누룩 없는 빵에 대한 첫 이야기는 출애굽기 12장 8절에 기록되어 있습니다.

그 날 밤에 그 고기를 먹어야 하는데, 고기는 불에 구워서, 누룩을 넣지 않은 빵과 쓴 나물을 곁들여 함께 먹어야 한다.

하나님의 사자가 출애굽 마지막 날 밤, 문에 양의 피를 발라 히브리

족속의 장자는 죽는 재앙을 면했습니다. 하나님은 그 양고기를 구워 온 가족과 먹고 누룩이 없는 떡인 무교병과 쓴 나물을 함께 먹으라고 말씀하십니다. 무교병과 쓴 나물, 이것이 삶의 본질입니다. 맛을 내고 목 넘김을 좋게 하는 누룩은 효소일 뿐 본질이 아닙니다. 아무리 맛이 좋은 양념이라도 그것은 어디까지나 양념일 뿐입니다. 본질은 밀가루입니다. 누룩과 꿀을 넣지 말라고 한 것은 본질을 손상시킬까 염려되었기 때문입니다. 밀가루보다 누룩이나 꿀이 본질이라고 여기는 일이 많기 때문입니다.

본질을 보지 못하는 미숙함

어릴 때 가루약을 먹는 일이 쉽지 않았습니다. 그래서 쓴 가루약을 먹을 때마다 어머니는 사탕 하나를 들고 계셨습니다. 어린 저는 사탕을 먹기 위해 그 약을 먹었습니다. 쓴 혀에 사탕이 들어갈 때의 느낌이란 말로 표현할 수가 없었습니다. 어릴 때는 약이 목적이 아니었습니다. 사탕이 목적이었습니다. 그러나 본질은 쓴 약입니다.

여러분, 걱정 없는 평안과 행복을 누리고 싶습니까? 제일 빨리 행복을 찾을 수 있는 간단한 방법이 있습니다. 마약입니다. 그러나 마약의 효과가 떨어지면 다시 더 불행해집니다. 마약은 본질이 아니기 때문입니다. 종종 술이 우리의 쓰디쓴 삶을 잊게 해 줍니다. 그러나 술이 깰 때면 그 쓴 삶은 더욱더 커집니다. 술이 본질이 아니기 때문입니다.

신앙의 본질 — 통증

신앙도 마찬가지입니다. 신앙은 쓰디쓴 삶과 직결되어 있습니다. 이것을 잊고 싶어 현실과는 괴리된 열광주의와 신비주의에 사로잡힙니다. 일종의 마약을 먹은 것이지요. 신앙의 본질은 하나님의 말씀입니다. 말씀은 통증을 느끼게 해 줍니다. 죄의 통증 말입니다. 게으른 것, 욕심 부린 것, 무지한 것, 소홀히 한 것, 거짓으로 산 것, 핑계 댄 것에 대한 통증입니다. 물론 죄에 대한 통증만 있는 것만 아닙니다. 아프지만 신선한 통증입니다. 이른바 성장통 같은 것이지요. 희망을 보는 통증입니다. 히브리서 기자는 4장 12절에서 이렇게 고백하고 있습니다.

> 하나님의 말씀은 살아 있고 힘이 있어서, 어떤 양날 칼보다도 더 날카롭습니다. 그래서, 사람 속을 꿰뚫어 혼과 영을 갈라내고, 관절과 골수를 갈라 놓기까지 하며, 마음에 품은 생각과 의도를 밝혀냅니다.

하나님의 말씀이 어떻다고요? 어떤 양날 칼보다도 예리하여 혼과 영과 관절과 골수를 쪼갠다는 것입니다. 삶의 통증을 느끼게 해 준다는 것입니다. 그 통증이 괴로워 열광주의적 신앙에 광분하게 되는 것입니다. 이것 때문에 삶의 통증이 일시적으로 사라집니다. 그러나 염증이 계속되면 더 강한 항생제를 투여해야 하듯, 더 강한 열광적인 신앙을 가져야 한다는 것입니다. 이런 신앙이 본질이 아니기 때문입니다. 그러므로 삶지도 않고 데치지도 않은 쓴 나물을 함께 먹으라고 한 것입니다.

잃어버린 본질

　결혼할 때 모두 결혼 서약을 합니다. 죽으나 사나 사랑하겠다고 서약합니다. 본질을 서약하는 것입니다. 그러나 현실은 그렇지가 않습니다. 돈 못 벌어다 주는 남편이 미워집니다. 거기다가 술까지 마시고 오면 '돈도 못 버는 주제에 술까지' 하며 미워합니다. 결혼의 서약은 온데간데없습니다. 결혼의 본질을 잊었습니다. 누룩과 꿀 그리고 향내는 누구나 좋아합니다. 본문 12절에서 "나 주를 기쁘게 하는 향기를 내려고 그것들을 제단 위에 올려놓아서는 안 된다"고 말씀하십니다. 향내를 내지 말라는 것입니다. 향내 역시 본질은 아닙니다.

　어릴 때 저는 휘발유를 좋아했습니다. 그 냄새를 좋아했습니다. 한 번은 오래 맡았다가 쓰러졌습니다. 알고 보니 환각 상태에 빠진 것입니다. 요즘 아이들이 본드를 맡는 것과 마찬가지입니다. 향내가 좋다고 좋아할 것이 아닙니다. 이 점에 대해 사도 바울은 고린도전서 5장 8절에서 이렇게 말하고 있습니다.

　　그러므로 묵은 누룩, 곧 악의와 악독이라는 누룩을 넣은 빵으로 절기를 지키지 말고, 성실과 진실을 누룩으로 삼아 누룩 없이 빚은 빵으로 지킵시다.

　성실과 진실이 본질이기 때문입니다. 성실합니까? 진실합니까? 이것만 물어보면 됩니다. 달이 등 뒤로 휘청거릴 때까지 부지런히 일하고 있는 자기 자신을 생각하십시오. 됐습니다. 그것이면 오늘 하루의 성실은 만점입니다. 오늘 하루 그 누구를 만나든 진실을 가지고 대했는가를 생각하십시오. 그것으로 됐습니다. 부부간에 진심을 알아

주면 됩니다. "사랑합니다." 립서비스 필요 없습니다. 립서비스는 본질이 아닙니다. 그것에 속은 인간이 한둘이 아닙니다. 옛사람들은 이심전심이었습니다. 진실한 마음이 통하면 됩니다. 그게 진짜 행복입니다.

본질은 안 바꾸고 겉만

우리는 뭔가 표시 나는 것을 원합니다. 그래서 본질이 아닌 것으로 바꾸려 합니다. 전에 있던 교회에서 물난리를 몇 번 겪고 나니 어떤 분이 농담으로 저에게 말을 건넵니다. "목사님, 아무래도 교회 이름에 '샘'이라는 이름이 있어서 물난리를 겪는 것이 아닐까요?" 하긴 제 이름 마지막 자도 물가 수(洙)입니다. 그런데 이름을 바꾸면 물이 피해 가나요? 착각이지요 기분이 잠시 바뀔 뿐입니다. 이름은 이름일 뿐입니다. 노자의 도덕경 첫 장을 기억하고 있을 것입니다.

道可道 非常道 名可名 非常名
도가도 비상도 명가명 비상명

도를 도라고 하면 더 이상 도가 아니며 이름을 이름이라고 하면 더 이상 이름이 아니라는 말입니다. 이름에 얽매이면 본질이 사라진다는 것입니다. 그런데도 사람들은 이름이 잘못되어 내 삶이 이 모양이 꼴이라고 생각해서 작명소에 가서 이름을 바꿉니다. 때로는 부적을 붙이기도 합니다. 본질 아닌 것에 목을 맵니다. 본질 아닌 것을 본질이라고 여깁니다. 사실 그 심정을 압니다. 그러나 잠시 기분은 괜찮을지 모르지만 상황을 바꾸지는 못합니다. 그래서 어떤 걸 표징을 요구하는 바리새파들을 보고 제자들에게 마태복음 8장 15절에서 주님은 바리새파 사람들의 누룩을 조심하라고 말한 것입니다.

변하지 않는 소금

나아가 본문 13절에서 하나님은 모든 제사의 곡식 제물에 소금을 치라고 말합니다. 이것을 신학적으로 소금 계약이라고 합니다. 소금은 부패를 막아줍니다. 변하지 않게 해 줍니다. 하나님과 인간, 인간과 인간의 관계를 변하지 않게 하는 것을 말합니다. 변하지 않으면 됩니다. 부부간에 결혼할 때의 서약처럼 기쁠 때나 슬플 때나 변하지 않으면 됩니다. 좋을 땐 누구나 친구가 됩니다. 그러나 나쁠 때는 달라집니다. 나쁠 때 참된 친구를 알 수 있습니다. 나쁠 때는 좋은 것도 나쁘게 됩니다. 13절에서 하나님은 말씀하십니다.

"네가 바치는 모든 곡식제물에는 소금을 넣어야 한다. 네가 바치는 곡식제물에는 네 하나님과 언약을 세울 때에 넣는 그 소금을 빼놓지 말아라. 네가 바치는 모든 제물에는 소금을 넣도록 하여라."

부부간에, 친구 간에, 교우들 간에 그리스도 안에서 변함없는 마음을 나눌 수 있다면 그것만큼 큰 축복은 없습니다. 사실 우리 역사에 있어서 친일의 문제는 본질을 상실한 데서 오는 것입니다. 우리 교회사에 있어서 친일의 문제 역시 본질을 잃었기 때문에 오는 것입니다. 그래서 잘 먹고 잘살게 해 주기 위해 나라를 팔아먹었다는 것입니다.

그래서 교회를 지키느라 신사참배했다는 것입니다. 여기 본질은 없습니다. 민족의 주체성, 정체성은 없습니다. 그저 먹고살기 위한 민족이라는 비열한 이름만 존재할 뿐입니다. 그저 복만 받으면 된다는 기복신앙도 십자가라는 본질을 놓친 거짓 신앙입니다.

본질은 민족의 동질성

우리에게 광복은 분단의 시작입니다. 광복 66년이 아니라 분단 66년입니다. 한 형제라는 가장 중요한 본질을 잃어버렸습니다. 우리는 형제나 부모를 죽이는 사람을 보면 패륜아라고 합니다. 바로 우리가 그 패륜아가 아닌지 모르겠습니다. 서로 총부리를 겨누는 형제, 냉전 시대가 아닌 지금도 지구상에 유일하게 형제에게 총부리를 겨누고 있는 우리나라입니다. 세상에 형제만 한, 가족만 한 본질이 어디 있겠습니까? 평화 통일은 민족의 동질성이라는 본질, 이 누룩 없는 떡을 어떻게 지키느냐에 달려 있습니다. 이제 분단 66년을 바꿉시다. 분단은 본질을 헤치는 것입니다. 이제는 통일 염원 66년으로 바꾸어야 합니다. 그래서 남북한에 서로를 용납하는 소금 계약인 평화 협정이 맺어지기를 바라는 것입니다.

성령강림 후 아홉째 주일 이 아침, 평화 통일 주일에 드리는 이 예배를 통해 하나 되게 하는 성령의 은총으로 남북이 서로의 형제 됨을 바탕으로 하는 평화 통일로 가기를 주님의 이름으로 축원합니다.

(2014. 8. 10. **평화 통일 주일 예배**)

제 자식 이삭을 묶어서

(창세기 22:1-18)

그들이, 하나님이 말씀하신 그 곳에 이르러서, 아브라함은 거기에 제단을 쌓고, 제단 위에 장작을 벌려 놓았다. 그런 다음에 제 자식 이삭을 묶어서, 제단 장작 위에 올려놓았다(9절).

하나님의 질투 ─ 유일성, 배타성 때문인가?

출애굽기 20장 3절에 나오는 십계명의 첫째는 "너희는 내 앞에서 다른 신들을 섬기지 못한다"입니다. 이 말 한마디만 놓고 보면 기독교는 다른 종교나 사상을 인정하지 않는 배타적인 종교처럼 보입니다. 더욱이 출애굽기 20장 5절에서 하나님은 자신을 '질투하는 하나님'이라고 말하고 있습니다. 정말 하나님은 다른 어떤 것도 인정하지 않는 질투하는 하나님입니까? 그러나 이 십계명의 첫 계명이 시작하기 전 출애굽기 20장 2절은 이렇게 말하고 있습니다.

"나는 너희를 이집트 땅 종살이하던 집에서 이끌어 낸 주 너희의 하나님이다."

하나님은 이집트 왕인 인간 파라오의 지배를 받으며 종으로 살았던 이스라엘 백성들을 구해내어 인간이 아닌 하나님의 다스림을 받는 이스라엘이라는 나라를 이루게 하셨습니다. 여러분도 알다시피 '이스라엘'이라는 말은 '하나님이 다스린다'는 뜻입니다. 그러므로 십계명 첫 번째 계명의 의미는 인간의 지배를 받게 하고, 인간을 노예로 만드는 그런 신을 두어서는 안 된다는 뜻으로 읽어야 합니다. 사람을 종으로 만드는 그 어떤 것이든 거부하겠다는 결연한 의지가 담긴 계명인 것입니다. 그래서 하나님의 백성이 종이 아닌 주체적인 존재로서의 '나'로 살기를 바라는 것이 하나님의 뜻인 것입니다.

이렇게 볼 때 사실 인간을 종이 되게 하는 것이 어찌 사람의 권력뿐이겠습니까? 우리를 지배하려는 것은 사람만이 아닙니다. 돈, 명예, 학력, 지위의 지배를 받고 살고 있지 않습니까? 바로 이런 것들이 하나님의 자리를 차지하려고 할 때 하나님은 질투하신다는 것입니다. 이 질투는 여인네의 질투처럼 유일성, 배타성을 주장하기 위한 질투가 아닙니다. 이 질투는 하나님의 분노며 심판입니다.

굳이 질투라고 표현한 것은 질투는 사랑의 다른 한 면이기 때문입니다. 하나님의 사랑을 외면한 하나님의 분노입니다. 사랑하시기에 사람이 사람답게 주체적으로 살지 않고 노예로 살아가는 것에 안타까움과 함께 질투의 분노를 느끼시는 것입니다. 이 질투는 사랑을 독차지하려고 하는 그런 질투가 아닙니다. 사람으로 뭔가에 노예가 되게 하지 않게 하려는 하나님의 사랑을 담고 있고, 동시에 그런 것에 종살이하는 사람에 대한 심판을 담고 있는 것입니다.

이렇게 우리 스스로에게 질문을 던져보면 어떨까요? "물질, 지위 등 다른 것이 내 안에서 하나님보다 더 높은 자리를 차지하고 있는 것은 아닐까?" 그렇기에 하나님을 포기하면 포기했지 물질, 지위를 포기할 수는 없지 않습니까? 그렇기에 하나님을 믿기는 믿되 내 재산에 손실을 입으면서까지 믿고 싶어 하지는 않습니다. 하나님을 믿기는 믿되 지위를 포기하고 싶어 하면서까지 믿고 싶어 하지는 않습니다.

자식을 바치는 시험

우리를 종 되게 하는 것에 '자식'을 넣어 볼까요? 자식도 마찬가지입니다. 하나님을 믿기는 믿되 내 욕심대로 자식을 키우고 싶지, 하나님의 뜻대로 키우고 싶어 하지는 않는다는 말입니다. 이것이 우리의 시험입니다. 오늘 우리가 함께 읽은 창세기 22장은 하나님과 자식 사이에서 고뇌하는 한 아버지의 이야기를 그리고 있습니다. 오늘 우리는 엄청난 시련을 만난 아브라함을 만나게 됩니다.

아브라함은 백 세의 나이에 겨우 친자식 하나 이삭을 얻습니다. 정말 말 그대로 금지옥엽입니다. 얼마나 이 아들이 귀여웠겠습니까? 20여 년을 잘 길렀습니다. 그런데 어느 날 하나님이 그 아들을 제물로 바치라고 말합니다. 청천벽력과 같은 소리입니다. 백 세에 겨우 자식 하나를 주고 그 자식마저 바치라니 말도 안 되는 소리입니다. 차라리 처음부터 주지를 말던지요 하나님은 아브라함에게 여러 차례에 걸쳐 하늘의 별, 바닷가의 모래와 같은 자손의 번영을 약속하였습니다. 그런데 수많은 자손은커녕 이제 와서는 하나밖에 없는 아들을 내어놓으라고, 그것도 제물로 바치라고 말씀하시니 이해 못 할 하나님이십니다.

문화인류학자들에 의하면, 이 당시 이스라엘 주변 근동 지방에는 매해 신년 제사를 지낼 때마다 갓 태어난 아이를 바치는 인신 제사가 있었다고 합니다. 새해의 풍성한 추수를 기원하는 제사에 가장 소중한 사람의 생명을 바치는 제사라고 합니다. 당시 가나안의 이방 사람들은 몰록이라는 신에게 새해 풍년을 위해 어린아이를 바쳤습니다. 실제로 이스라엘 백성들이 가나안에 들어갔을 때 그들의 인신 제사를 보고 "우리는 기껏해야 소나 비둘기를 바치는데, 가나안 이방인들은 그들의 신에게 소중한 사람까지 바치니 우리보다 더 열심 있는 신앙을 갖고 있구나" 하며 일대 신앙의 혼란이 일었다고 합니다.

여러분, 우리 하나님이 식인종입니까? 오히려 오늘 우리가 읽은 본문은 인신 제사에 대한 금지의 메시지를 담고 있습니다. 본문 12절을 보면 자기 아들을 죽여 바치려는 아브라함을 향하여 하나님은 "그 아이에게 손을 대지 말아라! 그 아이에게 아무 일도 하지 말아라!"라고 말함으로 인신 제사를 금지하고 있음을 볼 수 있습니다. 그렇다면 하나님께서 처음부터 이삭을 제물로 바치는 요구를 하시지 말아야 하는데, 왜 하나님은 아들 이삭을 바치라고 아브라함에게 요구하고 있는 것입니까? 본문 1절에 의하면 하나님은 아브라함을 시험해 보려고 했다는 것입니다. 과연 하나님은 아브라함의 무엇을 알고 싶어 그랬을까요? 하나님은 본문 2절에서 청천벽력과 같은 말씀을 하십니다.

"너의 아들, 네가 사랑하는 외아들 이삭을 데리고 모리아 땅으로 가거라. 내가 너에게 일러주는 산에서 그를 번제물로 바쳐라."

이에 아브라함은 본문 3절 이하에서 번제에 쓸 나무를 쪼개어 가지고 두 종과 아들 이삭을 데리고 모리아 땅에 있는 산으로 향합니다.

그곳까지는 사흘 길이었습니다. 이 사흘 길을 걷는 아브라함의 심정이 어떠했습니까? 많은 생각을 하며 걸은 사흘 길이었을 것입니다. 무엇보다도 하나님을 이해하기 어려웠을 것입니다. 백 세에 겨우 자식 하나를 주고 이제 와서 제사의 제물로 바치라는 하나님의 명령을 이해하기 어려웠을 것입니다. 어쩌면 하나님을 원망하기도 했을 것입니다.

그럼에도 불구하고 아브라함은 하나님의 명령을 묵묵히 따릅니다. 본문 안에서 왜 아브라함이 하나님의 명령을 따랐는지에 대해 구체적인 이야기는 등장하지 않습니다. 그러나 본문을 깊이 묵상하면서 우리는 왜 아브라함이 터무니없는 하나님의 명령에 따랐는지를 짐작할 수 있습니다.

아브라함은 이삭을 하나님께 묶다

백 세에 얻은 금지옥엽(金枝玉葉) 같은 아들, 그 아들만 쳐다보면 아무 걱정도 없었습니다. 어느덧 이 아들이 하나님의 자리에 있게 됩니다. 하나님의 뜻보다는 아들이 바라는 것을 더 우선으로 해야 했고, 하나님의 말씀보다는 아들 얘기가 더 중요한 것이 되어 버린 것입니다. 사실 이 아들을 얻고 지키기 위한 창세기 21장 이하의 이야기를 읽다 보면 우리는 그런 아브라함의 마음을 상당히 이해하게 될 것입니다. 그렇기에 창세기 22장은 이렇게 시작합니다. 1절 말씀입니다.

이런 일이 있은 지 얼마 뒤에

바로 '이런 일'이란 이삭을 얻고 지키기 위해 얼마나 힘든 일이 있었는지를 말해주고 있는 구절입니다. 보통 아들이 아닙니다. 자신보다 더 소중한 아들입니다. 엄마인 사라는 더욱 그러합니다. 아브라함은 사라에게는 묻지도 않고 이삭을 데려갑니다. 이 일로 사실 아브라함과 사라는 별거에 들어갑니다. 죽을 때까지 말입니다. 이후 아브라함은 브엘세바에서 살았고, 사라는 헤브론에서 살았습니다. 이삭은 이런 아버지에게 충격을 받은 탓인지 어머니 사라와 함께 살았습니다. 사라가 죽자 아브라함이 비로소 사라에게 가서 곡을 하며 울었다는 창세기 23장 2절은 의미심장한 말씀입니다. 그러므로 이 사건이 얼마나 충격적인 사건이었는지를 잘 말해줍니다.

그러나 아브라함은 아들 이삭을 번제물로 하나님의 명령을 묵묵히 따릅니다. 아브라함은 왜 그랬을까요? 모리아산을 향한 사흘 길에서 아브라함이 깨우친 것이 바로 이것이 아닌가 싶습니다. 잠언 1장 7절 지혜자는 "주님을 경외하는 것이 지식의 근본이어늘"이라고 말씀하십니다. 그런데 어느덧 아브라함은 마음속으로 자식을 경외하고 있었다는 것입니다. 그래서 이것에 대한 회개와 깨우침 속에서 아브라함은 9절 이하에서 자식을 묶어 제단 장작 위에 두고 칼을 들어 그 아들을 잡으려고 합니다.

이것이 무엇을 뜻하는 것입니까? 자식을 결박하여 하나님의 제단에 바쳐 태우는 것, 단지 인신 제사에 대한 이야기가 아닌 너무나 귀한 상징적 메시지를 우리에게 던져 줍니다. 자식을 결박하여 하나님께 바치는 것, 이것이 교육입니다. 자식을 하나님께 결박시키는 것, 이것이 신앙 교육입니다. 아브라함이 아들 이삭을 바치라는 하나님의 명령에 따른 것은 바로 이것을 깨달았기 때문입니다. 하나님을 경외하는 것이 모든 지식의 근본이라는 것을 깨달았기 때문입니다. 이것이 자식 사람 만드는 길이라는 것을 깨달았던 것입니다. '자식, 내 것이 아니구나'를 깨달았습니다. 하나님이 주신 것임을 깨달았습니다. 하나님을 위해 쓸 존재라는 것을 깨달았습니다. 자식은 부모 욕심이 아니라 하나님의 뜻에 묶여야 하는 것을 알았다는 것입니다.

묶이는 즐거움

여러분, 결혼 생활이 무엇입니까? 가정에 묶이는 것입니다. 가정에 결박당하는 것입니다. 가정에 묶이는 즐거움, 가정에 매이는 즐거움이 없는 사람은 결혼 생활을 할 자격이 없습니다. 학생이라면 모름지기 학교에 묶이고 선생님에 결박당하는 것입니다. 신앙인이라면 하나님께 결박당하고, 하나님이 원하는 건강한 공동체라는 전제하에서 교회에 결박당하는 것입니다. 남편은 아내에게, 아내는 남편에게, 자식은 부모에게, 부모는 자식에게 묶이는 것이 가정생활입니다. 이것이 가정의 질서입니다. 서로에 대해 책임이 있다는 것입니다.

우리는 자식을 키우면서 자식에게 많은 것을 해 주고 싶어 합니다. 자식이 원하는 것을 해 주고 싶어 합니다. 마음껏 사주고 싶고, 마음껏 갖게 하고 싶어 합니다. 이것이 부모 마음입니다. 불행히도 이 마음에 교육이 없습니다. 이것은 자식이 사람 되는 길은 아닙니다. 오히려 망치는 길입니다. 교육학자이자 철학자인 18세기 최고의 지성이라고 할 수 있는 장 자크 루소는 그의 저서이자 우리의 영원한 고전인 『에밀』에서 이렇게 말하고 있습니다.

자식을 불행하게 하는 가장 확실한 방법은 언제나 무엇이든지 손에 넣을 수 있도록 해 주는 일이다.

자식 사랑, 무엇이든 넘치게 주는 것이 아닙니다. 때로는 배고픔과 궁핍의 경험도 필요합니다. 그래야 고마움과 소중함을 알게 되고 더 단단한 사람이 될 수 있습니다. 여러분, 자식이 원하는 대로 자식에게 자유를 주고 싶습니까? 그렇다면 책임도 물으십시오 자유가 있다면 책임도 있습니다. 결박은 책임을 의미합니다.

흔히들 말합니다. "아이에게도 인격이 있다. 인격적으로 그 아이의 의견을 물어야 한다. 그리고 아이의 의견을 존중해야 한다." 맞습니다. 존중해야 합니다. 그러나 아직 철없고 어리기에 가르침을 전제한 존중이어야 합니다. "네가 알아서 공부해라" 하면 알아서 잘합니까? 두들겨 패서라도 책상머리에 앉혀 공부를 억지로 시켜야 할 때도 있는 것입니다. 요즘 컴퓨터 게임 때문에 부모마다 속을 썩습니다. 한번 게임을 하기 시작하면 끝도 없습니다. 그냥 인격을 존중해 내버려 둘까요? 어느 세월에 자기 자신을 조절할 수 있을까요?

어린 양은 어디에 있습니까?

아브라함은 자식 이삭을 하나님께 바치기 위해 묶습니다. 그냥 바치면 안 되나요? 꼭 묶어야 하나요? 자식이 스스로 알아서 제단의 제물이 될 수는 없었나요? 그렇게 강제적으로 묶어야 합니까? 당연하지요 "나 제물 하겠습니다"라고 말할 자식이 어디 있겠습니까? 그렇게 철든 자식이 어디 있겠습니까? 그렇기에 아브라함도 이삭이 제물이 될 것이라고 이삭에게 미리 말하지 않습니다. 그래서 모리아산으로 올라가는 중 이삭이 본문 7절에서 묻습니다.

"불과 장작은 여기에 있습니다마는, 번제로 바칠 어린 양은 어디에 있습니까?"

이 질문에 아브라함이 즉시 "그 번제물은 바로 너다"라고 가르쳐 주었습니까? 아닙니다. 만약 가르쳐 주었다면 즉시 도망갔을 것입니다. 아브라함은 지혜롭게 이 대답을 피해 갑니다. 본문 8절 말씀입니다.

"애야, 번제로 바칠 어린 양은 하나님이 손수 마련하여 주실 것이다."

사실 바칠 어린 양은 이삭 자신입니다. 여러분, 잊지 마십시오. 고생은 나의 대에 끝냈으니 우리 자식들에게는 고생 안 시키겠다고요? 그게 바로 '국제시장'의 허구입니다. 어느 시대이건, 어느 세대이건, 그 시대와 그 세대가 책임져야 할 것이 있습니다. 어느 시대건, 어느 세대건, 그 시대와 그 세대가 치러야 할 대가가 있습니다. 그 책임과 대가가 바로 번제물입니다. 희생 제물입니다. "불과 장작은 여기에 있습니다마는, 번제로 바칠 어린 양은 어디에 있습니까?" 그 질문을 던진 바로 그 사람이 희생 제물입니다. 그것이 그의 인생입니다.

그리고 아브라함은 산 위 제단에 이르러서야 아들을 묶어 제단 나무 위에 올려놓습니다. 알아서 공부하고, 알아서 부모에게 효를 다하고 예를 갖추고, 알아서 컴퓨터 게임도 적당히 할 줄 알고, 알아서 복습도 하고 예습도 하고, 알아서 자기 책상도 정리하고, 자기 방 청소도 하고, 하다못해 알아서 이부자리도 잘 개는 아이들이 몇이나 되겠습니까?

자식을 묶어라

여러분, 자식을 묶으십시오. 결박하십시오. 결박은 가르치는 것입니다. 그런데 가르치는 것도 다 때가 있습니다. 때가 지나면 소용이 없습니다. 어릴 때, 아직 젊었을 때 가르치는 것입니다. 잠언 22장 6절에서 지혜자는 말하고 있습니다.

> 마땅히 걸어야 할 그 길을 아이에게 가르쳐라. 그러면 늙어서도 그 길을 떠나지 않는다.

때가 지나면 결박하고 싶어도 할 수가 없습니다. 이미 제멋대로 나간 뒤입니다. 자식을 묶는 것도 품 안에 있을 때입니다. 그냥 사람 되는 것이 아닙니다. 묶어서라도 가르쳐야 하는 것입니다. 신앙생활은 더더욱 그러합니다. 오늘 아브라함이 자식 이삭을 결박하는 것은 신앙을 가르쳐 주기 위함입니다. 그 어떤 것보다도 하나님을 사랑하고 경외하는 것을 잊지 말라는 신앙 교육입니다. 아브라함이 자식 이삭을 묶어 하나님께 바치려 할 때 비로소 하나님은 천사를 시켜 아브라함에게 본문 12절에서 말씀하십니다.

> "그 아이에게 손을 대지 말아라! 그 아이에게 아무 일도 하지 말아라! 네가 너의 아들, 너의 외아들까지도 나에게 아끼지 아니하니, 네가 하나님 두려

워하는 줄을 내가 이제 알았다."

자식을 결박하여 하나님께 바치는 데서 하나님은 비로소 아브라함의 신앙을 인정하십니다. 정작 자식에게 중요한 것이 무엇이고, 정작 두려워하고 경외할 분이 누구신 줄을 알고 있는 아브라함을 인정하신 것입니다. 그것은 자식을 결박하는 데서부터 나온 것임을 잊지 말아야 합니다.

묶여진 자의 축복

하나님을 믿든지 말든지, 교회를 다니든지 말든지 그것은 네 자유라고 여기는 데에서 나온 것이 아닙니다. 싫으나 좋으나 섬겨야 할 분이 있습니다. 싫으나 좋으나 함께 이루어야 할 교회 공동체가 있습니다. 자식의 바라는 것보다 더 경외해야 할 분이 있다는 것, 그분에게 결박당하는 것, 바로 여기에 그의 축복이 열려 있습니다. 본문 16절 이하의 말씀입니다.

"주님의 말씀이다. 내가 친히 맹세한다. 네가 이렇게 너의 아들까지, 너의 외아들까지 아끼지 않았으니, 내가 반드시 너에게 큰 복을 주며, 너의 자손이 크게 불어나서, 하늘의 별처럼, 바닷가의 모래처럼 많아지게 하겠다. 너의 자손은 원수의 성을 차지할 것이다. 네가 나에게 복종하였으니, 세상 모든 민족이 네 자손의 덕을 입어서, 복을 받게 될 것이다."

하나님께서 친히 맹세하신 축복입니다. 엄청난 축복입니다. 결박당한 자의 축복입니다. 여러분, 자식을 결박하십시오. 이것이 축복받는 길입니다. 자손을 희생시킴으로 자손의 번영이 있습니다. 제 자식 이삭을 하나님께 묶음으로 훗날 이스라엘이 있습니다. 결박은 구체적으로 가르치는 일입니다. 하면 좋고 안 하면 그만인 교육이 아닙니다. 무슨 대가를 치르더라도 해야 하는 결박이요 가르침입니다. 결박이라는 말은, 단어가 나타내주듯이, 강제성을 의미하기도 합니다. 때론 가차 없이 매를 대기도 합니다. 의외로 성서가 자녀 교육을 말하면서 매질하라는 말을 많이 합니다. 잠언 23장 13절 이하에서 지혜자는 이렇게까지 말하고 있습니다.

> 아이 꾸짖는 것을 삼가지 말아라. 매질을 한다고 하여서 죽지는 않는다. 그에게 매질을 하는 것이, 오히려 그의 목숨을 스올에서 구하는 일이다.

여기 스올은 지옥을 말합니다. 매를 대는 것이 자녀를 지옥 같은 인생에서 구해낸다는 것입니다. 잠언 29장 15절 역시 같은 내용입니다.

> 매와 꾸지람은 지혜를 얻게 만들어 주지만, 내버려 둔 자식은 그 어머니를 욕되게 한다.

이외에도 많은 곳에서 성서는 자녀의 엄격한 체벌을 강조합니다. 너무 많아 마치 매가 교육의 전부인 듯 보입니다. 그러나 자식뿐이 아니라 사람을 매질하는 것이 좋을 리 없습니다. 성서가 매질하라고 했다고 집에 가서 아이들 매로 다스릴 어리석은 부모는 없으리라고 여깁니다. 사실 옛날 부모들도 매를 그리 많이 들지 않았습니다. 매가 사람을 만드는 부모의 사랑이라고 받아들이는 성숙한 시대가 아닙니다. 또 매를 드는 부모 역시 성숙하지 못한 시대입니다. 대부분 속이 상하고, 화가 나고, 짜증이 나서 매를 듭니다. 사랑으로 매를 들지 않기 때문입니다. 참고 기다리며 사랑으로 드는 매가 아니라는 데에 부모로서의 우리의 문제가 있으며, 설령 그 좋은 마음으로 매를 들어도 그것을 받아들이는 자녀가 성숙한 세대가 아니기 때문입니다.

태조 때 영의정을 지낸 홍언필은 영의정 때에도 아버지 홍섬에게 매를 맞았다고 합니다. 우리가 잘 아는 대한민국 임시정부 주석 김구 선생도 주석 시절에 어머니에게 종아리를 맞았습니다. 매를 드는 부모나 매를 맞는 자식이나 같은 마음일 때의 이야기입니다.

인생은 치러야 할 희생제의

성서가 매나 체벌을 강조하는 것은 그대로 하라는 이야기가 아니라 엄격성, 책임 그리고 대가를 요구하라는 말입니다. '제 자식 이삭을 묶어'라는 표현처럼 말입니다. 결박은 교육입니다. 결박은 책임입니다. 결박은 대가입니다. 결박은 인생 속에서 누구나 겪어야 하는 아픔입니다. 반드시 통과해야 할 인생의 통과 제의입니다. 우리가 지금 이렇듯 성서가 말하는 매를 들 수는 없으나 그 의미는 되새겨야 합니다. 한두 번 이야기한 적이 있습니다만 저도 어릴 때 아버지에게 몇 번 매로 종아리를 맞았습니다. 어느 날 아버지는 제 잘못에 매를 대시며 평생 잊지 못할 말씀을 하셨습니다.

"네가 커서 실수를 하고 잘못을 하면 이 매보다 훨씬 아프다는 것을 알게 될 것이다."

왜 성서가 매에 대해 아끼지 말라고 하는지 그 의미를 알 것 같았습니다. 내용은 결박, 묶이는 것, 책임 그리고 대가를 지불하는 것을 말합니다. 출애굽기 20장 12절을 보면 부모 공경에 대한 축복의 약속이 나옵니다.

"너희 부모를 공경하여라. 그래야 너희는 주 너희 하나님이 너희에게 준 땅에서 오래도록 살 것이다."

장수를 약속합니다. 단지 명이 길어진다는 약속이 아닙니다. 부모 공경에 살고 죽는 문제가 결정된다는 것을 말합니다. 부모 공경은 하면 선한 것이고 안 해도 그뿐인 것이 아니라 생존이 걸린 문제라는 것을 말해 줍니다. 그러므로 자식을 결박하십시오 이것은 절대 가르침이요, 그 내용은 절대 책임입니다. 그러나 여기에 축복이 있습니다. 다시 본문 16절 이하의 말씀입니다.

"주님의 말씀이다. 내가 친히 맹세한다. 네가 이렇게 너의 아들까지, 너의 외아들까지 아끼지 않았으니, 내가 반드시 너에게 큰 복을 주며, 너의 자손이 크게 불어나서, 하늘의 별처럼, 바닷가의 모래처럼 많아지게 하겠다. 너의 자손은 원수의 성을 차지할 것이다. 네가 나에게 복종하였으니, 세상 모든 민족이 네 자손의 덕을 입어서, 복을 받게 될 것이다."

(2015. 5. 24.)

꿈이 낳은 아기

(누가복음 1:26-33)

그는 위대하게 되고, 더없이 높으신 분의 아들이라고 불릴 것이다. 주 하나님께서 그에게 그의 조상 다윗의 왕위를 주실 것이다. 그는 영원히 야곱의 집을 다스리고, 그의 나라는 무궁할 것이다(32-33절).

만왕의 왕

영국의 빅토리아 여왕 대관식 때 헨델의 오라토리오 <메시아>가 연주되었습니다. 마지막 합창 <할렐루야>에는 관중이 일어서는 것이 관례였습니다. 그러나 왕은 대관식에서 일어서지 않는 것이 왕실의 전통이었습니다. 드디어 <할렐루야>가 시작되었고 모두 일어섰습니다. 여왕은 감동과 전통 사이에서 주저하며 일어서지 않았습니다. 그러나 합창의 마지막 부분 "왕의 왕, 만유의 주"가 노래될 때 여왕은 자기도 모르는 사이에 일어섰습니다. 후일 여왕은 이것에 대해 이렇게 고백했습니다.

"만민을 다스릴 자는 오직 그리스도이시다. 나도 그 앞에 죄인이다. 어떻게 내가 만왕의 왕 앞에서 앉아 있을 수 있겠는가?"

오늘은 크리스마스, 만왕의 왕, 우리의 구세주이신 예수님의 생일입니다. 한 사람의 생일을 두고 이렇게 많은 사람이, 그것도 2,000년이 넘게 함께 기뻐하고 축하하는 일은 없을 것입니다. 지위 고하를 막론하고 해마다 크리스마스가 되면 그분을 경배합니다. 치열하던 전쟁도 잠시 멈춥니다. 그의 탄생이 얼마나 중요한 것이었던지 그의 탄생을 두고 역사의 시간을 주전과 주후로, 주님 오신 이전과 이후로 나누고 있을 정도입니다.

그의 위대함에 비추어 볼 때 그는 남들처럼 평범하게 세상에 오지 않았을 것이라는 생각이 듭니다. 하늘에서 갑자기 뚝 떨어지거나 사람을 거치지 않은 특별한 방법으로 세상에 왔을 것이라고 여겨집니다. 그러나 놀랍게도 예수님은 우리와 마찬가지로 아기로 오셨습니다. 아기로 왔다는 것은 우리와 똑같은 과정으로 왔다는 것입니다. 그도 어머니의 배 속에서 열 달을 채워야 했습니다. 태어나면서부터 복음을 전한 것은 아니었습니다. 복음을 전하는 성인 예수가 되기까지 아기 예수도 자라야 했습니다.

고구려의 주몽 탄생 신화나 신라의 박혁거세 신화에 의하면 그들은 알에서 태어납니다. 위대한 사람의 탄생은 특별하다고 생각하는 것입니다. 사실 그것은 신화가 아닙니다. 당연지사입니다. 알에서 태어나지 않은 사람은 없습니다. 우리도 수정란, 분명 알에서 나왔습니다. 모든 사람은 육신의 알을 깨고 나옵니다. 육신의 알을 깨고 나온 생명이 아기입니다. 그리고 그 아기가 자라 정신의 알을 깨고 나옵니다. 이것이 성인입니다.

예수님이 아기로 오셨다는 것 속에 바로 우리가 설 자리가 있습니다. 우리와 똑같은 아기로 오셨기에 우리도 그와 함께 자랄 수 있습니다. 성인이 되어 그와 함께 하나님의 나라를 선포할 수 있고, 그와 함께 십자가를 질 수 있고, 그와 함께 부활할 수 있습니다. 사도 바울은 이 점을 두고 빌립보서 3장 10절 이하에서 말하고 있습니다.

내가 바라는 것은, 그리스도를 알고, 그분의 부활의 능력을 깨닫고, 그분의 고난에 동참하여, 그분의 죽으심을 본받는 것입니다. 그리하여 나는 어떻게 해서든지, 죽은 사람들 가운데서 살아나는 부활에 이르고 싶습니다.

바울은 신앙이 무엇인지 정확하게 말하고 있습니다. 이것이 믿음입니다. 그리스도를 알고, 그분의 부활의 능력을 깨닫고, 그분의 고난에 동참하여 그분의 죽으심을 본받는 것, 그래야 부활에 이를 수 있다는 것입니다. 그냥 쳐다보며 달라고 칭얼거리는 것이 아닙니다. 그분의 고난과 죽음을 따르는 것, 이것이 믿음이요, 이 믿음을 통해 비로소 부활의 삶에 이를 수 있다는 것입니다. 사도 바울은 우리도 그와 함께 죽을 수 있고 그와 함께 부활에 이를 수 있다고 선포하고 있습니다. 그 출발의 공유점이 바로 그분이 아기로 오셨다는 것입니다. 우리도, 그분도 아기로 출발합니다.

꿈

그렇다면 같은 아기로 출발했는데 그는 어찌 그토록 위대한 삶을 살다 갔을까? 이것이 바로 우리가 그분을 따르고 그분의 가르침을 받아야 할 중요한 부분입니다. 같은 아기로 태어났는데 과연 무엇이 남다른 인간이 되게 하고 남다른 삶을 살게 하는 것입니까? 무엇이 공자를 공자 되게 하며, 예수를 예수 되게 하며, 나를 나 되게 하고, 너를 너 되게 하는 것입니까? 그것은 꿈에 있습니다. 오늘 우리가 함께 봉독한 누가복음 1장 26절 이하를 보면 천사가 마리아에게 찾아와 꿈을 심어 줍니다. 본문 31절은 그 꿈의 내용입니다.

"보아라, 그대가 잉태하여 아들을 낳을 터이니, 그의 이름을 예수라고 하여라."

천사가 마리아에게 심어준 꿈, 우리 식대로 말하자면 태몽이 아닌가 싶습니다. 태몽을 자기가 알아서 꾸는 사람은 없습니다. 사실 꿈은 내 의식의 영역이 아닙니다. 무의식의 영역입니다. 꿈을 스스로 만들어서 꾸는 사람은 없습니다. 그리고 불길한 태몽을 꾸는 사람은 거의 없습니다. 불길한 꿈은 아예 태몽이라고 하지도 않습니다. 마리아가 천사를 통하여 꾼 꿈, 알고 보면 한 여인의 꿈이기도 하지만, 한 여인을 통해서 하나님이 이루고 싶어 하는 하나님의 꿈입니다. 그래서 천사는 그 하나님의 꿈을 깨달으라는 듯이 본문 31절 앞에서 마리아에게 "보아라"라고 합니다. 보여줄 것이 있으니 보라는 것입니다. 아무리 좋은 꿈도 개꿈이라고 생각하면 더 이상 꿈이 아닙니다. 그리고 현실로 가능성은 없습니다. 마리아가 볼 것을 보지 못하고 그 꿈을 개꿈이라고 여겼다면 성인 예수는 없었을 것이요, 메시아는 존재하지도 않았을 것입니다. 그러나 천사의 말대로 마리아는 보았습니다. 천사는 본문 32절에서 그 꿈을 구체적으로 말합니다.

"그는 위대하게 되고, 더없이 높으신 분의 아들이라고 불릴 것이다. 주 하나님께서 그에게 그의 조상 다윗의 왕위를 주실 것이다. 그는 영원히 야곱의 집을 다스리고, 그의 나라는 무궁할 것이다."

마리아의 태몽의 내용은 아기 예수가 자라 위대한 자가 되고, 하나님의 아들이라고 불리며, 이스라엘의 영원한 왕이 될 것이라는 내용입니다. 쉽게 말하면 이스라엘을 구원할 사람이 된다는 것입니다. 그래서 이름이 '구원자'라는 뜻의 '예수'입니다. 이에 마리아는 본문 38절에서 "당신의 말씀대로 나에게 이루어지기를 바랍니다"라고 말합니다. 그렇게 하나님의 꿈이 마리아의 꿈이 됩니다.

성서가 말하는 위대함

그런데 마리아가 꾼 꿈, '그는 위대하게 되고'라는 말씀에서 과연 '위대함'은 무엇일까요? '위대하다'라는 말은 헬라어로 메가스(μέγα)입니다. 어디서 들어본 말 같지 않습니까? 우리는 보통 아주 크고 많은 것을 메가톤급이라고 합니다. 바로 그 메가스입니다. 말하자면 예수님이 아주 위대한 분, 큰 사람이 된다는 것입니다. 자신이나 자식이 작은 자가 되기를 바라는 사람은 없습니다. 여러분, 어떻습니까? 여러분의 부모님이 여러분을 낳을 때 어떤 태몽을 꾸었습니까? 태몽은 어쩌면 우리 무의식의 바람일지도 모르겠습니다. 그래서 태몽은 다 큰 사람, 위대한 사람이 되는 것을 상징합니다.

전직 대통령 중 전두환이라는 자가 있습니다. '斗煥(두환)이라는 말은 '크게 빛나라'라는 뜻입니다. 도대체 무엇이 크다는 말입니까?

힘으로 권력을 잡아 큰 사람입니까? 나라 것을 도둑질하는 큰 도둑이라는 말입니까? 이분은 무엇이 진정으로 크게 되고 빛나게 하는 삶인가를 배우지 못했습니다. 그래서 큰 도둑이 되는 치욕적인 말로를 보내고 있는 것입니다. 역시 전직 대통령 중 노태우라는 사람이 있습니다. 현명해지라고 그 이름에 클 '泰', 어리석을 '愚' 자를 썼을 텐데 부모가 무식했던지, 자식이 이름값을 못 했던지, 끝내는 세인의 비웃음을 사는 큰 어리석음을 범하고 말았습니다. 험난한 역사 속에서 출세하고 권세를 잡는 것이 그저 잘 먹고 잘사는 것, 큰소리치며 사는 것이 복이라 생각했던 그 천박한 꿈들이 만든 인간들인 것입니다.

하나님이 마리아에게 심어준 꿈, 그 태몽의 이름은 '예수'입니다. 예수 이름을 받았다고 다 예수가 되는 것이 아닙니다. '구원자'라는 뜻의 이름을 지었다고 구원자가 되는 것이 아닙니다. 자칫하면 이단 교주로 전락할 수 있는 예수님이었습니다. 군중을 이끌고 여러 기적을 일으키며 다닌 그의 사역을 볼 때 그럴 가능성은 충분했습니다. 사탄은 40일의 금식 중에 있는 예수님에게 하나님의 아들이거든 이 돌로 떡을 만들어 보라고 했습니다. 하나님의 아들이거든 성전 꼭대기에서 뛰어내려 보라고, 천사가 받아줄 것이라고 하였습니다. 높은 산에서 자기에게 경배하면 천하를 주겠다고 하였습니다. 이 유혹은 마지막 십자가 처형에까지 이릅니다. 사람들은 십자가에 달린 예수님을 보며 조롱합니다. 마태복음 27장 42절에서 사람들은 십자가의 예수님을 보고 비아냥거리며 말합니다.

"그가 남은 구원하였으나, 자기는 구원하지 못하는가 보다! 그가 이스라엘 왕이시니, 지금 십자가에서 내려오시라지! 그러면 우리가 그를 믿을 터인데!"

이름의 뜻은 '구원자'인데 자기도 구원 못 받고 십자가에서 비참하게 죽어가는 상황에서 예수님은 이스라엘의 왕이라면 지금 십자가에서 내려와 보라는 유혹을 받습니다. 우리가 흔히 말하는 '큰 사람'이라면 내려와야 하는 것 아닙니까? 영화처럼 악당을 쳐부수고 영웅이 돼야 하는 것 아닙니까? 그것이 축복이 아닙니까? 교회에서도 그렇게 가르치지 않았습니까? 그러나 마리아의 꿈이 말해 주는 '위대한 자', '큰 자'는 그런 자가 아니었습니다. 오늘 본문을 지나 46절 이하의 '마리아 찬가'는 바로 이것을 말해줍니다. 51절 이하를 깊이 묵상하기를 바랍니다.

그는 그 팔로 권능을 행하시고 마음이 교만한 사람들을 흩으셨으니, 제왕들을 왕좌에서 끌어내리시고 비천한 사람을 높이셨습니다. 주린 사람들을 좋은 것으로 배부르게 하시고, 부한 사람들을 빈손으로 떠나보내셨습니다.

마리아가 꾼 꿈의 '위대한 자', '큰 사람'은 권력을 쥐고 호령하는 자가 아니라 그 권력에 굴종하지 않는, 오히려 불의한 권력을 경멸하는 자입니다. 좀 더 많은 것을 소유하는 자가 '큰 사람'이 아니라 누구나 빈손 인생으로 돌아가는 삶임을 깨달아 빼앗는 것이 아니라 베푸는 자, 높아지는 자가 아니라 낮아지는 자입니다. 마리아의 꿈은 바로 이런 것이었습니다. 채우는 꿈이 아니라 비우는 꿈이요, 높아지는 꿈이 아니라 낮아지는 꿈이요, 빼앗으려는 꿈이 아니라 베푸는 꿈이었습니다. 살려고 바둥거리는 꿈이 아니라 기꺼이 죽는 꿈이었습니다. 이 꿈이 낳은 아기가 바로 예수님입니다.

부자가 되지 말고 가난뱅이로 살라는 말이 아닙니다. 높은 사람이 되지 말고 말단에 만족하며 살라는 것이 아닙니다. 여러분, 될 수 있으면 부자가 되십시오. 될 수 있으면 높은 자리에 오르십시오. 그래야 베풀고, 낮아지는 폭도 엄청나게 커집니다. 힘은 하나님의를 나타날 때만 그 정당성을 갖습니다. 부모 된 우리 모두에게 부끄러운 이야기이지만, 우리는 여전히 자식에게 눈만 뜨면 성적 이야기입니다. 그것도 남과 비교해서 말입니다. 시험을 치른 아이가 돌아오자마자 묻는 것이 "몇 점이냐", "너 위로 몇 명이나 있어?" 등의 말뿐입니다.

마리아는 자기가 임신한 아이를 통해 하나님의 구원이 이루어지기를 꿈꿨습니다. 하나님이 자기 민족에게 하신 그 약속이 자기 아들을 통하여 이루어지기를 소망했던 것입니다. 이런 하나님의 약속이 이루어질 줄 믿은 이스라엘이었기에 그 속에서 예수가 태어났고, 그런 이스라엘의 꿈이 자기 자식을 통해 이루어지기를 소망한 마리아였기에 예수님과 같은 '큰 사람'을 낳을 수 있었던 것입니다.

세월호-기억-성탄

2016년 성탄절, 아직 여러분과 저는 세월호에 머무르고 있습니다. 아니, 머물러 있어야 합니다. 우리는 아직 2014년 4월 16일에서 한 발자욱도 앞으로 가지 않고 있습니다. 그냥 이제는 잊자고 하지만 우리는 기억을 공유했습니다. 역사는 기억에서 시작합니다. 세월호는 기억하고 공감하고 이입하는 사람들에 의해 그 고통의 시간을 이겨낼

수 있었습니다. 아우슈비츠 강제 수용소 기념관 입구에 이런 글귀가
붙어 있습니다.

"망각은 노예의 길이고 기억은 구원의 신비다."

물론 이제 겨우 시작입니다. 저는 세월호를 생각하며 두 사람이
극명하게 비교됨을 보았습니다. 바로 말구유의 아기 예수와 화려한
궁중의 헤롯 대왕처럼 말입니다. 한 사람은 목숨을 걸고 아이들의
시신을 인양하다 잠수병과 트라우마로 지난 6월 스스로 목숨을 끊은
어느 가난한 잠수사이며, 다른 사람은 소년 급제로 탄탄대로를 달려오
며 오직 권력의 비호 아래 있었고 그 자신 그 권력을 비호했던 청와대
민정수석 검사입니다. 주님은 누가 큰 사람이라고 할까요? 높은 사람이
되지 말라는 이야기가 아닙니다. 일류 대학 가지 말라는 이야기가
아닙니다. 이것은 태극기와 촛불, 보수와 진보의 이야기가 아닙니다.
이것은 옳고 그름, 선과 악, 사람됨의 여부를 물은 것입니다.
　이 잠수사의 이름은 김관홍입니다. 그의 이름을 기억하고 싶습니
다. 그가 한 마지막 말은 이것입니다.

"뒷일을 부탁합니다."

이 뒷일을 잊지 않는 사람이라면 우리는 큰 사람입니다. 이 뒷일을
맡은 교회는 화려한 왕궁에 기대고 싶어 하지 않습니다. 큰 사람의
꿈의 자리는 가난한 말구유 자리입니다. 예수님이 우리에게 맡긴
뒷일은 화려한 왕궁이 아니라 말구유의 강도 만난 이웃과 함께하는

것입니다. 올해 분명 아기 예수는 빛이 되게 하는 문인 광화문(光化門)을 비롯하여 전국 각지 민초들의 촛불에 오셨을 것입니다. 욕심은 비우고 뒷일을 기꺼이 함께하는 곳에 우리는 말구유, 그 낮아진 곳에 출생하신 아기 예수의 거룩한 울음을 비로소 듣게 될 것입니다.

(2016. 12. 25. 성탄절)

에바다 5

(마가복음 7:31-37)

그리고 하늘을 우러러보시고서 탄식하시고, 그에게 말씀하시기를 "에바다" 하셨다. (그것은 열리라는 뜻이다.) 그러자 곧 그의 귀가 열리고 혀가 풀려서, 말을 똑바로 하였다(34-35절).

우리의 굴레

우리는 지난 몇 달에 걸쳐 오늘 우리가 읽은 본문 말씀을 가지고 네 차례에 걸쳐 묵상했습니다. 쉬운 본문이 아니어서 묵상할 시간을 갖기 위해 간격을 두고 이 본문의 말씀을 나누었습니다. 오늘은 이 기적 이야기의 마지막을 묵상하려고 합니다. 예수님을 통해 한 귀머거리의 귀가 열렸고 혀가 풀렸습니다. 35절입니다.

그러자 곧 그의 귀가 열리고 혀가 풀려서, 말을 똑바로 하였다.

여기 '혀가 풀려서'라는 말은 원문에 의하면 '혀의 굴레(데스모스 글로세스)가 풀려졌다'입니다. '굴레'라는 말이 번역되지 않았습니다.

말하자면 그로 말 못 하게 만든 굴레가 있었다는 말입니다. 그 굴레가 무엇인지를 설명해 주는 말 중 하나가 31절의 '데가볼리'입니다. 데가볼리란 헬라어로 숫자 '10'을 뜻하는 '데카'와 도시들을 뜻하는 '폴레이스'가 결합된 말로 '열 개의 도시'라는 뜻입니다. 로마 통치 이념을 심기 위한 식민지 정책으로 세워진 도시입니다. 이들 도시들의 시민들을 로마화하려고 했습니다. 철저히 로마에 충성하는 사람들로 만들려 했습니다. 마치 일제가 우리를 '내선일체'(內鮮一體), '황국신민'(皇國臣民)이라는 이름으로 일제화하려 했던 것과 마찬가지입니다. 말은 그 말을 쓰는 민족의 정신입니다. 사람들이 이방 땅에서 데려온 귀머거리, 벙어리인 사람이 등장하는 것은 바로 이 때문입니다.

당시 모든 길은 로마로 향했습니다. 지배자는 로마에 대한 충성을 강요했고, 식민지 백성은 로마인이 되려고 했습니다. 오직 획일적인 로마 황제의 통치 외에는 그 어떤 말도 허용하지 않는 식민지, 그래서 서로 로마 시민이 되겠다고, 로마 황제를 신의 아들이라고 부르며 로마 사람이 되려고 했던 시대입니다. 그래서 로마를 찬양하는 말 이외에 그 어떤 말도 들어서도 안 되고, 말해서도 안 되는 귀머거리이고 벙어리인 사람의 이야기입니다. 그렇기에 로마화되고 있는 식민지 백성의 무리 안에 있는 귀머거리이고 벙어리인 이 사람을 무리로부터 따로 데려갑니다. 본문 33절입니다.

예수께서 그를 무리로부터 따로 데려가서, 손가락을 그의 귀에 넣고, 침을 뱉어서, 그의 혀에 손을 대셨다.

나아가 이 식민지 백성의 고통을 탄식하며 예수님은 의도적으로 데가볼리가 있는 팔레스틴의 언어, 아람어를 씁니다. 예수님이 이 본문에서 유일하게 말한 '에바다'가 아람어입니다. 예수님은 단 한마디의 아람어 '에바다'를 말함으로 팔레스틴 식민지 백성의 정체성을 회복시켜 주며, 그의 귀를 열게 하고, 그의 혀의 굴레를 풀게 합니다. 그런데 의아스러운 것은 36절입니다.

> 예수께서 이 일을 아무에게도 말하지 말라고 그들에게 명하셨으나, 말리면 말릴수록, 그들은 더욱더 널리 퍼뜨렸다.

대표 단수 ─ 침묵 명령의 용례

"먼저 이 본문에서 분명 치유는 한 사람에게 일어난 것인데 예수님은 '그들에게' 명하십니다. 문제는 이 '그들'이 누구냐 하는 것입니다. 일단은 32절에서 귀먹은 벙어리를 예수께 '데리고 온 사람들'이 '그들'일 수 있습니다. 그러나 그리되면 이 '그들' 속에서 치유된 귀머거리는 배제시킬 수밖에 없기에 타당하게 보이지는 않습니다. 기적 이야기의 일반적인 경우와 마찬가지로, 사실 이 침묵 명령은 '치유된 당사자'에게 주어져야 마땅할 것입니다. 그런데도 이 대목에서는 왜 '그'가 아니라 '그들'일까요? 아무래도 '치유된 사람'과 그를 '데리고 왔던 사람들'을 일행으로 보고 뭉뚱그려서 '그들'이라고 한 것으로 이해함이 온당할 것입니다. 더욱이 이 기적 이야기를 전한 것도 치유 당사자만이 아니라 데리고 온 사람들도 그 이야기를 널리 퍼뜨렸다는 것을 말하고 있습니다. '그들은 더욱더 널리 퍼뜨렸다'는 마지막 말이 바로 그것입니다. 또한 중요한 마가의 기법이 있습니다"(강일상,『마가복음의 기적

이야기』, 417).

마가는 한 사람을 말함으로써 전체를 말하곤 합니다. 한 사람, 개인이 아니라 대표 단수입니다. 전체를 가리킨다는 말입니다. 여하간 중요한 것은 말을 하게 된 사람에게 말하지 말라는 모순입니다. 아니, 말 못 하는 벙어리를 말하게 해 놓고 이제 와서는 엉뚱한 이야기를 하십니다. "이 일을 아무에게도 말하지 말라"고 말입니다. 이게 도대체 어떻게 된 일입니까? 말하라고 혀의 굴레를 풀리게 하시고 나서는 오히려 아무에게도 이 일을 말하지 말라고 하시다니. 복음서 안에서 이런 말은 적지 않게 나옵니다. 마가복음 1장 43절에서도 예수님은 한 나병환자를 깨끗하게 하시고 나서 말씀하십니다.

> "아무에게도 아무 말도 하지 말아라. 가서, 제사장에게 네 몸을 보이고, 네
> 가 깨끗하게 된 것에 대하여 모세가 명령한 것을 바쳐서, 사람들에게 증거
> 로 삼도록 하여라."

여기서의 '몸'은 번역이 잘못되었습니다. 헬라어 원문은 '세아우투' (σεαυτοῦ)인데, 그 뜻은 '자신'입니다. 자신을 제사장에게 보이라는 것입니다. 제사장에게 깨끗해진 자신의 삶을 보이라는 말입니다. 번역자가 '몸'이라고 번역한 것은 이 기적 이야기를 육적인 치유로 잘못 보았기 때문입니다. 그러므로 아무에게도, 아무 말도 하지 말라는 것은 말로 믿을 수 있는 것이 아니기 때문입니다. 말로 고백하는 믿음이 아니라 삶으로 보여주는 믿음이어야 하기 때문입니다. 말하는 믿음이 아니라 사는 믿음인 것입니다. 그러나 "아무에게도 말하지 말라"고 모든 말들이 다 같은 의미를 갖는 것은 아닙니다. 오늘 우리가

읽은 본문도 같지 않습니다. 모순처럼 보이는 이 '침묵 명령' 속에 숨겨진 예수님의 진의는 과연 무엇일까요?

역설의 진의

저로서는 상상의 날개를 펴지 않을 수 없지만, 그렇다고 무작정 상상만은 아닙니다. 이 문제를 해결하는 열쇠도 바로 '에바다'라는 아람어에 있습니다. 말하자면 헬라어가 아닌 팔레스틴 식민지 백성의 언어 아람어로 '열리라'고 말함으로써 백성의 민족적 정체성 혹은 그들 고유의 정신을 다시 일으켜 세웠다는 것입니다. 백성의 정체성을 세워주었다는 것으로 그들은 다시 로마에 맞설 수밖에 없을 것입니다. 결국 희생과 죽음의 위험이 있다는 것입니다. 이 위험을 감수하고 본문 35절이 말하듯 로마 황제에 '말을 똑바로', 즉 바른 소리를 한다는 것은 그 시대에 죽음을 의미할 것이고, 바로 이것에 예수님은 아무에게 도 말하지 말라고 한 것이 아니겠느냐는 것입니다.

이와 비슷한 것을 마가복음 8장 27절 이하 베드로의 고백에서도 볼 수 있습니다. 빌립보 가이사랴로 가는 중에 예수님은 제자들에게 묻습니다. 29절입니다.

"그러면, 너희는 나를 누구라고 하느냐?"

그때 베드로가 대답합니다.

"선생님은 그리스도이십니다."

그러자 31절에서 예수님은 엄중히 경고하면서 제자들에게 자기에 관하여 아무에게도 말하지 말라고 하십니다. 왜 그랬을까요? 그리스도란 '기름 부음을 받은 왕' 혹은 '메시아'라는 말입니다. 당시로서는 황제에게나 쓸 수 있는 말입니다. 이 칭호를 썼으니 황제에 대한 반역이고, 그 결과는 죽음입니다. 그러니 아무에게도 말하지 말라는 것입니다. 목숨이 걸려 있는 말이기 때문입니다. 이 비슷한 경우는 마가복음 9장 2절 이하에서도 나타납니다. 높은 산에서 예수님이 새하얗게 변하고 모세와 엘리야와 함께 있게 되면서 구름 속에서 소리가 났습니다. 9장 7절입니다.

"이는 내 사랑하는 아들이다. 너희는 그의 말을 들어라."

예수님이 하나님의 아들이라는 음성입니다. 당연히 당시 '하나님의 아들'은 로마 황제 하나뿐입니다. 그래서 9절에서 예수님은 말씀하십니다.

"인자가 죽은 사람들 가운데서 살아날 때까지는, 본 것을 아무에게도 이야기하지 말라."

왜 예수님이 고발당하고 십자가에 처형당하셨나요? 황제 반역죄입니다. 왕이라고 해서 고발당해 처형된 것입니다. 이런 점에서 볼 때 오늘 본문의 "아무에게도 말하지 말라"고 한 것도 이와 무관하지 않을 것입니다. 로마가 아닌 자신의 조국, 민족, 자신의 삶의 자리를 나타내는 자기 언어, 아람어 '에바다' 때문입니다. 단지 말이 열린 것이 아니라 그들 민족의 정기, 쌓여진 자신만의 삶이 열린 것입니다. 그런데도 이 귀머거리, 벙어리인 사람은 귀가 열리고 혀의 굴레가 풀리자 아무에게도 말하지 말라는 예수님의 침묵 명령에 정면으로 거부하고 오히려 더욱더 이 이야기를 퍼뜨렸습니다. 다시 36절입니다.

> 예수께서 이 일을 아무에게도 말하지 말라고 그들에게 명하셨으나, 말리
> 면 말릴수록, 그들은 더욱더 널리 퍼뜨렸다.

이 사람이 예수님의 말씀에 불순종한 것입니다. 그렇다면 이 사람이 잘못된 것일까요? 아닙니다. 여기에 복음의 역설이 있습니다. 사실 말이 안 됩니다. 왜 귀를 열게 하고 혀의 굴레를 풀리게 했습니까? 듣고 말하기 위함이 아닙니까? 궁극적으로 복음을 전하기 위함이 아닙니까? 그런데도 아무에게도 말하지 말라니 이상하기 그지없습니다. 황제가 무서워서 말하지 말라고 했다면 처음부터 고쳐주지를 말던지요. 이 모순은 무엇을 말하고 있는 것일까요?

"이 모순 속에서 한국인의 감성으로만 느낄 수 있는 '역설'을 우리는 봅니다. 예를 들어 공부를 게을리하는 학생이 있다고 합시다. 그런데 그 학생이 깨달은 바가 있어서 공부에 맛을 들이기 시작하더니, 코피를 쏟을 정도로 밤을 새워가며 열심히 공부하고 있었다고 합니다. 이럴 때 칭찬하는 부모는 '역설'을 이해하지 못하는 부모입니다. 오히려 '몸 상한다'고 걱정하면서 일찍일찍 자라고 닦달해야 합니다. 열심히 공부하기를 바라면서도 일찍 자라고 닦달하는 이 부모 마음, 이건 '모순'이 아닙니다. 오히려 '역설'입니다. 이 역설을 이해하지 못하고, 부모가 일찍 자라고 했다고 해서 자리를 펴고 누우면 그 자녀는

싹수가 노랗습니다. 진정으로 자식이 공부에 맛을 들였다면, 이 역설적인 부모의 마음을 헤아리고 말리면 말릴수록 더 열심히 공부해야 할 것입니다. 예수님의 마음도 이런 게 아니었겠느냐는 말입니다. 말리면 말릴수록 그들은 더욱더 열린 귀로 듣고 깨달은 것을 널리 풀린 입으로 퍼뜨렸던 것입니다. 이보다 더 확실한 치유의 확증이 어디 있겠습니까? 이쯤 되면 이 벙어리는 더 이상 벙어리가 아닙니다. 말하지 못하게 경계시켰는데도 불구하고 더욱더 널리 전파하였다면, 이것이야말로 온전히 치유되었음을 확인할 수 있는 확실한 증거가 아니겠습니까? 이제 이런 사람들의 혀는 그 어떤 굴레로도 결박될 수 없습니다"(위의 책, 418).

이것이 바로 신앙의 자발성입니다. 제대로 듣고 깨달았다면 제대로 말할 수밖에 없는 것입니다. 그 어떤 굴레도 그가 복음을 전하는 것을 제어할 수 없다는 것입니다.

자발성

그리고 이것이야말로 말하고 전하는 자를 통해서 역사(役事)하시는 하나님의 권능입니다. 자발성에 이르는 하나님의 권능입니다. 사실 그 사람이 깨달았는지, 못 깨달았는지는 말 못 하게 제약을 가해보면 드러납니다. 또 진정으로 '혀의 굴레'가 풀렸는지를 시험하려면 또 다른 굴레를 씌워보면 알 수 있습니다. 예수께서 '혀의 굴레가 풀려 올바르게 말하게 된'(35절) 사람을 경계시키시면서 "아무에게도 말하지 말라"(36절)는 '또 다른 혀의 굴레'를 씌우신 까닭이 바로 여기에 있습니다. 말하지 말라고 경계했다고 해서 말하지 않으면, 그 사람은 보고 듣고 깨달은 사람이 아닙니다. '또 다른 혀의 굴레'를 씌웠다고 해서 거기에 결박된다면, 그 사람은 아직 온전히 벙어리 신세를 면했다고 볼 수 없습니다. 그러나 다행히도 여기 이 벙어리는 짐짓 말하지 말라고 하면서 예수님이 씌우신 아무에게도 말하지 말라는 명령의 굴레까지도 풀어버리고 뛰어넘었습니다. 이 본문 직전에 나오는 이방 시로페니키아 여인의 이야기 중 27절에서 예수님이 말하듯 "자녀들을 먼저 배불리 먹여야 한다. 자녀들이 먹을 빵을 집어서 개들에게 던져주는 것은 옳지 않다"는 침을 뱉듯 모욕적인 말로 거절을 당하고도, 28절에서 이 여인은 "주님, 그러나 상 아래에 있는 개들도 자녀들이 흘리는 부스러기는 얻어먹습니다"라는 멋진 응수로 그 거절을 뛰어넘었듯이, 여기 이 귀머거리도 이제는 그런 수준의 인간으로 변화되었다는 말입니다(위의 책, 417-419). 하나님과 예수님의 굴레도 벗어버리는 신앙의 자발성이 바로 그 깨달음의 정점에 있는 것입니다. 이것이 바로 삶의 변화입니다.

"그래서 그랬던지 마가는 마지막 37절에서 이 귀먹은 벙어리에게서 일어난 삶의 변화를 '놀람'으로 표현합니다. 37절입니다.

사람들이 몹시 놀라서 말하였다. '그가 하시는 일은 모두 훌륭하다. 듣지 못하는 사람도 듣게 하시고, 말 못 하는 사람도 말하게 하신다.'

놀라도 그냥 놀란 게 아니라 '몹시(휘페르페시소스: 엄청나게, 지나칠 정도로) 놀랐다'고 하면서, 그 놀람의 정도까지 상술하고 있습니다. 더욱이 여기 쓰인 '놀랍다'의 '에크플렛소'($\dot{\varepsilon}\kappa\pi\lambda\acute{\eta}\sigma\sigma\omega$)라는 동사의 수동형 어법은 얻어맞아 충격을 받은 상태를 말합니다. 그리고 사람들이 받은 충격을 그들이 하는 말 속에 고스란히 담아내고 있습니다. 귀머거리가 들도록 '행하시고', 벙어리가 말하도록 '행하시는' 것을 보니, 그는 모든 것을 참으로 '훌륭하게 행하시는구나' 하는 뜻입니다. 여기쓰인 '훌륭하다'라고 번역된 '칼로스'라는 부사는 문장 첫머리에 대문자로 표기되어 있기에 강조하는 뜻이며, 창세기 1장에서 하나님이 창조 후 '보시기에 참 좋았더라(토브)'고 말씀하신 '좋다'와 같은 뜻입니다"(위의 책, 419).

말하자면 제대로 듣고 깨달아 어떤 굴레에도 말할 수 있다면, 그것은 바로 새로운 창조의 세상이라는 것입니다. 제대로 듣고 제대로 말하는 자신을 세우는 것은 창조입니다. 하나님 보시기에 좋은 창조입니다. 우리는 지금 제대로 듣고, 제대로 말하고 있나요? 오늘 한국교회는 제대로 듣고, 제대로 말하고 전하고, 제대로 살고 있나요? 1870년 스코틀랜드 장로교회에서 파송한 존 로스 목사가 만주에서 성경을 번역하고 1897년 처음 세례를 준 이후 지금까지 대다수 한국교회는 문자주의를 벗어나지 못하고 있습니다. 문자주의라는 굴레에 씌워진 성서는 진정한 메시지를 들을 수도, 말할 수도 없는 상황이 대세입니다. 문자주의라는 통념, 그로 인한 배타주의가 그 굴레입니다. 사도 바울은 이 점에 대해 로마서 7장 6절에서 말합니다.

그러나 지금은, 우리를 옭아맸던 것에 대하여 죽어서, 율법에서 풀려났습니다. 그래서 우리는 문자에 얽매인 낡은 정신으로 하나님을 섬기지 않고, 성령이 주시는 새 정신으로 하나님을 섬깁니다.

문자에 얽혀 참된 말씀을 들을 수 있는 귀가 먹었고, 따라서 듣지 못하므로 진정한 영적 의미의 말씀을 말할 수도 없었던 벙어리의 현실인 것입니다. 결국 한국교회는 말씀의 기근, 말씀의 빈곤에 처해 있어 타계적인 혹은 현실적인 기복신앙으로 빠지는 비극을 초래했습니다. 말씀이 없는 예수만 믿어 예수님을 복과 화를 주는 사이비 무당으로 전락시켰습니다.

말씀의 기근 ─ 귀머거리

사실 복과 화는 세상적인 재력과 권력이 그 기준이었습니다. 모든 간증의 결론은 "잘 먹고 출세했다"입니다. 사람됨, 사람다움, 거룩함은 사라지고 눈에 보이는 물질과 지위의 힘만 나부낍니다. 사실 구약성서의 아모스 시대가 그러했습니다. 이스라엘 최고의 경제적 호황을 누리던 시절, 아모스는 황금만능주의가 하나님의 자리를 차지하고 있음을 보고 하나님의 신탁을 받아 외칩니다. 아모스 8장 11절 이하입니다.

"그 날이 온다. 나 주 하나님이 하는 말이다. 내가 이 땅에 기근을 보내겠다. 사람들이 배고파하겠지만, 그것은 밥이 없어서 겪는 배고픔이 아니다. 사람들이 목말라하겠지만, 그것은 물이 없어서 겪는 목마름이 아니다. 주의 말씀을 듣지 못하여서, 사람들이 굶주리고 목말라할 것이다. 그 때에는 사람들이 주의 말씀을 찾으려고 이 바다에서 저 바다로 헤매고, 북쪽에서 동쪽으로 떠돌아다녀도, 그 말씀을 찾지 못할 것이다."

사실 말씀이 기근인 것이 아닙니다. 들을 귀가 없고 말할 입이 없기 때문입니다. 물질, 권력이 삶의 기준이 되어 버린 한쪽에는 자본주의가, 다른 한쪽에는 권력을 수반한 이념이 신의 자리를 차지하고 있는 이른바 '상식 수준의 통념(通念)'들이 우리 삶을 얼마나 눈멀게 하고 귀먹게 하는지를 생각해야 합니다. 그래서 예수님은 귀를 열게 하려고 먼저 그런 통념의 무리로부터 데리고 나옴으로서 그들을 치유하는게 가능하다는 것을 알았던 것입니다. 그리고 뼈아픈 침 뱉음을 당할지라도 말씀을 듣는 귀가 열리도록 손가락으로 그의 귀에 넣고 열어 주었던 것입니다.

사실 한국교회는 '야훼'라는 하나님의 이름의 뜻이 무엇인지도 모르고 그분의 이름을 주술하듯 부르고 외치고 있습니다. 마치 도깨비 방망이의 주술적 기도가 판을 칩니다. "'주여' 삼창"이라고 외치면서 기도하지만 그가 주인이기에 주님이라고 불렀다면 그 주인이 우리 안에 있어 주인으로 살아가는 존재가 자신임을 깨달아야 하건만, 우리는 여전히 물질 권력의 노예가 되어 있습니다. 하나님의 이름인 '야훼'가 '나를 뜻한다는 것을 깨닫기만 해도 하나님은 바로 내 안에서 만날 수 있는 분임을 알 수 있습니다. 문제는 나입니다. 그렇기에 예수님은 하나님을 찾는 것이 무엇인지 알려 줍니다. 부른다고 찾아지는 하나님이 아닙니다. 그 이름 백 번 불러도 소용이 없습니다. 마태복음 7장 21절 이하에서 예수님을 말씀하십니다.

"나더러 '주님, 주님' 하는 사람이라고 해서, 다 하늘 나라에 들어가는 것이 아니다. 하늘에 계신 내 아버지의 뜻을 행하는 사람이라야 들어간다. 그 날에 많은 사람이 나에게 말하기를 '주님, 주님, 우리가 주님의 이름으로 예언을 하고, 주님의 이름으로 귀신을 쫓아내고, 또 주님의 이름으로 많은 기적을 행하지 않았습니까?' 할 것이다. 그 때에 내가 그들에게 분명히 말할 것이다. '나는 너희를 도무지 알지 못한다. 불법을 행하는 자들아, 내게서 물러가라.'"

말씀에 담긴 하나님의 뜻을 듣고 깨달아 그리고 혀의 굴레를 벗어나 깨달은 바를 전할 수 있다면 굳이 하나님이라는 이름을 부르지 않아도 됩니다. 예수의 이름으로 기도하지 않아도 됩니다. 이미 노자가 말했지요.

道可道 非常道 名可名 非常名
(도가도 비상도 명가명 비상명)

"도를 도라고 이름 붙인다면 더 이상 도가 아니다. 이름을 이름으로 부르는 한, 더 이상 이름이 아니다"라는 뜻입니다. 이름은 이름일 뿐이라는 것입니다. 성서와는 달리 보통 우리 삶 속에서 이름이 인격은 아니지 않습니까? 만약 이름이 인격이라면 작명소가 호황을 누리겠지요. 이름이 아니라 삶이 문제입니다. 왜냐하면 사는 것이 기도이기 때문입니다. 내 안에 사시는 분이 주님이시기 때문입니다. 오늘의 말씀이 여전히 육안의 기적으로 들려진다면, 우리는 아직 굴레를 벗어나지 못하고 있는 것입니다. 그러나 작으나마 깨달음의 들음이 있는 귀를 갖고 깨달은 말을 전할 수 있다면, 이 기적은 우리가 사는 모든 것으로 느껴져 옵니다. 쉬운 이야기로 끝을 맺을까요? 저보다 훨씬 더 깊이 그리고 온전히 하늘 음성을 들은 틱낫한 스님의 깨달음입니다.

그대가 지금 이 순간에 살아 있고, 발걸음을 옮기고 있음을 느끼는 것은 하나의 기적이다. 9세기의 유명한 선승인 임제 선사는 '기적이란 물 위를 걷는 게 아니라 땅 위를 걷는 것'이라고 말했다. 모든 사람이 땅 위를 걷지만, 대부분의 사람은 전혀 자유롭지 않게 노예처럼 걷는다. 그들은 미래나 과거에 붙잡혀서 자신들의 삶이 있는 지금 이 순간에 살 수가 없다(틱낫한, 『어디에 있든 자유로우라』).

(2018. 1. 14.)

부끄럽게 하려고

(고린도전서 15:31-38)

똑바로 정신을 차리고, 죄를 짓지 마십시오. 여러분을 부끄럽게 하려고 내가 이 말을 합니다만, 여러분 가운데서 더러는 하나님을 아는 지식이 없습니다(34절).

도마의 의심

요한복음 20장 24절 이하를 보면 도마는 예수님이 부활했다는 것을 다른 제자들에게서 듣습니다. 그러나 도마는 믿지 않았습니다. 저 같아도 믿지 않았을 것입니다. 죽은 시체가 다시 살아나는 부활이라면 저는 지금도 믿지 않습니다. 죽은 사람이 다시 산다는 것이 말이나 되는 이야기입니까? 아니, 다시 살아나 어쩌겠다는 것입니까? 육적으로 다시 산다고 사람이 달라지나요? 다시 살아도 다시 죄를 반복하지 않을까요? 도마는 솔직합니다. 아니, 정직합니다. 도마는 요한복음 20장 25절에서 이렇게 말합니다.

"나는 내 눈으로 그의 손에 있는 못자국을 보고, 내 손가락을 그 못자국에 넣어 보고, 또 내 손을 그의 옆구리에 넣어 보지 않고서는 믿지 못하겠소!"

그렇게 말하고 나서 여드레가 지나 부활하신 예수님이 도마에게 와서 말씀하십니다. 요한복음 20장 27절입니다.

"네 손가락을 이리 내밀어서 내 손을 만져 보고, 네 손을 내 옆구리에 넣어 보아라. 그래서 의심을 떨쳐버리고 믿음을 가져라."

여러분은 이 장면을 어떻게 생각하십니까? 못 박힌 자국의 손 그대로, 창에 찔린 그대로의 예수님의 부활을 여러분은 믿습니까? 만일 장애인이 부활한다면 장애인 그대로 부활하나요? 원래의 모습 그대로 부활한다면 그게 무슨 부활입니까? 차라리 부활 안 하는 것이 낫지 않습니까? 시각 장애인에게 죽어 다시 살아도 시각 장애인으로 살라고 한다면 부활하고 싶겠습니까? 늙어 죽으면 다시 살아도 늙은 채로 부활한다는 말입니까? 죽기 전이나 죽어 다시 살아난 때가 같은 팔자라면 그게 부활입니까?

그런 부활이라면 이집트의 미라와 같은 것입니다. 시체를 썩지 않도록 보관하여 언젠가 부활하면 썩지 않은 채로 부활하리라는 고대 이집트인의 생각입니다. 예수님의 부활은 미라의 부활이 아닙니다. 그러나 불행히도 우리나라 교회의 수준이 미라의 부활 수준입니다. 그래서 많은 기독교인이 10년 전만 해도 화장을 반대했습니다. 화장하면 부활할 수 없다는 것입니다. 육체의 부활, 목숨을 부지하고 영원히 오래 살기 위한 부활, 그것은 장수하려는 인간의 욕심일 뿐 부활이 아닙니다.

만일 다시 살아나 영원히 사는 것이 부활이라면, 왜 예수님은 다시 사셔서 지금까지 계시지 않는 것입니까? 우리는 성서가 말하는 부활이나 영원한 생명을 불로장생쯤으로 생각합니다. 여전히 육적, 물질적인 차원에 머무르고 있다는 말입니다. 그런데 도마는 왜 손에 못 자국이 있는 그리고 옆구리에 창에 찔린 자국이 있는 예수님의 부활을 원했을까요? 요한은 무엇을 전해주고 싶었던 것일까요?

못 자국과 창 자국, 그 고난의 상징이 부활의 시작이기 때문입니다. 십자가의 죽음이 부활의 근거입니다. 십자가의 예수님을 따르는 것이 부활의 정신입니다. 도마는 그것을 요구한 것입니다. 여러분, 부활을 믿습니까? 그렇다면 이제부터 십자가를 지십시오. 부활을 믿고 따른다면 이제부터는 십자가를 지는 것이 부활을 믿는 삶입니다. 전해 내려오는 이야기에 의하면 도마는 멀리 인도에 가서 복음을 전하다 순교 당했다고 합니다. 예수님을 따르는 삶이 부활이기에 도마는 예수님처럼 복음을 전하다 순교 당한 것입니다. 부활 신앙은 죽는 신앙입니다. 하나님의 뜻을 이루기 위해 사람의 뜻을 죽이는 신앙, 이것이 부활 신앙입니다.

어떻게 부활하나?

부활 신앙은 죽은 시체가 살아나는 것을 믿는 육적인 신앙이 아닙니다. 그래서 사도 바울은 요한복음과는 다르게 육이 아닌 몸의 부활을 말하고 있는 것입니다. 훗날 왜 요한이 바울과는 다르게 몸의 부활, 소마(σῶμα)의 부활을 말하지 않고 육의 부활, 싸르크스(σάρξ)의 부활을 말했는지는 다시 설명하겠습니다. 몸은 바울에게 있어서 몸뚱이, 즉 육신이 아니라 삶입니다. 그래서 몸을 죄 안에 갇힌 육의 몸이라고 부르기도 하고, 의로 사는 사람을 영의 몸이라고 말합니다. 오늘 우리가 함께 봉독한 고린도전서 15장 35절에서 사도 바울은 말합니다.

그러나 "죽은 사람이 어떻게 살아나며, 그들은 어떤 몸으로 옵니까?" 하고
묻는 사람이 있을 것입니다.

정말 부활을 믿는 사람이라면 막연히 부활을 믿어서는 안 됩니다.
바로 이 질문을 던져야 합니다. 구체적으로 어떻게 살아나며 어떤
몸으로 부활합니까? 죽기 전 모습 그대로 부활합니까? 늙은 그대로
부활합니까? 무덤을 깨고 부활합니까? 그럼 강시로 부활한단 말입니
까? 죽은 사람이 어떻게 살아나며, 그들은 어떤 몸으로 옵니까? 이
질문이 있어야 합니다. 그것은 사후의 문제가 아니라 지금 삶의 문제이
기 때문입니다. 그런데 이 질문을 하는 사람들에 대해 오히려 반대로
사도 바울은 본문 36절에서 "어리석은 사람이여"라는 말로 시작하면
서 이 질문에 대답합니다. 왜 바울은 이 질문을 하는 사람들을 어리석은
사람들이라고 대답했을까요? 물론 이것은 이제껏 일반적으로 알고
있는 죽은 시체의 부활을 전제로 한 말이 아닙니다. 지금까지 부활에
대해 설명하면서 여러 차례 이야기했지만, 이것은 죽은 시체의 부활이
아니라 몸의 부활, 즉 삶의 부활, 삶의 변화를 전제로 한 것입니다.
사실상 본문 35절의 '죽은 사람'이라는 말도 '죽다'라는 동사에서 온
말이 아니라 의도적으로 상태를 나타내는 형용사 '네크로스'(νεκρος)
라는 말을 사용합니다. 동사가 아니라 형용사로 쓴 것은 바울이 죄의
상태를 죽은 상태로 보았기 때문입니다. 바울 서신과 복음서 곳곳에
있지만, 그 대표적인 구절이 에베소서 2장 1절입니다.

여러분도 전에는 허물과 죄로 죽었던 사람들입니다.

로마서 6장 11절도 마찬가지입니다.

이와 같이 여러분도, 죄에 대해서는 죽은 사람이요, 하나님을 위해서는 그리스도 예수 안에서 살고 있는 사람이라는 것을 알아야 합니다.

바울은 허물과 죄의 상태를 죽은 상태로 본 것입니다. 따라서 '죽은 사람'이라고 번역하기보다는 '죽어 있는 사람'이라고 번역하는 것이 좋을 것입니다. 육적인 부활이 아니라 삶의 변화라는 것을 말하고 있습니다. 고린도전서 15장 8절에서 자신에게서도 드러난 주님의 부활을 말하면서 이어 그 부활의 내용을 설명하고 있습니다. 고린도전서 15장 8절 이하입니다.

그런데 맨 나중에 달이 차지 못하여 난 자와 같은 나에게도 나타나셨습니다. 나는 사도들 가운데서 가장 작은 사도입니다. 나는 사도라고 불릴 만한 자격도 없습니다. 그것은, 내가 하나님의 교회를 박해했기 때문입니다. 그러나 나는 하나님의 은혜로 오늘의 내가 되었습니다. 나에게 베풀어주신 하나님의 은혜는 헛되지 않았습니다. 나는 사도들 가운데 어느 누구보다도 더 열심히 일하였습니다. 그러나 이렇게 한 것은 내가 아니라, 나와 함께 하신 하나님의 은혜입니다.

사도 바울에게서 드러난 주님의 부활, 더 구체적으로 바울 안에서의 주님의 일으켜지심의 내용은 전에는 교회를 박해했던 그가 이제는 주님의 사도가 되었다는 것입니다. 바울 서신 가운데 "전에는… 이제는"이라는 형태의 변화 고백이 많이 나옵니다. 바울은 바로 이것을 부활로 본 것입니다. 죽은 시체의 부활이 아니라 몸의 부활, 삶의 부활, 삶의 변화인 것입니다. 실제로 고린도전서 15장 51절과 52절에서는 '변화'라는 말을 쓰기도 합니다. 바로 이런 전제를 갖고 이제 다시 35절의 질문으로 돌아가 봅시다.

그러나 "죽은 사람이 어떻게 살아나며, 그들은 어떤 몸으로 옵니까?" 하고 묻는 사람이 있을 것입니다.

바울은 이 질문을 한 사람들에 대해 36절에서 "어리석은 사람이여!"라고 하면서 대답합니다. 36절입니다.

어리석은 사람이여! 그대가 뿌리는 씨는 죽지 않고서는 살아나지 못합니다.

어떤 몸인가?

"어리석은 자여!"라고 한 것은 깨달아야 할 것이 있다는 것입니다. 부활이 어떤 몸으로 나타나느냐는 물음에 사도 바울은 부활과는 정반대인 죽음으로 대답합니다. "어리석은 사람이여! 그대가 뿌리는 씨는 죽지 않고서는 살아나지 못합니다"라고 대답함으로써 부활 이전에 죽음을 먼저 말합니다. 죽어야 다시 살 수 있다는 것, 이것은 결코 마법이 아닙니다. 상식입니다. '다시 산다', '부활한다'는 것의 대전제는 죽음입니다. 죽지 않고서는 살려지지 않는다고 바울은 단호하게 말합니다. 그렇다면 무엇을 죽인다는 것입니까? 이어 사도 바울은 아주 중요한 말씀을 전합니다. 37절 전반부입니다.

그리고 그대가 뿌리는 것은 장차 생겨날 몸 그 자체가 아닙니다.

여기서 '장차 생겨날 몸'이란 부활의 몸, 부활의 삶입니다. 부활의 몸, 변화된 삶은 현재 삶이라는 밭에 뿌리는 씨와는 전혀 다르다는 것입니다. 즉, 지금의 내 삶과는 전혀 다른 모습으로 부활한다는 것입니다. 이것을 이어서 구체적으로 말합니다. 37절 후반부 이하입니다.

밀이든지 그 밖에 어떤 곡식이든지, 다만 씨앗을 뿌리는 것입니다. 그러나 하나님께서는, 원하시는 대로, 그 씨앗에 몸을 주시고, 그 하나하나의 씨앗에 각기 고유한 몸을 주십니다.

그렇습니다. 밀을 뿌리면 밀 이삭이 나옵니다. 밀과는 전혀 다른 형체입니다. 배추씨와 배추는 전혀 다른 형체입니다. 배추씨가 밭에 뿌려져 죽으면 배추라는 전혀 다른 몸이 나온다는 것입니다. 죽은 시체가 있는 그 육체 그대로 살아나는 것이 부활이 아니라는 것입니다. 전혀 다른 몸으로, 전혀 다른 삶으로 부활한다는 것입니다. 씨앗이 심겨 전혀 다른 모습을 갖게 되었다는 말입니다.

제 친구 중에 전문 산악인이 있습니다. 이번에도 며칠 후 히말라야에 간다고 합니다. 이 친구가 평상시 저를 만나면 자주 유언처럼 하는 이야기가 있습니다. "지리산에 내가 눈여겨본 소나무가 있는데,

내가 죽으면 화장하여 그 소나무 밑에 분골을 뿌려다오"라고 말합니다. 왜 그런 말을 하는 것일까요? 그는 죽어 산 사람처럼 산에 묻히고 싶은 것입니다. 그리고 늘 그 산을 지키는 한 그루 소나무가 되고 싶다는 것입니다. 그는 지리산을 지키는 한 그루 소나무로 부활하고 싶은 것입니다.

물론 자기 뜻대로 부활할 수는 없겠지요. 38절의 말씀처럼 "하나님께서는 원하시는 대로" 몸, 즉 삶을 주실 것입니다. 이것은 순전히 제 개인적인 생각입니다만, 저는 설령 육적으로 다시 살아난다 할지라도 사람으로 부활하고 싶지는 않습니다. 새가 되고 싶습니다. 산과 강을 자유로이 넘나들 수 있는 새로 부활하고 싶습니다. 아래가 아니라 위에서 세상을 보고 싶습니다. 그러나 이것도 제 뜻대로 되는 것이 아닐 것입니다. 그러나 문제는 죽음입니다.

도마도, 사도 바울도 십자가의 예수님으로 부활했습니다. 그렇기에 예수님처럼 순교 당했습니다. 베드로 역시 주님 생전에는 주님의 십자가 고난과 죽음을 막무가내로 막았지만, 부활 신앙을 가진 후로는 예수님보다도 더 가혹하게 복음을 전하다 거꾸로 된 십자가에 못 박혀 죽었습니다. 그는 부활하신 예수님으로 살아간 사람입니다. 그리스도인이란 그리스도로 부활한 사람입니다. 그리스도로 사는 사람입니다. 사도 바울은 갈라디아서 2장 20절에서 이렇게 고백합니다.

나는 그리스도와 함께 십자가에 못박혔습니다. 이제 살고 있는 것은 내가 아닙니다. 그리스도께서 내 안에서 살고 계십니다. 내가 지금 육신 안에서 살고 있는 삶은, 나를 사랑하셔서 나를 위하여 자기 몸을 내어주신 하나님 의 아들을 믿는 믿음 안에서 살아가는 것입니다.

나는 죽고 그리스도로 살겠다는 것입니다. 제 욕심대로, 자기 뜻대로 사는 나는 십자가에 못 박아 죽여 버리고 하나님의 뜻에 합당한 삶을 사신 그리스도로 부활하겠다는 것입니다. 물론 주님께서 자신의 십자가를 통해 우리의 죄를 사하는 길을 열어 놓았듯이, 우리 역시 자기 십자가를 통해 자신의 죄를 죽여야 할 것입니다. 그래야 내 안의 주님이 일으켜지는 부활에 이를 것입니다. 그렇습니다. 우리가 뿌리는 씨앗이 땅에 심겨져 죽지 않으면 열매를 맺을 수 없습니다.

부끄러운 것들

죽여야 할 것이 무엇입니까? 자기 십자가를 통해 죽여야 할 것이 무엇입니까? 죽지 않으면 살려질 수 없습니다. 바울은 오늘 본문의 처음 31절에서 단호하게 말합니다.

형제자매 여러분, 나는 감히 단언합니다. 나는 날마다 죽습니다! 이것은, 우리 주 예수 그리스도께서 여러분에게 하신 그 일로 내가 여러분을 자랑스럽게 여기는 것만큼이나 확실한 것입니다.

좀 더 쉽게 직역한 강일상 목사의 사역을 보겠습니다.

"형제들이여, 우리의 주이신 예수 그리스도 안에서 내가 갖고 있는 자랑인 여러분을 걸고 말합니다만, 나는 날마다 죽습니다."

우리는 적어도 이 말만으로도 죽은 다음에 일어나는 죽은 시체가 일어나는 부활이 아니라는 것을 알 수 있습니다. 육적인 부활은 한 번밖에 없기 때문입니다. 그러나 바울은 '날마다 죽는다'고 죽음이 매일 있는 것으로 말합니다. 육신의 죽음이 아니라는 것을 충분히 알 수 있습니다. 따라서 바울이 말하려는 부활이 무덤을 깬 육신의 부활이 아니라는 것을 알 수 있습니다. 바울은 죄에 대해 날마다 죽는다고 말하는 것입니다. 우리 죄를 죽이기 위해 주님이 하늘 씨앗이 되어 심겨져 죽은 것처럼 십자가에 달려 죽었듯이, 우리 역시 자기 십자가에 죄를 죽이는 날마다의 죽음을 통해 영적인 몸으로 일으켜질 것입니다.

죽어야 할 나는 누구인가요? 여러분, 죄 안에서 죽어 있는 나를 일으켜 달라고 주님께 간구하십시오. 모두가 죄를 짓는다고 마음 편하게 생각하지 마십시오. 길지 않은 한 세상을 살면서 뭐 "죄, 죄" 하면서 사냐고 하며 자기를 풀어 놓지 마십시오. 세상의 그런 친구들, 그런 풍조에 어울리면 죄에 젖어 죄가 무엇인지도 모르며 죄에 둔감한 사람이 됩니다. 그래서 바울은 33절 이하에서 말합니다.

속지 마십시오. 나쁜 동무가 좋은 습성을 망칩니다. 똑바로 정신을 차리고, 죄를 짓지 마십시오. 여러분을 부끄럽게 하려고 내가 이 말을 합니다만, 여러분 가운데서 더러는 하나님을 아는 지식이 없습니다.

오늘 우리를 부끄럽게 하려고 이 말을 하고 있다고 바울은 말하고 있습니다. 하나님의 말씀은 우리를 부끄럽게 하고 날마다 자신을 죽이는 말씀입니다. 그제 남신도회 영성 모임의 주제는 "유기"(遺棄)였습니다. 책을 쓴 고전문헌학자 배철현 교수는 "유기란 삶의 군더더기를 버리는 연습"이라고 하였지만, 내 안의 거짓은 바로 죽여야 할 것입니다. 버려야 할, 죽여야 할 목록입니다. 비겁, 욕심, 탐욕, 식탐, 자만, 분노 그리고 시기입니다. 너무나 가까이 있는 것들이기에 스스로의 부끄러운 경험을 내놓는 영성의 자리였습니다.

첫 번째 버려야 할 것인 '비겁'은 소시민으로 살아온 우리의 업보처럼 느껴졌습니다. 단테는 비겁에 대해 그의 저서『신곡』, "지옥, 제3편"에서 말합니다.

그들이 아직 지옥의 문을 통과하기 전 어디선가 울부짖는 소리가 들렸다. 그 소리는 분노와 고통의 절규였다. 단테가 고대 로마 시인 베르길리우스에게 물었다. "스승님, 제가 듣는 이 신음 소리는 무엇입니까? 누가 이렇게 고통 속에서 울부짖습니까?" 그러자 베르길리우스는 다음과 같이 대답했다. "이 불쌍한 영혼들은 불쌍한 방식으로 세상을 살았다. 그들은 오명도 없고 명성도 없는 미지근한 영혼들이다."

이어 배 교수는 이렇게 말합니다.

이들은 자신의 상태를 유지하는 것을 인생의 최우선으로 삼은 사람들이다. 그들은 아무 일도 시도하지 않았다. 좋은 일을 하지도 않았고, 나쁜 일을 도모하지도 않았다. 그들은 우주 안에서 자신이 해야 할 일을 몰라 그저 하루하루 현상 유지를 위해 연명한 폐품들이며, 세상에 아무런 영향을 끼치지 않은 자들이다. 단테는 그들을 지옥에조차 들어가지 못하는 '미지근한 영혼'으로 묘사했다. 그들은 극심한 고통을 당하면서도 죽지도 못한다. 그들은 지상에서 '살아본 적'이 없기 때문이다.

문득 나치 시절 레지스탕스 활동을 하지도 않았는데 한 것으로 오해를 받아 감옥에 간 사람이 생각납니다. 그는 감옥에서 절규합니다. "나는 억울합니다. 나는 아무것도 안 했습니다. 그런데 이렇게 잡혀 오다니요? 너무 억울합니다." 그러자 감옥에 같이 있던 진짜 레지스탕스가 말합니다. "바로 그것이 죄다. 조국이 이렇게 어려운 때 아무것도 하지 않은 것이 죄다."

이것이 한국 근현대사를 지나온 교회의 모습이 아닐까요? 교회는 "현실 세계는 말하지 말고 죽은 다음 세상 천국을 전하는 것이 임무"라고 말했으니 얼마나 비겁한가요? 전쟁 중 종군 목사의 일은 전쟁에서 죽은 병사들의 장례를 치르는 일이라고 했습니다. 그럴까요? 불의한 권력의 제국주의자들을 향해 당장 전쟁을 중지하라고 단호하게 말해야 하는 것은 아닐까요? 교회도, 목사도 비겁한 시대를 우리는 살고 있습니다. 그러나 아무도 움직이지 않습니다. 왜인가요? 교회는 이미 말하고 듣는 데에만 익숙해지고 행하지 않기 때문입니다. 마태복음 23장 2절 이하입니다.

"율법학자들과 바리새파 사람들은 모세의 자리에 앉은 사람들이다. 그러므로 그들이 너희에게 말하는 것은 무엇이든지 다 행하고 지켜라. 그러나 그들의 행실은 따르지 말아라. 그들은 말만 하고, 행하지는 않는다."

이것이 비겁입니다. 우리가 그렇지 않은가요? 목회자인 저는 말만 하고 여러분은 듣기만 하고 결코 살지는 않는 것, 그것으로 마치 신앙생활을 하고 있다고 생각하는 것이야말로 가장 큰 비겁은 아닐까요? 예언자 아모스는 악한 시대를 뜻있는 자가 불의에 침묵하는 시대라고 했습니다. 단테는 비겁한 자들을 지옥에도 들어가지 못하는 최악의 인간으로 묘사했습니다. 낯이 뜨거워집니다. 사실 그런 비겁한 나는 날마다 죽어야 할 것이지만, 오히려 우리는 비겁에 "남들도 다 그렇게 사니까" 하며 익숙해지고 있지는 않습니까? 참 부끄럽습니다.

나아가 '욕심', '식탐'에 이르러서 욕심의 욕(慾) 글자 풀이가 더욱 저 자신을 부끄럽게 했습니다. 배 교수는 욕(慾)을 "배가 불렀음에도 더 많은 곡식(谷)을 하품하듯(欠) 입을 벌려 넣으려는 마음(心)"이라고 해설합니다. 물론 그 곡이 곡식 곡(穀)이 아니라 골 곡(谷)이기에 좀 이상하다는 생각도 합니다만, 여하간 욕심에 관해 우리를 성찰하게 해 주는 그리고 날마다 그런 욕심의 나는 죽어야 할 것입니다. 분노와 시기는 더욱 그러합니다. 분노는 우리가 버려야 할 가장 큰 독성입니다. 우리는 사소한 일에 화를 내고 얼마 지나지 않아 얼마나 후회를 했나요? 배철현 교수는 이렇게 말합니다.

분노보다 우리를 마비시키는 것은 없습니다. 분노는 자신의 힘으로 모든 것을 왜곡시킵니다. 만일 분노가 성공하면 세상에서 가장 건방져집니다. 만일 분노가 실패하면 가장 비상식적으로 변합니다. 분노는 자신이 패했을 때도 결코 물러서지 않습니다. 운명의 여신이 적을 물리쳐도, 분노는 스스로 이를 갈고 있습니다.

화를 내면 누군가가 말해 줍니다. "너 성질 좀 죽여야겠다." 정말 분노의 나는 매일 죽어야 할 사람입니다. 분노에 대해 부끄러워하지 않으면 우리는 사람됨을 근본적으로 잃고 맙니다. 마지막으로 배 교수는 시기를 "자신에게 몰입하지 못하는 병"이라고 말합니다. 남과 비교할 때 자기성찰은 사라집니다. 나보다 못한 사람을 통하여 자기를 정당화시킵니다. 반대로 나보다 나은 사람을 통해 느끼는 부러움이 시간을 만나 발효되면 시기를 거쳐 질투가 됩니다. 무서운 병입니다.

여러분, 저는 오늘 저를 포함하여 여러분들을 부끄럽게 하고자 이 말씀을 드립니다. 제발 부끄러워하십시오. 죄를 정당한 것으로 속이는 세상의 풍조에 속지 마십시오 서로 죄를 정당화해 주는 나쁜 동무가 되지 마십시오. 그래서 서로에 대해 부끄러운 마음이 없게 하는 사람이 되지 마십시오 부모로서의 부끄러움을 보십시오 자식으로서의 부끄러움을 보십시오 교회의 직분을 보며 부끄러워하십시오 말씀 앞에서 부끄러워하십시오. 십자가 앞에서 부끄러워하십시오. 제발 부끄러움을 아는 사람이 되십시오 죽어 있는 자의 부활은 부끄러움에서 시작합니다.

(2019. 4. 28.)

거룩, 진주 그리고 개와 돼지

(마태복음 6:33-7:6)

위선자야, 먼저 네 눈에서 들보를 빼내어라. 그래야 네 눈이 잘 보여서, 남의 눈 속에 있는 티를 빼 줄 수 있을 것이다(5절).

먼저 무엇을 추구하고 있는가?

마태복음 7장 1절에서 "너희가 심판(비판)을 받지 않으려거든 심판 (비판)하지 말아라"라고 예수님은 비판 금지의 가르침을 주셨지만, 이것이 단순히 비판하지 말라는 이야기가 아니라는 것을 우리는 압니 다. 복음서 전체, 아니 성서 전체, 예수님의 말씀과 하나님의 말씀이 비판 그 자체입니다. 우리 역시 그 비판 앞에 서 있고, 그 비판 앞에서 자신을 살핍니다.

예수님의 비판과 하나님의 비판의 눈, 그 척도는 하나님의 의입니 다. 그러므로 예수님은 6장 33절에서 "너희는 먼저 하나님의 나라와 하나님의 의를 구하라"고 말씀하십니다. 여기 '구하라'는 '기도하다'가 아니라 '추구하다'를 뜻하는 헬라어 '제테오'(ζητέω)를 쓰고 있습니다. 단지 기도만이 아니라 삶에서 먼저 추구해야 할 것이 '하나님의 의라는 말입니다. 이 '하나님의 의'로 봐야 내 '들보'를 깨닫습니다. 그리고 먼저 그 들보를 빼내어야 내 눈이 꿰뚫어 볼 정도로 좋아져 남의 티를 제대로 볼 수 있고, 그 티를 빼 줄 수 있다는 것입니다. 이제 잊지 마십시오. '먼저' '하나님의 의'이고, '먼저' '내 들보'입니다.

그런데 문제는 지금부터입니다. 산 넘어 산입니다. 자기 의가 아닌 먼저 하나님의 의를 추구하며 내 들보를 제거한 다음 잘 보이는 남의 티를 빼 주기 위한 비판이 순조롭지 않다는 것입니다. 비판받을 것을 각오해야 할 수 있는 비판이기 때문입니다. 비판받지 않으려거든 비판하지 말라고 하였지만, 비판을 각오한 예수님의 말씀입니다. 본문 6절입니다.

"거룩한 것을 개에게 주지 말고, 너희의 진주를 돼지 앞에 던지지 말아라.
그들이 발로 그것을 짓밟고, 되돌아서서, 너희를 물어뜯을지도 모른다."

잘 보이는 눈으로 비판한다고 할지라도 돼지에게 밟히고 개에게 물릴 각오를 해야 한다는 것입니다. 그러니 아예 비판하지 말라는 말씀으로 들리기도 합니다. 그래야 오래, 길게 산다는 것입니다. 그렇지 않으면 예수님처럼 요절한다는 것입니다. 그러므로 예수님의 말씀을 전하는 '설교'나 '전도'는 안 하는 것이 좋다는 것입니다. 그리고 하더라도 듣는 그 사람의 기분이 좋게 적당히 말씀을 왜곡시켜 해 주어야 한다는 것입니다. 쉽게 말해 듣기 좋은 이야기만 해 주어야 한다는 것입니다. 복음의 왜곡이 생겨납니다. 그래서 교회에 다니는 신자는 늘어났을지 모르지만, 예수님을 따르겠다는 제자는 오히려 줄었습니다. 아니, 없을지도 모릅니다. 고린도후서 2장 17절에서 바울은 말합니다.

우리는, 저 많은 사람들처럼 하나님의 말씀을 팔아서 먹고살아 가는 장사꾼이 아닙니다. 우리는, 하나님께서 보내신 일꾼답게, 진실한 마음으로 일하는 사람들입니다. 우리는 하나님이 보시는 앞에서, 그리스도 안에서 말하는 것입니다.

여기 '하나님의 말씀을 팔아서'라는 말이 나오는데, 종종 말한 것입니다만 '팔다'라는 말은 헬라어로 '카페루오'($\kappa\alpha\pi\eta\lambda\varepsilon\acute{u}\omega$)이며, 그 본뜻은 '포도주에 물을 타다'는 말입니다. 포도주에 물을 타 질이 떨어지듯이, 하나님의 말씀도 사람 입맛에 맞게 변질시켜 전한다는 말입니다. 사도 바울은 자신은 이런 장사꾼, 저처럼 삯꾼 사도가 아니라고 합니다. 맞습니다. 사도 바울은 그런 장사꾼이 아닙니다. 그래서 엄청 고난을 많이 당했고, 끝내 로마 감옥에서 병사했습니다.

다섯 가지 교리의 왜곡

오늘날 말씀의 왜곡은 거의 교리에까지, 너무나 오랫동안 이루어지고 있습니다. 최근의 신학자들은 다섯 가지 교회의 왜곡된 교리를 말하기도 합니다. 육의 부활, 처녀 탄생, 재림, 기적, 성서의 무오입니다. 지난 2,000년 동안 "믿으시기 바랍니다" 하며 믿어 온 교리입니다. 죽은 시체가 벌떡 일어나고, 처녀가 아이를 낳고, 재림, 휴거처럼 어느 구체적인 날 예수님이 하늘로부터 온다는 것이요, 문자 그대로 사실 그대로 이루어지는 기적이요, 성서는 오류가 없다는 것입니다.

"믿으시기 바랍니다" 하면 모두 의심의 여지 없이 "아멘!" 합니다. 상식 없는 맹목적 믿음이 아직 한국교회 대다수의 신앙입니다. 5개 교리 모두 문자주의에 걸려 있습니다. 베드로전서 2장 18절에서 21절입니다.

하인으로 있는 여러분, 극히 두려운 마음으로 주인에게 복종하십시오. 선량하고 너그러운 주인에게만 아니라, 까다로운 주인에게도 그리하십시오. 억울하게 고난을 당하더라도 하나님을 생각하면서 괴로움을 참으면, 그것은 아름다운 일입니다. 죄를 짓고 매를 맞으면서 참으면, 그것이 무슨 자랑이 되겠습니까? 그러나 선을 행하다가 고난을 당하면서 참으면, 그것은 하나님께서 보시기에 아름다운 일입니다. 바로 이것을 위하여 여러분은 부르심을 받았습니다. 그리스도께서는 여러분을 위하여 고난을 당하심으로써 여러분이 자기의 발자취를 따르게 하시려고 여러분에게 본을 남겨 놓으셨습니다.

'하인'이라는 말은 이미 오래전에 사라졌습니다. 그러나 여전히 하인같이, 아니 하인보다 못하게 살아가는 사람들이 있습니다. 여러분, 어떤가요? 요새 일터에서 하루 3명이 죽어 나갑니다. 안전장치가 되어 있지 않습니다. 사고는 계속 반복됩니다. 항의하면 잘립니다. 그저 참고 일해야 합니다. 하인이나 다를 바 없습니다. 참아야 합니까? 본문에 의하면 참는 것이 참 신앙입니다. 얼마 전에 한 경비원이 아파트 주민의 갑질로 괴롭힘을 당해 끝내 목숨을 버렸습니다. 끝까지 참아야 합니까? 참아야 그리스도인입니까? 가정 폭력에, 마약에, 폭음에, 도박에 끌려다니는 배우자를 참아야 합니까? 주님께서 참았으니 그 본을 따라 참아야 합니까? 사실 노예 제도가 있었던 시대에는 백번 양보해서 참는 것이 사는 유일한 방법일지도 모릅니다. 그것만이 사는 길일 수도 있습니다. 그런데 이 말씀이 오늘날에도 유효합니까? 만일 이런 아내나 남편이 목회자에게 상담하러 오면 주님이 참았듯이 참으라고 해야 하나요? 아닙니다. 대부분의 상담자는 이혼이 약이라고 합니다. 하루빨리 헤어지십시오. 참는 것도 어느 정도지요. 너와 나 모두가 살기 위해서라도 참지 말고 저항해야 합니다. 성서의 오류입니다. 시대착오적인 구절입니다. 그러므로 시대에 맞게 재해석해야 합니다. 성서를 잘 적용해야 합니다. 상황에 맞는 구절로 바꾸거나 제대로 해석해야 합니다. 그래서 이런 성서 구절이 있습니다. 야고보서 4장 7절입니다.

> 그러므로 하나님께 복종하고, 악마를 물리치십시오. 그리하면 악마는 달아날 것입니다.

여기 '물리치다'는 헬라어 '안씨스테미'(ἀνθίστημι)로, 이 말은 '반대'라는 뜻의 '안티'(ἀντί)와 '서다'라는 뜻의 '스테미'(στημι)가 결합된 말이며, '저항하다'라는 뜻입니다. 참는 것이 아니라 저항해야 한다는 것입니다. 또한 여기 '악마'는 무슨 영적 실체가 아니라 '디아볼로스'(διάβολο)로 '비방하다'입니다. 함부로 비방, 모욕, 학대하는 것에 대한 저항을 말합니다. 저항해야 악마가 달아납니다. 저항해야 악마 같은 인간이 도망간다는 것입니다. 결코 참아서는 안 됩니다. 그런데 지난 2,000년 동안 성서의 오류를 지적하며 이런 해석을 내리면 교회는 이단으로 정죄하고 처형했습니다. 바로 예수님 자신이 이런 처형을 당한 것입니다. 본문 6절은 그런 비판과 고난을 각오하고 하나님의 말씀을 전하라는 말이기도 합니다. 다시 6절입니다.

> "거룩한 것을 개에게 주지 말고, 너희의 진주를 돼지 앞에 던지지 말아라. 그들이 발로 그것을 짓밟고, 되돌아서서, 너희를 물어뜯을지도 모른다."

저도 지금 태어난 게 다행이지요. 그리고 그것을 보호해 주는 좋은 교단에 있어 다행입니다. 그러나 아직 우리나라 교회의 현실이 만만치가 않습니다. 실제로는 우리 교단도 그렇습니다. 그래서 주님의 소중한 말씀인 거룩한 것을 개에게 주지 말라고 합니다. 복음이기도 하고 꼭 필요한 조언일지도 모릅니다. 그렇지만 반응은 그게 아니라는 말입니다. 되돌아서서 너희 제자들을 물어뜯는다는 것입니다.

그들의 의보다 낫지 않으면

진주같이 귀한 복음이기도 하고, 조언일지도 모릅니다. 그러나 그 반응은 그게 아닙니다. 발로 밟아 버린다는 것입니다. 짓밟히고 물어뜯기는 고난을 당한다는 말입니다. 당시 예수님이 그 귀한 가르침을 전해 주었음에도 돼지처럼 예수님의 말씀을 짓밟고, 개처럼 예수님을 물은 사람들은 누구일까요? 바로 바리새파 사람들, 대제사장들, 율법학자들입니다. 신앙이 좋다는 사람들입니다. 당시에 의로운 사람들로 알려져 있습니다. 정말 괜찮은 사람들입니다. 주님도 그들을 의롭다고 하셨습니다. 주님은 마태복음 5장 20절에서 말씀하십니다.

"내가 너희에게 말한다. 너희의 의가 율법학자들과 바리새파 사람들의 의
보다 낫지 않으면, 너희는 하늘나라에 들어가지 못할 것이다."

분명히 '율법학자들과 바리새파 사람들의 의'라고 말씀하십니다.
그들은 의로웠습니다. 그런데 그들은 예수님의 가르침을 돼지처럼
짓밟았고, 개처럼 예수님을 물었습니다. 마침내는 십자가에 죽였습니
다. 어쩌다가 그들 의로운 사람들이 예수님에게 이런 못된 짓을 했을까
요? 바로 '그들의 의', '자기 의' 때문입니다. 자신의 들보는 못 보고
남의 티는 보는 그들의 '자기 의'입니다. 그들은 율법대로 하나님의
말씀을 글자 그대로 잘 지킨 의로운 사람들입니다. 대다수의 한국교회
교인이 성서를 볼 때 그렇듯이, 문자 그대로 보아 그것으로 사람들을
정죄하고 죽인 것입니다. 이 잘못된 자기 의가 결국 그들로 하늘나라에
들어가지 못하게 하였다는 것입니다. 그들만이 아닙니다. 남도 못
들어가게 했다는 것입니다. 이래서 목사의 죄가 보통 큰 것이 아닙니다.
그러니 그들의 의가 죽고 사는 문제였다는 것을 알 수 있습니다.
자신도 죽이고 남도 죽이는 문제였습니다.

그들은 '자기 의'로 자신의 들보를 보지 못하고 남의 티만 보며
'자기 의'로 남을 정죄하며 불의로 몰아갔던 것입니다. 그런 '자기
의'로는 남을 비판하지 말라는 말입니다. 그래서 제자들에게 예수님은
율법학자들과 바라새파 사람들의 의보다 나은 의를 요구했던 것입니
다. '그들보다 나은 의'가 무엇입니까? 바로 '하나님의 의'입니다. 그들
의 '자기 의'는 율법을 글자 그대로 본 '의'이고, '하나님의 의'는 하나님
의 영으로 본 '의'입니다. 사도 바울은 고린도후서 3장 6절에서 이
차이를 분명하게 말합니다.

하나님께서 우리에게 새 언약의 일꾼이 되는 자격을 주셨습니다. 이 새 언약은 문자로 된 것이 아니라, 영으로 된 것입니다. 문자는 사람을 죽이고, 영은 사람을 살립니다.

글자, 문자는 사람을 죽이고, 영은 사람을 살립니다. 문자는 율법학자들과 바리새파 사람들의 '자기 의'이고, 영은 하나님의 영, 성령으로 '하나님의 의'입니다. 그래서 사람을 살리는 '하나님의 의'를 먼저 추구하라는 것입니다.

정말 복음인가?

그리고 다시 주의를 환기시킵니다. '자기 의' 아닌 '그들보다 나은 의'인 '하나님의 의'로 전하는 '거룩한 것', '진주'같이 귀한 비판의 말씀을 주려고 하면 짓밟고 물어 뜯긴다며 조심하라는 것입니다. 그러고 보니 마태복음 5장 10절 이하의 말씀이 우리의 가슴을 두드립니다.

"의를 위하여 박해를 받은 사람은 복이 있다. 하늘 나라가 그들의 것이다. 너희가 나 때문에 모욕을 당하고, 박해를 받고, 터무니없는 말로 온갖 비난을 받으면, 복이 있다."

"'박해'와 '비난'이 여기 7장 6절에서는 '짓밟히고 물어뜯기는' 것으로 달리 말해지고 있는 것이 아닐까요? 그 '박해자들'을 '개돼지' 같은 사람들로 비하하여 말하는 것도 충분히 납득이 됩니다. 그런 사람들은 비판해봤자 도리어 너희가 짓밟히고 물어뜯기만 할 터이니 조심하라는 것입니다. 거룩한 것이 무엇인지도 모르는 개들에게 거룩한 것을 준들 무슨 소용이겠으며, 귀한 것이 무엇인지를 모르는 돼지들 앞에 너희가 귀히 여기는 진주들을 던진들 그들이 그걸 귀히 여기겠느냐는 말씀입니다. 비판할 가치조차 없는 개돼지 같은 사람들에게는 그 비판 자체가 짓밟히고 물어뜯기는 박해의 빌미가 될 수도 있다는 뜻입니다"(강일상, 『산상설교』, 339).

박해와 비난은 끝내 예수님에게서는 십자가의 죽음으로 귀결됩니다. 그래서 다시 스스로 묻게 됩니다. 오늘날에도 여전히 예수님은 박해와 비난, 죽음의 길로 가고 있는 것은 아닌지 그리고 그분을 죽음으로 몰고 가는 주체가 목사인 나 자신이 아닌가 싶어지기도 합니다. 교인 한 명이라도 더 늘리기 위해 그의 입맛에 맞는 이야기를 만들어 내느라 얼마나 포도주에 물을 타고 있는지 모릅니다. 이때 사도 바울은 죽비로 내리칩니다. 추상같은 말씀입니다. 갈라디아서 1장 8절 이하입니다.

그러나 우리들이나, 또는 하늘에서 온 천사일지라도, 우리가 여러분에게 전한 것과 다른 복음을 여러분에게 전한다면, 마땅히 저주를 받아야 합니다. 우리가 전에도 말하였지만, 이제 다시 말합니다. 여러분이 이미 받은 것과 다른 복음을 여러분에게 전하는 사람이 있다면, 그가 누구이든지, 저주를 받아야 마땅합니다. 내가 지금 사람들의 마음을 기쁘게 하려 하고 있습니까? 아니면, 하나님의 마음을 기쁘게 해 드리려 하고 있습니까? 아니면, 사람의 환심을 사려고 하고 있습니까? 내가 아직도 사람의 환심을 사려고 하고 있다면, 나는 그리스도의 종이 아닙니다.

다른 복음을 전한다면 저주를 받을 것이라고 합니다. 그리고 다른 복음으로 사람의 마음을 기쁘게 할 수 없다고 합니다. 저가 사람의 환심이나 사자고 다른 복음을 전하려고 한다면 자신은 그리스도의 종이 아니라고 단언합니다.

신천지와 보수 개신교

그럼에도 바울과는 너무나 멀리 가고 있는 우리네 교회와 신앙이 아닌가 싶습니다. 코로나만 전염병이 아닙니다. 적당히 물을 타서 세력이 커져 가는 모습도 또 하나의 심각한 염병입니다. 그런데 그 시작이 개신교라는 것을 부정하는 사람은 별로 없습니다. 신천지는 개신교의 사생아라는 말까지 들립니다. 개신교가 염병의 온상지입니다. 최근 『한국 기독교 형성사』를 펴낸 로스앤젤레스 캘리포니아대(UCLA) 옥성득 교수는 어느 신문의 인터뷰에서 말하기를, "중국 정부가 우한(武漢)에서 기독교를 탄압하는 바람에 코로나19가 유행했다는 일부 보수 개신교 측의 해석이나, 신천지 성장을 방해하기 위해 마귀가 코로나19로 시험하고 있다는 신천지 이만희 총회장의 주장"은 놀라울 정도로 닮아있다는 것입니다. 옥 교수는 이어 "개신교든 신천지든 근본주의 집단은 적을 만들어 공격하면서 자신들의 정체성을 유지한다"며 "개신교는 중국이나 공산주의를, 신천지는 마귀를 코로나19와 연결시키는 게 다를 뿐, 배제와 혐오의 언어를 동원해 내부 결속력을 다지는 것에선 똑같다"고 지적했습니다.

일부 보수 대형기독교나 신천지의 의는 거의 비슷한 '자기 의'를 갖고 있습니다. 그 의는 불행히도 가장 결정적인 천박함을 이루게 되었는데, 둘 다 '땅끝까지'를 '세력화'로 보고 있다는 것입니다. 신천지는 세력을 위해 가정까지 파탄시켰고, 거짓을 진실로 위장했습니다. 그리고 보수 대형 기독교는 세력화를 위해 여전히 다른 것들을 혐오하는 기치를 승부수로 띄웠다는 것입니다. 아직 '예수 천당, 불신 지옥'인데, 이것은 사실 어떤 의미로는 세력화와는 모순입니다. 그들의 세력화는 단지 양적 세력화가 아니라 계층의 세력화에 가깝습니다. 강남, 여의도가 그 중심입니다. 더욱이 놀란 것은 그 세력화는 신앙과 관계가 없습니다. 그렇기에 여전히 예수 안 믿는 박정희, 박근혜, 전두환에 밀착되어 있다는 것입니다. 지난해 12월 12일, 군사 반란을 축하하는 자리에 교회 성장의 중심에 있던 원로 지도자 김모 목사가 있었습니다. 각하라고 부르며… 이것은 당연히 역사적으로 친일 반공과 깊은 뿌리를 나누고 있다는 것입니다.

어찌되었든 가정 파괴범이든, 권력 지향형 인사든, 세상과는 전혀 소통하지 않는다는 공통점을 가지고 있습니다. 둘 다 거짓입니다. 신천지를 거짓의 사회화라고 한다면, 보수 개신교는 거짓의 권력화입니다. 그렇기에 둘 다 외양으로 드러내는 말이 있습니다. "믿습니까", "믿으시기 바랍니다"입니다. 생각하지 않는 신앙, 질문이 없는 신앙이 공통점입니다. 세력화, 권력화에는 무조건적 신봉, 맹목성이 그 힘입니다. 그나마 다행인 것은 둘은 정상적인 사회체제가 주축인 경우 점차 그 자리를 내어줄 수밖에 없다는 것입니다. 그리고 그 둘과 손을 잡는 권력은 국민에 의해 심판받을 것이기에 폭망하는 데 시간과 경계가 필요하겠지만, 곧 역사의 시야에서 사라질 것이라고 내다보고 있습니다.

나는 누구인가?

문제는 오히려 우리입니다. 자본주의라는 맘몬과 신자유주의라는 바벨탑을 어떻게 진리의 영, 말씀의 영으로 이겨나갈 수 있느냐는 말입니다. 교회가 교회로 세워지기가 이렇게 힘이 듭니다. 교회는 집단이 아닙니다. 교회는 사람 하나하나입니다. 집단이 커졌다고 교회가 성공한 것이 아닙니다. 그것은 세력화에 불과합니다. 세력화가 하나님의 나라가 아닙니다. 성전은 여러분 하나하나, 우리 하나하나입니다. 여러분 각자가 그리스도의 분량에 이르는, 믿음에 이르는 내공이 쌓여야 합니다. 제가 우리 교회에 온 지 햇수로 10년이 됩니다만, 아직까지 "이제 더 배울 것이 없으니 하산하겠습니다"라고 말하는 사람이 하나도 없습니다. 이 목사에게도 가 보고, 저 스님에게도 가 보고, 저 신부님에게도 가 보셔야 하는데, 아직 내공이 멀었습니다. 저 역시 그러합니다. 주님 앞에서 가르치는 자나 가르침을 받는 자나 갈 길이 멉니다. 그래서 다시 우리 스스로에게 묻게 됩니다. "왜 18년 전 교회를 세웠나요?" 이 질문은 "내가 누구인가"라는 질문과 같습니다. 이 질문에 답하십시오. 솔직하십시오. 그래야 그리스도의 몸인 교회를 이룰 수 있습니다.

그러기 위해 오늘 본문은 우리를 향하고, 나를 향해 있어야 합니다. 나 자신이 돼지이고, 나 자신이 개라는 거기서부터 스스로 어떻게 해야 하는지 질문이 있어야 합니다. 왜냐하면 실제로 내가 밟았고, 내가 물어뜯었기 때문입니다. 먼저 내 눈의 들보를 깨닫고 나서입니다. 이 질문은 거룩한 영, 성령을 향한 자기성찰에서 나옵니다. 그래야 거룩한 것을 내어놓고, 진주 같은 복음을 내어놓고도 짓밟히고 물어뜯기는 과정을 견딜 수 있습니다. 아직도 한국교회 교인들 절대다수는 성령을 은사에 놓고 있습니다. 외적인 능력의 크고 작음으로 그 성령의 질과 양을 평가합니다. 방언, 예언, 치유 등입니다. 그것이 틀렸다는 것이 아닙니다. 본질은 아니라는 것입니다. 바울은 이런 열광주의적 은사에 대해 자신의 서신에서 조심할 것을 역설합니다. 방언을 신의 언어라고까지 하며 방언의 은사를 받기를 바란다고 말하면서도 사도 바울은 고린도전서 14장 19절에서 이렇게 말합니다.

그러나 나는, 방언으로 만 마디 말을 하기보다도, 다른 사람을 가르치기 위하여 나의 깨친 마음으로 교회에서 다섯 마디 말을 하기를 원합니다.

만 마디의 방언보다는 다섯 마디의 깨우침의 이성적인 말이 중요하다는 것입니다. 문제는 바울과 예수님이 말한 성령의 본질로 돌아가는 것입니다. 그것은 하나님의 자녀 됨, 더 큰 은사라고 말해주었던 사랑, 유대인과 이방인의 화해 그리고 자연의 신음을 듣는 것입니다. 이 모든 것은 중심이 바로 하나님의 자녀 됨입니다. 내가 하나님의 자녀임을 깨우칠 때 비로소 우리는 사랑할 수 있고, 화해할 수 있고, 자신이 자연의 한 부분임을 깨달아 그 신음을 들을 줄 아는 것입니다.

예수님 역시 세례 요한에게 세례를 받던 날, 씻김을 받던 날 성령이 비둘기처럼 내려오며 마음속 하늘의 울림을 듣습니다. 마가복음 1장 11절입니다.

그리고 하늘로부터 소리가 났다. "너는 내 사랑하는 아들이다. 내가 너를 좋아한다."

분명 이것은 세례 요한을 만나기 전 그의 인생의 30년 동안 이어진 질문이었을 것입니다. "내가 누구인가"라는 질문을 통한 자기성찰이었을 것입니다. 이 하늘의 울림을 통해 비로소 그는 자기를 알았고, 나아가 다른 이들을 하나하나 알기 시작했습니다. "너도, 그도 역시 하나님의 자녀다"라는 것입니다. 이것이 그의 공생애를 이끌어 냈습니다. 바울 역시 예외는 아닙니다. 로마서 8장 14절 이하입니다.

하나님의 영으로 인도함을 받는 사람은, 누구나 다 하나님의 자녀입니다. 여러분은 또다시 두려움에 빠뜨리는 종살이의 영을 받은 것이 아니라, 자녀로 삼으시는 영을 받았습니다. 그래서 우리는 그 영으로 하나님을 "아빠, 아버지"라고 부릅니다. 바로 그 때에 그 성령이 우리의 영과 함께, 우리가 하나님의 자녀임을 증언하십니다.

모든 사랑과 화해, 자연에 대한 공감 이입도 바로 자녀 됨에서 시작합니다. 이것은 막연히 "아멘!" 한다고 되는 것이 아닙니다. "내가 누구인가"에 대한 질문에서 옵니다. 자기성찰입니다. 그래서 성찰하는 내가 돼지이기도 개이기도 한 모습을 보며 짓밟히기도 하고 물어뜯기기도 하는 존재임을 깨우칠 때 비로소 하나님의 자녀 됨을 완성이 아니라 존재의 과정으로 인정할 수 있다는 것입니다.

거룩과 진주는 돼지가 밟고 개가 물어뜯는 과정에서 드러납니다. 그래야 내 인생이 거룩해지고 진주같이 맑고 영롱해집니다. 그리고 살아가는 어느 날 내 자신이 개이고 돼지라는 것을 알고 펑펑 울 때 우리는 비로소 더불어의 존재임을 압니다. 그리고 그 개와 돼지 역시 우리 형제임을 깨닫고 하나님의 의를 먼저 추구하는 하나님의 나라를 향합니다. 더 나은 의를 향합니다. 하나님의 자녀와 사랑하고, 화해하고, 나아가 자연의 신음도 들어 함께 우리에게 모든 것을 주시는 자연이신 하나님의 창조에 함께할 수 있습니다. 그러기 위해서는 내가 누구인가를 보기 위해 내 안의 들보를 깨닫고 그 들보를 빼내는 자기성찰의 끊임없는 영성의 과정이 있어야 합니다.

성령강림절 아침, 거룩, 진주로 다듬어지는 하나님의 자녀로 사랑하고, 화해하고, 자연과 함께 호흡하기를 주님의 이름으로 축원합니다.

(2020. 5. 성령강림주일)

물 없는 빈 구덩이

(창세기 37:23-24)

요셉이 형들에게로 오자, 그들은 그의 옷 곧 그가 입은 화려한 옷을 벗기고, 그를 들어서 구덩이에 던졌다. 그 구덩이는 비어 있고, 그 안에는 물이 없었다(23-24절).

하나님이 돌보시는 때

야곱의 사랑하는 아들 요셉은 이집트의 총리까지 오른 입지전적인 인물로 알려져 있습니다. 요셉은 배다른 형들에 의해 아버지 모르게 이스마엘 상인들에게 팔립니다. 이 상인들은 요셉을 이집트로 데려가 이집트 왕 바로의 경호대장 보디발에게 넘깁니다. 거기서 주인의 신뢰를 받아 한동안 괜찮은 생활을 하는 듯했으나 여주인의 유혹을 거부하다 모함에 걸려 오랜 감옥 생활을 하게 됩니다. 이때 바로에게 잘못을 저질러 함께 감옥에 있었던 바로의 두 시종장인 술잔을 올리는 시종장과 빵을 구워 올리는 시종장의 꿈을 해몽해 주었는데, 그것이 그대로 이루어집니다. 술잔을 올리는 시종장은 석방되어 복직되고, 빵을 구워 올리는 시종장은 목을 베이고 죽어 나무에 매달리게 됩니다. 이때 술잔을 올리는 시종장에게 요셉은 잘 되시는 날에 자신을 기억하여 생각해달라는 부탁을 합니다.

그러나 술잔을 올리는 시종장은 요셉을 한동안 까맣게 잊고 삽니다. 복직하고 2년이 지나 바로가 꿈을 꾸게 되는데, 이 꿈이 무엇인지 몰라 걱정하고 있을 때 비로소 술을 따르는 시종장은 요셉을 기억하게 됩니다. 요셉은 칠 년의 풍년, 칠 년의 흉년을 말하며 미래를 대비하라고 일러줍니다. 이를 잘 받아들인 바로는 요셉을 총리로 세웁니다. 형들에 의해 노예로 팔린 지 13년이 지난 그의 나이 서른 살에 그는 이집트 총리로 임명됩니다. 창세기 39장부터 41장까지는 이집트에 노예로 팔린 그의 파란만장한 삶을 그립니다. 그리고 이집트 전역과 주변 국가에 흉년이 들었을 때 식량을 구하러 형들이 이집트를 찾아옵니다. 이야기는 그럼에도 자신을 노예로 판 형들을 용서하여 아버지 야곱을 비롯한 온 가족을 받아들이는 이야기와 요셉의 장례로 창세기의 끝을 맺습니다.

그런데 뚜렷하게 구별되는 시점이 있습니다. 창세기는 37장에 요셉이 노예로 팔리기까지 서술하다가 38장에서 요셉의 이야기를 중단합니다. 38장에서는 요셉의 배다른 형 유다와 그 며느리 다말의 이야기를 들려주고, 39장에 와서 다시 요셉의 이야기를 이어갑니다. 39장부터 비로소 하나님의 개입이 시작됩니다. 요셉이 고난을 당하는 그 시점부터 말입니다. 39장 2절 전반부입니다.

주님께서 요셉과 함께 계셔서, 앞길이 잘 열리도록 그를 돌보셨다.

요셉을 돌보시는 하나님의 개입은 그 후 계속해서 3절, 5절 그리고 감옥에 갇히게 된 21절, 23절로 이어집니다. 그런데 이상한 것은 형들에 의해 노예로 팔리기 전 37장에서는 하나님의 개입이 전혀 없었다는 것입니다. 왜 37장과 다시 이어지는 39장이 이렇게 서로 다를까요? 왜 요셉의 어린 시절에는 하나님이 돌보시는 축복이 나오지 않는 것일까요? 그도 그럴 것이 요셉의 어린 시절 행실은 그리 좋지 않았습니다. 사실 그 어린 시절은 하나님의 축복 대신 아버지 야곱의 사랑을 받은 시절이었습니다. 그리고 그것은 사실 아버지 야곱의 삐뚤어진 편애에서 시작된 것이었습니다.

야곱에게는 두 아내가 있었습니다. 레아와 라헬이었습니다. 창세기 29장을 보시면 잘 아시겠지만 레아는 외삼촌 라반의 농간에 의해 결혼한 아내입니다. 라헬을 얻기 위해 야곱은 외삼촌 라반을 위해 칠 년을 일했습니다. 그러나 결혼 첫날 밤 신혼 방에 들어온 것은 큰딸 레아였습니다. 라반의 변명에 의하면 그 고장 관례상 큰딸을 먼저 시집보내야 한다는 것입니다. 외삼촌 라반은 이레 동안 초례 기간을 채우면 라헬과 짝을 지어주겠다고 합니다. 물론 그런 연후에 칠 년을 더 일해야 합니다. 라헬을 얻고 야곱은 칠 년을 더 일했습니다. 야곱은 라헬을 무척이나 사랑했습니다. 그러나 오랫동안 라헬에게 자식이 없었습니다. 레아가 여섯 명이나 아들을 낳는 동안 라헬은 임신이 되지 않았습니다. 결국 몸종 빌하를 통해 아들을 낳았습니다. 그리고 이에 질세라 레아도 몸종 실바를 통해 아들을 더 낳았습니다.

마침내 하나님께서 라헬의 태를 열어 주셨습니다. 그렇게 낳은 아들이 야곱의 열한 번째 아들인 요셉입니다. 야곱의 가장 사랑받았던 아들이었습니다. 더욱이 야곱은 외삼촌 라반의 집에서 20여 년을 머문 후 온 가족을 이끌고 귀향길에 오르는데, 그 노정에서 라헬이 열두 번째 아들 베냐민을 낳다 죽습니다. 엄마 없이 자란 요셉과 베냐민에 대한 야곱의 짠한 마음이 각별한 애정과 관심을 갖게 했는데, 그러나 상당히 지나친 편애였습니다. 이것으로 요셉은 형들을 우습게 여기게 되었습니다. 창세기 37장 2절입니다.

> 야곱의 역사는 이러하다. 열일곱 살 된 소년 요셉이 아버지의 첩들인 빌하와 실바가 낳은 형들과 함께 양을 치는데, 요셉은 형들의 허물을 아버지에게 일러바치곤 하였다.

편애 속에 자란 요셉

요셉이 실바와 빌하에게서 태어난 형들을 무시한 것입니다. 요셉은 버르장머리 없는 고자질쟁이었습니다. "일러바치곤 하였다"는 미완료 시제는 고자질이 습관이 되었다는 말입니다. 그러나 야곱은 이런 요셉의 악습에 오냐오냐했습니다. 이어 3절입니다.

> 이스라엘은 늘그막에 요셉을 얻었으므로, 다른 아들들보다 요셉을 더 사랑하여서, 그에게 화려한 옷을 지어서 입혔다.

여기 '화려한 옷'은 히브리어로 '케토네트 합파씸'입니다. '케토네트'는 외투, 겉옷인데, 하나님이 아담에게 입혔던 '가죽 옷'과 같은 것으로 높은 신분을 말해줍니다. 거기다가 '합파씸'은 색깔을 말합니다. 당시에 염색 옷이란 아무나 입는 옷이 아닙니다. 다른 형들과는 달리 높은 신분을 나타내는 화려한 옷을 입히고 총애를 했으니 당연히 배다른 형들이 요셉을 좋아할 리 없습니다. 4절입니다.

형들은 아버지가 그를 자기들보다 더 사랑하는 것을 보고서 요셉을 미워하며, 그에게 말 한마디도 다정스럽게 하는 법이 없었다.

더욱이 야곱의 엄청난 편애로 요셉의 마음속에는 형들을 우습게 여기는 마음이 깊어만 같습니다. 그러니 무의식의 꿈속에서도 그랬습니다. 꿈에서 밭의 곡식 단을 묶고 있는데 요셉의 묶은 단이 우뚝 일어서고 형들이 묶은 단들이 요셉의 단에게 절을 했다는 것입니다. 얼마 뒤에 다른 꿈을 꾸었는데 해와 달과 별 열한 개가 요셉에게 절을 했다는 것입니다. 해와 달은 요셉의 부모이고 별 열한 개는 형들을 말합니다. 대단한 인물이 될 것 같은 교만한 꿈이었습니다. 교만이 무의식에까지 깊이 자리 잡고 있었습니다. 이런 꿈을 마음에 묻어두기는커녕 들어보라며 떠들어대니 누가 좋아하겠습니까? 이에 아버지 야곱도 야단을 치기도 했습니다. 형들이 더욱더 요셉을 미워하고 시기하게 된 것은 당연할 것입니다. 사실 이 꿈이 나중에 현실이 되었습니다. 그러나 그 꿈이 익어가는 과정을 본다면 그만한 요셉의 사람됨의 대가를 간과해서는 안 될 것입니다. 꿈이 개꿈이 되지 않으려면 그만한 사람됨의 변화를 겪어야 한다는 말입니다.

그러던 중 어느 날 형들이 아버지의 양 떼를 치려고 세겜에 나가 있었습니다. 야곱이 요셉에게 형들이 양을 잘 치고 있는지 요셉에게 형들에게 가 보라고 했습니다. 사실 세겜은 야곱에게 불미스런 인연이 있는 지역이었습니다. 예전 그곳에 정착한 히위 사람 하몰의 아들 세겜에게 야곱의 딸 디나가 성폭행을 당한 일이 있었는데 이로 인해 디나의 오라버니, 즉 야곱의 아들들이 피비린내 나는 복수극을 펼치고 도망간 지역이었습니다. 그래서 혹 무슨 일이 있을까 봐 요셉을 보낸 것이었습니다.

형들의 음모

그러나 이것이 사단이었습니다. 요셉은 자신에게 다가오는 형들의 미움과 시기가 얼마나 심각한 것인지 잘 알지 못했습니다. 그러니 형들에게 아무렇지도 않게 갔겠지요. 세겜에 보내졌던 형들은 좀 더 좋은 목초지가 있는 도단까지 멀리 나가 있었습니다. 요셉은 형들을 찾아 도단까지 가서 형들이 있는 곳을 알아냈습니다. 그런데 그의 형들이 멀리서 그를 알아보고 그를 죽이자고 음모를 꾸몄습니다. 그들은 옳다구나 쾌재를 부르며 서로 마음이 맞아 죽이기로 동의한 것입니다. 19절 이하입니다.

그들은 서로 마주 보면서 말하였다. "야, 저기 꿈꾸는 녀석이 온다. 자, 저 녀석을 죽여서, 아무 구덩이에나 던져 넣고, 사나운 들짐승이 잡아먹었다고 하자. 그리고 그 녀석의 꿈이 어떻게 되나 보자."

형들은 서로 마주 보며 요셉을 제거하기로 동의합니다. 그런데 맏형 르우벤은 그냥 구덩이에만 넣고 죽이지는 말자고 합니다. 르우벤은 겁만 준 뒤 아버지에게로 돌려보낼 생각이었습니다. 그러나 다른 형들은 그를 죽이려고 단단히 마음먹고 있었습니다. 요셉은 그것도 모르고 형들에게로 옵니다. 요셉은 늘 아는 척 형들에 대해 고자질해 왔습니다. 형들에 대해 잘 알고 있다는 듯이 말입니다. 고자질로 형들을 곤경에 자주 빠뜨린 그는 정작 자기가 곤경에 빠지고 있다는 것을 몰랐습니다. 그렇기에 아무런 대책도 없었습니다. 어떤 마음의 긴장도 없었습니다. 사실 요셉은 형들에 대해 전혀 모르고 있었던 것입니다. 자기가 형들에게 어떤 짓을 했는지 모른다는 것입니다. 그리고 형들이 그런 짓을 한 자신에 대해 어떤 마음을 품고 있는지조차 모르고 있었던 것입니다.

이것이 인간입니다. 자신이 한 짓을 모르기에 다가올 미래의 구덩이에 대해 전혀 대비하지 않습니다. 자기가 준 상처는 아무것도 아니라고 여깁니다. 내가 받은 상처만 기억합니다. 곧 이어질 자신의 비극에 대해서는 생각하지도 않았습니다. 설마입니다. 이것이 요셉의 한계이자 우리 모두의 한계일 것입니다. 자신이 괜찮은 사람인 줄 압니다. 내가 남에게 어떻게 했고, 남이 나에 대해 어떻게 생각하고 있는지 모릅니다. 설마가 사람 잡습니다. 아니, 설마조차 요셉은 하지 않았습니다. 아직도 어리디어린 열일곱 살 소년, 철없는 요셉입니다. 작자 미상의 어느 글에 있는 말입니다.

어릴 때는 나보다 중요한 사람이 없고,
나이 들면 나만큼 대단한 사람이 없고,
늙고 나면 나보다 더 못한 사람이 없습니다.

화려한 옷을 벗기다

자기 위험을 모릅니다. 자기를 모르면 이렇습니다. 철이 드는 게 쉽지 않습니다. 지금 곧 구덩이에 빠지는 줄도 모르는 철없는 사람, 적지 않습니다. 오늘 우리가 봉독한 본문입니다. 23절입니다.

요셉이 형들에게로 오자, 그들은 그의 옷, 곧 그가 입은 화려한 옷을 벗기고.

그 화려한 옷은 아버지가 입혀준 옷입니다. 아버지가 그를 사랑하기에 만들어 준 옷입니다. 아버지의 총애를 말해 줍니다. 자신에게는 자랑일지 모르지만, 형들 앞에서는 시기와 증오일 뿐입니다. 어리석은 사람은 자신에게 자랑거리가 남들에게 시기와 증오거리라는 것을 모릅니다. 화려한 옷, 그 겉옷은 한낱 껍데기일 뿐입니다. 사람이 그것이 껍데기임을 알 때까지 적지 않은 세월이 걸립니다. 죽어서도 모르는 사람들이 적지 않습니다. 우리가 입고 있는 옷, 우리가 차지하고 있는 자리, 우리가 소유하고 있는 것, 그것이 껍데기라는 것을 알 때까지 여전히 열일곱 살 철없는 소년입니다.

그저 아버지에게 귀여움이나 독차지하며 살아온 요셉입니다. 화려한 옷이 자신인 줄 알았습니다. 아버지에게 귀엽다, 예쁘다 칭찬이나 받으며 살아온 것이 자신의 삶의 전부였습니다. 칭찬에 익숙하면 비난에 마음이 흔들리고, 대접에 익숙하면 푸대접에 마음이 상합니다. 돈 좀 있으면 기가 펴고, 돈 없으면 기가 죽습니다.

형들은 이런 요셉의 옷을 벗깁니다. 옷은 성서 안에서 인격과 삶을 상징합니다. 화려한 요셉의 인생은 끝났습니다. 진정한 삶은 형들과의 관계였습니다. 내 화려한 겉치레가 아니라 사람과의 관계였습니다. "집은 좁아도 같이 살 수 있지만, 사람 속이 좁으면 같이 못 산다"라는 말이 있습니다. 집의 크기가 아니라 마음의 크기를 묻고 있는 것입니다.

"나의 인생은 내 것만이 아닙니다. 대개 내 인생은 나의 것이라고 생각합니다. 그런데 가만히 생각해 보면 나의 인생이 나의 것만도 아닙니다. 나의 인생을 가족이 공유하고, 직장동료들도 공유하고, 친지들이 공유하고 있다. 나 자신은 나를 아는 모든 사람의 것이기도 합니다"(한창희, "사랑도 연습이 필요하다" 중에서).

"그래서 '공인'이라는 표현을 쓰지요. 어떤 면에서 우리는 모두 공인이라 할 수 있습니다. 가장이 행여라도 직장을 잃으면 온 식구가 어려워집니다. 어머니가 아프면 자녀들도 힘들어집니다. 내 한 몸이 내 한 사람의 몸이 아니고, 내 주변의 모든 사람과 실타래처럼 얽혀 있고 연결돼 있습니다. 내 인생을 잘 다스리고 가꾸는 것이 '공인'의 첫걸음입니다"(고도원, 『고도원의 아침 편지』에서).

후에 요셉은 철이 들어 꿈도 자기만의 꿈에서 다른 이의 꿈을 공유하게 됩니다. 자기만 꿈을 꾸는 것이 아닙니다. 다른 이도 꿈꾼다는 것을 알게 됩니다. 그가 총리에 오르는 결정적인 계기는 함께 감옥에 있었던 바로의 술 따르던 시종장의 꿈의 해몽에 있었고, 더 나아가 이집트 왕 바로의 꿈의 해몽에 있었습니다. 이제는 자기 꿈에만 갇혀 있는 요셉이 아닙니다.

물 없는 빈 구덩이

이제 요셉의 철딱서니 없는 소년기는 끝이 났습니다. 자기가 아는 대로 세상이 움직이지 않습니다. 자기가 알고 있는 대로 사람들이 움직여 주지 않습니다. 이제 세상을 알기 시작한 것입니다. 맏형 르우벤 덕분에 목숨은 건지고 구덩이에 던져집니다. 24절입니다.

> 그를 들어서 구덩이에 던졌다. 그 구덩이는 비어 있고, 그 안에는 물이 없었다.

던져진 구덩이는 비어 있고 그 안에는 물이 없었습니다. 이제 아무도 그를 봐주지 않습니다. 도단 광야, 길 없는 길의 한적한 곳 빈 구덩이입니다. 화려한 옷을 입어도 봐 줄 사람이 없습니다. 목이 말라도 마실 물조차 없습니다. 이제 자신밖에 없습니다. 화려한 옷에 의존해 왔던 그는 이제 자기가 의존해 온 겉치레가 아무것도 아니라는 것을 알게 됩니다. 그리고 그 빈 구덩이에서는 화려한 옷에 칭찬할 사람도 없고, 옷을 벗었다고 비난할 사람도 없는 오직 자기 자신뿐입니다. 요셉 자신 하나만이 덩그러니 있을 뿐입니다.

요셉은 비로소 자기 자신에 귀를 기울이기 시작합니다. 작가 스튜어트 에이버리 골드는 그의 저서 *Ping*에서 "아무 표현도 하지 말고, 아무 판단도 하지 말고, 네 안에 있는 그 소리에 귀를 기울여라. 마음에서 일어나는 갈등과 혼란은, 네가 진정한 마음의 부름을 듣게 되면 자연히 사라지게 마련이란다. 결국, 네가 가야 할 길은 네 마음이 이미 알고 있던 본래의 고향을 찾아가는 것임을 알게 될 것이다"라고 말합니다.

사실 그 빈 구덩이, 물 없는 구덩이에서 요셉은 철없는 어린 시절을 끝냅니다. 노예 상인에게 팔리고, 편애하는 아버지의 화려한 입혀짐 속에 살았던 그는 벗겨지고 던져지는 가운데 박탈당한 삶을 살게 되지만, 그것은 불행이 아니라 비로소 자기다운 인생을 찾는 시작이었습니다. 자기 삶이 박탈당한 노예의 삶이 원래의 화려한 옷을 찾는 것이 아니라 오히려 그것으로부터 자유로워지는 자기 자신을 찾는 것입니다. 새로운 시작입니다. 자기 상실에서 자기 회복이 일어납니다.

> 빈 구덩이는 빼앗긴 자가 치르는 고통이 아니라 결국은 겉치레로 소멸해버릴 것들로부터 자유로워진 자가 새로운 모습으로 탄생하는 자리인 것입니다(기독교사상 편집부, 「기독교사상」 2005년 9월호, 129).

비로소 그는 여기서 주인이신 주님, 나이신 야훼를 만납니다. 다시 39장 2절 전반부입니다.

> 주님께서 요셉과 함께 계셔서, 앞길이 잘 열리도록 그를 돌보셨다.

여기 주님은 원래 히브리 성서에는 '나'라는 뜻의 '야훼'입니다. 벗기고 박탈당하고 던져진 빈 구덩이, 마실 물조차 없는 빈 구덩이에서 비로소 새로운 나를 발견하게 됩니다. 하나님을 만난다는 것은 바로 이 뜻입니다. "하나님께서 우리에게 뜻하시는 바는 빼앗긴 옷을 도로 찾는 혹은 더 좋은 옷으로 축복 받는 것이 아니라 그 겉치레의 옷이 아예 필요 없는 자로의 거듭남입니다"(위의 글, 131). 결국 옛날의 나를 그 빈 구덩이에서 잃어버리고 새로운 나를 그 빈 구덩이에서 잉태하는 것입니다. 이제는 화려한 옷 같은 겉치레에 의존하지 않습니다. 자신만을 볼 뿐입니다. 소유도, 지위도, 학력도, 지식도 껍데기입니다. 비로소 자기성찰이고, 자아 확립입니다. 맹자, 『이루장구 상』 4장의 가르침입니다.

治人不治 反其智 禮人不答 反其敬

(치인불치 반기지 예인부답 반기경)

남을 다스리는데 다스려지지 않을 때는 자기의 지혜를 돌아보고 남을 예우하는데 답례가 없으면 자기의 공경하는 태도를 돌이켜 생각해 볼 것이다.

行有不得者 皆反求諸己 其身 正而天下 歸之

(행유부득자 개반구저기 기신 정이천하 귀지)

행해서 얻어지지 않는 것이 있으면 모두 자신을 돌이켜 살펴 볼 것이니 그 자신이 바르면 온 천하가 나에게 돌아온다.

詩云永言配命 自求多福

(시운영언배명 자구다복)

시경에도 '하늘이 내려주신 사명을 항상 생각하여 스스로 많은 복을 구했다'고 하였다.

사실상 빈 구덩이는 화려한 옷에 갇혀 있었던 요셉이라는 한 영혼이 하나님이신 야훼에 의해 해방되는 사건이라고 할 수 있습니다. 만일 요셉이 '나'이신 야훼를 만나지 않고 자기를 돌아보지 않았다면, 그는 자신의 옷을 벗긴 형들에게 복수하는 것으로 최종 목표를 삼았을 것입니다. 그러나 자신을 찾게 해주시는 나의 하나님 야훼를 만나며 다시 만난 형들에게 말합니다. 창세기 45장 5절입니다.

그러나 이제는 걱정하지 마십시오. 자책하지도 마십시오. 형님들이 나를 이곳에 팔아넘기긴 하였습니다만, 그것은 하나님이, 형님들보다 앞서서 나를 여기에 보내서, 우리의 목숨을 살려 주시려고 그렇게 하신 것입니다.

알고 보니 자신의 옷을 벗긴 것도, 물 없는 빈 구덩이에 빠뜨린 것도, 노예로 판 것도 참 나이신 야훼의 뜻이었습니다. 그리고 이어 8절에서 말합니다.

그러므로 실제로 나를 이리로 보낸 것은 형님들이 아니라 하나님이십니다. 하나님이 나를 이리로 보내서, 바로의 아버지가 되게 하시고, 바로의 온 집안의 최고의 어른이 되게 하시고, 이집트 온 땅의 통치자로 세우신 것입니다.

알고 보면 처음부터 하나님은 요셉을 통해 꿈의 농사를 지으신 것입니다. 그 농사가 제대로 되려면 어떻게 해야 하는지 알고 계셨던 것입니다. 사실 아버지 야곱이 죽자 요셉은 불안해하는 형들에게 창세기 50장 19절 이하에서 말합니다.

요셉이 그들에게 말하였다. "두려워하지 마십시오. 내가 하나님을 대신하기라도 하겠습니까? 형님들은 나를 해치려고 하였지만, 하나님은 오히려 그것을 선하게 바꾸셔서, 오늘과 같이 수많은 사람의 생명을 구원하셨습니다."

참 나이신 야훼를 만나 참 나를 찾은 요셉의 고백입니다. 물 없는 빈 구덩이에서의 깨달음입니다. 형들은 빼앗았으나 요셉은 정작 빼앗긴 것이 없게 된 것입니다. 그에게 필요 없는 것을 빼앗아 간 것은 빼앗아 간 것이 아닙니다. 버린 것입니다. 이제 그는 성숙한 참 나로 옷을 갈아입은 것입니다.

가을입니다. 가을은 옷을 갈아입어 가을이라고 합니다. 창조절 첫째 주일 가을 아침, 때론 빈 구덩이에서 겉치레의 옷을 갈아입는 은총의 가을이기를 기도합니다.

(2021. 9. 5.)

배를 탄 그들, 그러나 내린 사람은 그분 하나

(마가복음 4:35-5:2)

그 날 저녁이 되었을 때에, 예수께서 제자들에게 말씀하셨다. "바다 저쪽으로 건너가자." 그래서 그들은 무리를 남겨 두고, 예수를 배에 계신 그대로 모시고 갔는데, 다른 배들도 함께 따라갔다(35-36절).

도를 전하다

여러분, 전도, 말 그대로 도를 전한 적이 있습니까? 알게 모르게 그리스도인으로서 기독교의 도를 전했을 것입니다. 복음서에서 그 도는 '기쁜 소식'이라는 뜻의 복음입니다. 헬라어로는 '기쁜', '좋은'을 뜻하는 '유'(εὖ)와 '소식', '교훈'을 뜻하는 '앙겔리아'(ἀγγέλία)의 합성어로 '유앙겔리온'(εὐαγγέλιον)이라고 합니다. 우리가 잘 아는 천사가 헬라어로 '앙겔로스'(ἄγγελος)입니다. 이것이 영어로 angel이 되었습니다. 이런 의미에서 천사는 좋은 소식, 복음을 가져다주는 존재입니다. 하나님의 사자라고도 합니다.

예수님은 세례 요한이 헤롯에 의해서 잡히자 이어서 복음을 전하기 시작합니다. 누군가가 잡힌 후에 그 일을 이어서 하는 것은 비장한 마음이 아니면 할 수 없습니다. 그의 힘든 공생애 선교가 시작된 것입니다. 마가복음 1장 14절 이하입니다.

> 요한이 잡힌 뒤에, 예수께서 갈릴리에 오셔서, 하나님의 복음을 선포하셨다. "때가 찼다. 하나님의 나라가 가까이 왔다. 회개하여라. 복음을 믿어라."

요한이 잡힌 뒤에 예수님은 하나님의 복음을 선포하셨습니다. 여기 '선포하다'가 헬라어로 '케뤼소'(κηρύσσω)라고 하는데 바로 이 말이 '전도하다'입니다. '설교하다'도 이 말입니다. 단지 사람을 교회에 데려오는 것이 아니라 그에게 도를 전하는 것, 설교하는 것이 전도입니다. 전도는 하나님의 복음인 '도'를 전하는 것입니다. 그 도는 하나님의 말씀이고, 도의 내용은 '하나님의 나라'입니다. 여기 '하나님의 나라'는 어떤 공간이 아니라 하나님 자신 혹은 하나님의 통치를 말합니다. 우리가 흔히 '천국 간다', '천당 간다'는 말은 하늘에 있는 어떤 공간을 찾아가는 것이 아니라 하나님의 통치, 하나님의 다스림을 받는 사람이 된다는 말입니다. 물론 그분의 다스림을 받는 것은 회개를 전제로 합니다. 지난날의 어두운 삶을 뼈아프게 성찰하며 바꾸는 것입니다.

복음의 진수

복음서는 하나님 나라에 대한 책입니다. 예수님은 바로 하나님 나라를 깨달아서 복음을 전하기 시작했는데 하나님 나라의 중심, 핵심이 바로 예수님이 요단강에서 세례 요한으로부터 세례를 받은 후 들은 하나님의 음성입니다. 마가복음 1장 9절 이하입니다.

그 무렵에 예수께서 갈릴리 나사렛으로부터 오셔서, 요단강에서 요한에게 세례를 받으셨다. 예수께서 물 속에서 막 올라오시는데, 하늘이 갈라지고, 성령이 비둘기같이 자기에게 내려오는 것을 보셨다. 그리고 하늘로부터 소리가 났다. "너는 내 사랑하는 아들이다. 내가 너를 좋아한다."

세례를 베풀다는 헬라어로 '밥티조'(βαπτίζω)인데, 그 뜻은 원래 '씻다'입니다. 예수님은 무엇을 씻었을까요? 평생 갈릴리 가난한 목수로 사셨고, 지금 우리야 예수님을 하나님의 아들로 고백하고 믿지만, 당시에는 가정적으로도 아버지에 대한 불분명함이 있었습니다. 세상적인 눈으로 보면 시원찮은 가문입니다. 그래서 고향 사람들은 예수님을 두고 달갑지 않게 여기며 이렇게 말합니다. 마가복음 6장 3절입니다.

이 사람은 마리아의 아들 목수가 아닌가? 그는 야고보와 요셉과 유다와 시몬의 형이 아닌가? 또 그의 누이들은 모두 우리와 같이 여기에 살고 있지 않은가?' 그러면서 그들은 예수를 달갑지 않게 여겼다.

원래 이스라엘 사람들의 정식 이름은 '아버지의 아들 누구'라고 칭해집니다. '세베대의 아들 야고보와 요한'(막 1:19), '알패오의 아들 레위'(막 2:14)처럼 말입니다. 그러나 예수님은 아버지가 아니라 어머니 마리아의 아들이라고 불립니다. 천시받았다는 것입니다. 모욕적이기도 합니다. 거기다가 목수라는 말은 당시 가난한 직업 중 하나입니다. 어쩌면 예수님은 삼십 평생 자신의 존재에 대해 스스로도 자기비하를 했을지 모릅니다.

그러나 적어도 다른 복음처럼 거룩한 탄생 이야기를 보도하지 않는 마가복음에 의하면 세례 요한으로부터 세례, 즉 씻김을 받고 나서 자기 존재의 정체성을 알게 됩니다. 그의 마음의 하늘로부터 들은 하나님의 음성입니다. "너는 내 사랑하는 아들이다. 내가 너를 좋아한다." 이것을 직역하면 "너는 내 사랑하는 아들이다. 내가 네 안에서 기뻐한다"입니다. 여기 '너'는 헬라어로 '수'(Σὺ)로, 대문자로 강조를 나타냅니다. '너야말로'입니다. 그는 자신이 하나님의 아들이라는 것과 자신의 내면에 계신 하나님이 자신을 기뻐한다는 것을 안 것입니다. 엄청난 깨달음입니다. 자기 정체성의 자각입니다.

여러분, 우리는 우리의 존재를 무엇을 가지고 평가하나요? 소유, 지위, 학력, 직업, 가문이 아직도 우리의 존재를 결정하고 있나요? 아닙니다. 단 한마디, "너는 내 사랑하는 아들이다", "너는 내 사랑하는 딸이다"에 달려 있습니다. 우리가 하늘 존재라는 것, 하늘에 계신 하나님의 아들이고 딸이라는 것, 이것이 우리 존재의 무게입니다. 내가 하늘입니다. 동학으로 말하면 '인내천'(人乃天), '사인여천'(事人如天)입니다. 불교적으로 말하면 '천상천하 유아독존'(天上天下唯我獨尊)입니다. 사이비가 아닌 모든 종교는 바로 이 근본에서 나옵니다. 인간의 존엄성입니다. 그래서 종교의 종은 종속(從屬)의 좇을 '從'이 아니라 마루(근본) '宗'입니다. 근본이 바로 하나님의 자녀라는 하늘 존재입니다. 예수님의 내면, 마음의 하늘 속에서 들려진 이 음성이 하나님 나라의 복음의 핵심이었습니다.

누구든지

이 깨달음은 단지 예수님 자신에 대한 것만이 아닙니다. 모든 인간입니다. 나만 존엄한 것이 아닙니다. 나의 이웃 모두입니다. 피부가 달라도, 나라가 달라도, 성이 달라도, 가진 것이 많든 적든, 직위가 높든 낮든, 직업의 귀천 없이, 종교에 관계없이, 죄를 많이 지었든 적게 지었든 인간은 존엄한 존재, 하늘 존재라는 것입니다. 이 놀라운 깨달음은 예수님을 유대주의, 유대 신앙에서 벗어나게 했습니다. 우리는 마가복음 3장 35절에서 그의 인간 존엄에 대한 개방성을 듣습니다.

누구든지 하나님의 뜻을 행하는 사람이 곧 내 형제요 자매요 어머니다.

'누구든지'입니다. 혈연주의를 넘어섭니다. 사람을 차별하지 않습니다. 하나님의 뜻 아래 모였다면 누구든지 하나님의 아들이고 딸입니다. 그러므로 하나님의 뜻을 행하도록 가르친 가르침은 누구에게나 열려 있습니다. 누구에게나 열린 가르침이 바로 마가복음 4장입니다. 그래서 1절에서 그 장소는 탁 트인 바닷가로 마가는 설정하고 있습니다.

예수께서 다시 바닷가에서 가르치기 시작하셨다. 매우 큰 무리가 모여드니, 예수께서는 배에 오르셔서, 바다쪽에 앉으셨다. 무리는 모두 바닷가 뭍에 있었다.

의도적입니다. 바닷가는 개방성을 상징합니다. 누구에게나 말씀의 씨앗을 뿌립니다. 누구에게나 주어야 할 가르침입니다. 그리고 그

'누구든지'는 유다를 넘어 이방을 향합니다. 그래서 주님은 바닷가, 유대 바닷가에서의 유대인 무리에게 가르치면서 어느 날 저녁 제자들에게 말씀하십니다. 오늘 우리가 읽은 본문 4장 35절입니다.

> 그 날 저녁이 되었을 때에, 예수께서 제자들에게 말씀하셨다. "바다 저쪽으로 건너가자."

'저녁'은 유대인들에게는 새날의 시작입니다. 해 질 무렵부터 다음 날 해 질 무렵까지가 하루입니다. 그 새날은 이방인에게도 복음이 열린 혁명의 날입니다.

바다 '저쪽'은 헬라어로 '에이스 토 페란'(εἰς τὸ πέραν)인데, 여기서 '페란'이라는 말은 단지 바다 저쪽, 건너편이 아니라 바다 맞은 편, 반대편, 적대적인 이방 땅을 말합니다.

언제인가 했던 이야기입니다. 그러나 마음을 울리는 이야기이기에 다시 들려주고 싶습니다. 다보스에서 열린 세계경제포럼에서 노벨평화상 수상자 시몬페레스가 들려준 이야기입니다. 한 랍비가 제자들을 모아 놓고 물었습니다. "밤이 끝나고 날이 밝는 정확한 순간을 어떻게 알아낼 수 있느냐?" 어린 소년이 답했습니다. "양떼 사이에서 개를 가려낼 수 있을 때입니다." 한 제자는 이렇게 말했습니다. "아닙니다. 멀리서도 무화과나무와 올리브나무를 구별할 수 있어야 밝은 겁니다." 그러자 랍비가 "둘 다 신통치 못한 대답이다"라고 말하자 제자들은 "그럼 정답은 뭔가요?"하고 묻습니다. 랍비는 대답합니다. "한 이방인이 우리에게 다가오고 있을 때, 우리가 그를 형제로 받아들여 모든 갈등이 소멸되는 그 순간이 바로 밤이 끝나고 날이 밝는 순간이다"(파울로 코엘료, "날이 밝는 순간," 「기독교사상」 2012년 6월호, 74).

예수만 내리다

이방인을 하나님의 자녀로, 이방인을 우리의 형제로 맞이하려는 예수님의 뜻은 하나님의 뜻과 같습니다. 그리고 예수님은 제자들과 함께 바다 맞은 편, 이방 땅 거라사로 배를 타고 갑니다. 그런데 이상한 일이 벌어졌습니다. 본문 마지막 5장 1절 이하입니다.

그들은 바다 건너편 거라사 사람들의 지역으로 갔다. 예수께서 배에서 내리시니

분명 제자들과 예수님이 함께 배를 타고 떠났는데 이방 땅 거라사에 도착해서 배에서 내린 것은 '그분, 예수님뿐이었습니다. 그리고 이 거라사에서 이후 벌어진 사건에 제자들의 이야기는 단 한 번도 나오지 않습니다. 이게 무슨 일입니까? 분명 바다 맞은 편 이방 거라사를 향한 배에 '그들'이라고 예수님과 제자들이 함께 탔는데도 불구하고 거라사에서 배에서 내리고 활동한 사람은 예수님뿐이었습니다. 왜 그럴까요?

우리는 이것을 우리가 읽은 4장 35절 이하 거센 바람으로 물이 배 안으로 덮친 사건에서 찾을 수 있습니다. 이 거센 바람은 단지 거라사 지방으로 가다가 우연히 만난 바람일까요? 그리고 단지 이 거센 바람을 꾸짖으시고 잠재우신 것은 예수님의 메시아적 능력을

말하려는 것일까요? 그리고 예수님은 이 사건 직후 제자들을 책망합니다. 본문 40절입니다.

> 예수께서 그들에게 말씀하셨다. "왜들 무서워하느냐? 아직도 믿음이 없느냐?"

예수님이 책망한 제자들의 믿음은 예수님을 믿지 않는 불신앙일까요? 아니라는 것을 우리는 본문에서 잘 알 수 있습니다. 사실 제자들은 우리와 같은 방식의 믿음을 가지고 있습니다. 그래서 거센 바람으로 배 안으로 물이 들어왔을 때 예수님을 깨우며 38절에서 "우리가 죽게 되었는데도 아무렇지도 않으십니까?" 하며 살려달라고 합니다. 우리 식으로 말하자면 절박하게 기도한 것이 아니겠습니까? 이렇게 예수님을 깨우면서까지 애원할 정도로 믿음이 있는 것이 아닙니까? 그런데도 예수님은 제자들의 믿음이 없다고 질책하십니다.

제자들의 믿음 없음은 무엇인가요? 제자들의 불신앙은 '거센 바람'과 관계있습니다. 37절입니다.

> 그런데 거센 바람이 일어나서, 파도가 배 안으로 덮쳐 들어오므로, 물이 배에 벌써 가득 찼다.

이 바람은 복음에 대해 적대적인 이방의 바람입니다. '바람'은 여기서 헬라어로 아네모스(ἄνεμος)라고 하는데, 이것은 단지 부는 바람을 가리키는 말이 아니라 그 시대의 풍조를 가리키는 말입니다. 에베소서 4장 14절의 바울의 말입니다.

우리는 이 이상 더 어린아이로 있어서는 안 됩니다. 우리는 인간의 속임수나, 간교한 술수에 빠져서, 온갖 교훈의 풍조에 흔들리거나, 이리저리 밀려다니지 말아야 합니다.

이 바람은 당시 예수님이 복음을 전할 때에 복음에 대해 적대적인 이방의 적대감을 말해준 것입니다. 사실 유대인, 이방 모두 서로 적대적입니다. 오늘 우리가 읽은 5장 1절 이하를 보면 이방이 복음에 대해 얼마나 적대적이었나를 잘 알 수 있습니다. 5장 2절입니다.

> 예수께서 배에서 내리시니, 곧 악한 귀신 들린 사람 하나가 무덤 사이에서 나와서, 예수와 만났다.

'하나'는 대표 단수입니다. 이방을 대표하는 하나입니다. 그 사람은 '악한 귀신', 직역하면 더러운 영 안에 사는 사람입니다. 복음에 대해 적대적인, 모든 인간에 대한 존중에 적대적인 사람입니다. 사실 이 사람은 오랫동안 로마에 의해 억압을 받은, 로마의 피식민지 거라사 지방 사람입니다. 얼마나 로마가 무참히 다른 나라들을 억압하고 유린했는지를 잘 압니다. 그렇기에 다른 나라 혹은 다른 민족에 대해 적대적일 수밖에 없습니다.

여기 '만나다'라는 동사에 유의하십시오. 이것의 헬라어 단어는 아판타오(ἀπαντάω)인데, 이것은 그냥 만난 것이 아니라 적대적으로 마주친 것입니다. 그러니까 '대적하다'로 번역하는 것이 좋을 듯합니다.

복음에 대한 이방의 적대감은 이토록 완강했습니다. 그들은 외래에 대해 언제나 경계했습니다. 이것은 식민지화된 백성의 상처이기도 합니다. 그래서인지 예수님이 거라사 지방에서 초라한 전도 실적을 거두었습니다. 거라사에서 예수님은 단 한 명 전도했습니다. 이렇게 힘이 듭니다.

적대의 바람

더욱이 이 지역의 전도 선교에서 제자들의 이야기는 아예 등장하지 않습니다. 바로 복음에 대한 적대적인 풍조, 이 바람을 제자들은 견디지 못한 것입니다. 이방 선교에 믿음이 없었던 제자들입니다. 그것을 마가는 의도적으로 예수님과 제자들 모두 이방 땅 거라사행 배를 탔지만 예수만 내린 것으로 보도하고 있는 것입니다. 사실 제자들의 불신앙은 예수님이 제자들에게 이방 땅 바다 저쪽으로 건너가자고 할 때부터입니다. 분문 36절입니다.

> 그래서 그들은 무리를 남겨 두고, 예수를 배에 계신 그대로 모시고 갔는데,
> 다른 배들도 함께 따라갔다.

여기 무리는 유대 사람들입니다. 왜 제자들은 유대 사람들을 남겨 두고 갔을까요? '남겨두다'는 헬라어로 '아휘에미'(ἀφίημι)입니다. 본 뜻은 '버리다'입니다. 무슨 말일까요? 왜 제자들은 유대 무리를 버려두고 이방 선교를 갔을까요?

이것은 예수님 사후 초대교회의 상황을 반영한 것입니다. 스데반 이후 교회는 핍박받았습니다. 그래서 여기저기 이방으로 흩어졌습니

다. 사실 유대를 지키며 유대 그리스도교 교회를 지켰어야 했는데 제자들은 유대 백성 선교를 포기하고 이방으로, 이방 선교를 핑계로 도망친 것입니다.

오래전에 제가 전도사로 있던 예장 통합 교회 담임 목사님이 평양 밑에 태평동이라는 곳에서 목회를 하다 북의 탄압이 심해지자 가족들과 교인들을 남겨두고 6.25 전에 남하했습니다.

그런데 6.25 후 30년이 지난 어느 날 그 목사님이 "거기서 교회를 지키고 북한 백성들에게 복음을 전하다 죽었어야 했는데"라며 후회의 말씀을 하는 것을 들었습니다. 지난 2005년 제가 북한을 방문했을 때, 그 목사님이 목회하시던 곳을 다녀왔습니다.

북한 출신의 목회자들이 북한에 대해 가혹하리만큼 적대적인 것과는 다른 모습이었습니다. 북한을 바라보는 눈의 차이입니다. 이 목사님은 항상 북이 평화 통일 선교의 대상임을 잊지 않았습니다.

또한 제자들은 "예수를 배에 계신 그대로 모시고 갔다"고 말하고 있습니다. 이 구절이 예사롭지 않습니다. 여기 '모신다'는 말은 희랍어로 파라람바노(παραλαμβάνω)라고 하는데, 이 말은 '곁에'라는 뜻의 파라(πάρα)와 '붙들다' 혹은 '제지하다'라는 뜻의 람바노(λαμβάνω)의 합성어입니다. 즉, '곁에 붙들어 둔다'는 말입니다. 어디 못 가도록 옆에 꼭 붙들어 두었다는 말입니다.

우리가 읽은 성서 번역의 '모시다'라는 말은 상당히 점잖게 쓴 번역이라고 볼 수 있습니다. 실제로는 '데리고 다니다'라는 말입니다. 말하자면 예수님이 우리를 이끌어 우리가 그분을 따르는 것이 아니라 우리가 예수님을 우리 마음대로 데리고 다닌다는, 끌고 다닌다는 말입니다. 예수님의 뜻을 우리가 따라가는 것이 아니라 우리의 뜻을 위해 예수님을 이용한다는 것입니다. 오늘 이 나라 교회의 모습입니다. 자기의 복을 위해 예수를 모시고, 아니 데리고 다니는 것입니다.

그런데 제자들이 그냥 예수님을 모시고 가는 것이 아니라 "배에 계신 그대로 모시고 간다"고 말하고 있습니다. 여기 배란 마가복음이 써진 초대교회 공동체를 상징하고 있습니다. 놀랍게도 여기 '모신다'는 말이 현재형으로 쓰여 있습니다. 마가복음은 지난 예수님의 삶을 기록한 책입니다. 그래서 대부분 과거로 쓰여 있습니다. 그런데 이 '모신다'는 말은 현재형으로 되어 있습니다. 이것을 헬라어 문법으로는 '역사적 현재형'이라고 말합니다. 즉, 과거 역사인데 현재도 여전히 일어나고 있는 사건이라는 말입니다.

예수님이 죽으신 후 마가복음이 써진 당시 현재 초대교회에서도 이 문제는 여전히 심각했다는 것입니다. 사실 그것은 오늘날에도 계속되고 있습니다. 한국교회 역시 예수님을 데리고 예배를 드립니다. 예수님의 뜻을 위해서가 아니라 내 뜻을 위해서, 내 욕심을 위해서 예수님을 데리고 다니는 사이비의 모습입니다. 그를 데리고 다닐 뿐 그를 따르지는 않습니다. 바로 이런 제자들, 아니 우리의 믿음 없음을 예수님은 책망하며 "너희가 어찌 믿음이 없느냐"고 말씀하시고 있는 것입니다.

예수님의 삶을 따르고 그 말씀대로 살고자 하는 믿음이 없는 상태, 이것이 바로 초대교회라는 배, 그것도 배 후미에서 예수님이 잠자고 있는 상태입니다. 그저 모시고만 있는, 데리고 다니는 예수님이요, 그렇기에 잠자고 계시는 예수님이십니다. 놀랍게도 '잠자다'라는 동사도 현재형으로 쓰여 있습니다. 예수님이 교회 안에 깨어 있지 않습니다. 잠자는 이 나라 교회들이 아닌가요?

예수 없는 한국교회입니다. 그래서 주일만 예수님이 모셔져 있는 교회에서 예배를 드리고, 예배가 끝나면 다음 주일에 뵙겠다고 인사하며 잘 계시라고 예수님을 배, 아니 교회에 있는 그대로 두고 가는 우리가 아닌지 모르겠습니다.

우리 산돌교회는 괜찮은가요? 혹 우리도 세상의 소금과 빛이 되기보다는 우리끼리의 소금과 빛이 아닌지 모르겠습니다. 세상을 향해 열린 교회, 세상 사람들을 기꺼이 환대하고 그들을 하나님의 아들딸로 그리고 우리의 형제자매로 맞이하는 열린 신앙을 가져야겠습니다. 우리끼리가 아니라 '누구든지'입니다.

도를 전하는 산돌

주님은 유대인들과 낯선 이방 사람들의 적대감을 십자가로 화해하게 했습니다. 십자가로 죽기까지 낮아져 화해될 수 있을 정도로 낯선 이를 맞이하며 전도하고 선교하는 것은 쉬운 일은 아닙니다. 그러나 그것이 교회의 일입니다. 우리끼리는 '단결'이 아닙니다. 그것은 오히려 '폐쇄'입니다. '자기 의'가 모인 '우리 의'의 단합은 오히려 우리의 단결마저 해칩니다. 항상 자기 의는 다른 사람의 의와 충돌하기 때문입니다. 낯선 이웃들을 환대하고 돌보는 일은 하나님의 의입니다. 전도와 선교는 교회의 존재 이유입니다.

여러분, 그냥 우리끼리 우리 방식대로 주님을 데리고 예배를 드리는 산돌교회가 되기를 바라십니까? 우리 교회의 노쇠화, 약체화가 보이지 않습니까? 성장주의, 성장 일변도로 가자는 이야기가 아님을 잘 알 것입니다. 이방 땅으로 가는 배에 주님과 함께 탔다면 이방 땅에 내린 사람도 '주님과 함께 우리'여야 합니다. 이방은 외면해야 할 존재가 아니라 낯선 우리의 이웃입니다.

사실 예수님의 거라사 이방 땅의 선교는 미약했습니다. 단 한 명뿐입니다. 그러나 그 한 명이 행한 일은 놀라웠습니다. 예수님은 예수님과 함께 있게 해달라는 그의 바람을 거절하고 마가복음 5장 19절 이하에서 말씀하십니다.

> 그러나 예수께서는 허락하지 않으시고, 그에게 말씀하셨다. "네 집으로 가서, 가족에게, 주님께서 너에게 큰 은혜를 베푸셔서 너를 불쌍히 여겨 주신 일을 이야기하여라." 그는 떠나가서, 예수께서 자기에게 하신 일을 데가볼리에 전파하였다. 그리하니 사람들이 다 놀랐다.

예수님은 그에게 네 집으로 가서 가족에게 그에게서 더러운 영을 쫓아낸 그 놀라운 은혜의 사건을 전하라고 합니다. 이것이 복음 전도입니다. 이 사람은 가서 데가볼리, 즉 10개의 도시에 복음을 전파했습니다. 사람들이 놀랐습니다. 놀랐다는 것은 그 가르침에 충격받았다는 것입니다. 그 도에 깨우침을 받았다는 것입니다.

여러분, 주님의 가르침, 주님의 도를 몸으로 입으로 전하십시오. 산돌은 낯선 이웃들을 향한 배입니다. 예수님만 내리게 하지 마십시오 예수님만 낯선 이웃들을 만나게 하지 마십시오 그리고 그 낯선 이웃들의 아픔에 함께하십시오 우리가 하나님의 아들딸이듯이 그들도 하나님의 둘도 없는 소중한 아들딸입니다. 어쩌면 그들이 더 하나님의 일에, 하나님의 뜻에 가까이 있는지도 모릅니다. 예수님을 따르는 산돌이 되어 낯선 이웃들에게 주님처럼 도를 전하십시오. 그리고 그 도를 나누어 하나님의 나라는 먼 저곳이 아니라 이 땅에 세우십시오

주현절 여섯째 주일, 이 아침, 주님의 현현은 오직 우리를 통해서 할 수 있습니다. 세상 사람들은 하나님의 자녀인 우리를 보고 그 아버지이신 하나님의 소중한 뜻을 알게 됩니다. 이제 세상으로 나아가 교회가 아니라 세상의 소금과 빛이 되십시오.

(2022. 2. 13.)

어린이 하나를 그들 가운데 세우시고

(마태복음 18:1-10)

예수께서 어린이 하나를 곁으로 불러서, 그들 가운데 세우시고 말씀하셨다. "내가 진정으로 너희에게 말한다. 너희가 돌이켜서 어린아이들과 같이 되지 않으면, 절대로 하늘나라에 들어가지 못할 것이다. 그러므로 누구든지 이 어린이와 같이 자기를 낮추는 사람이 하늘 나라에서는 가장 큰 사람이다"(2-4절).

손기정과 하퍼

손기정이 1936년 베를린 올림픽에서 금메달을 딴 지 87년이 되었습니다. 일제 강점기였습니다. 그렇기에 일본 대표팀에 뽑힌다는 것은 너무나 어려운 일이었습니다. 베를린 현지에서 최종 선발을 다시 할 정도로 일제의 방해가 심했지만 결국 손기정과 남승룡, 조선인 두 사람이 선발되었습니다. 사실 본경기를 앞두고 체력을 쏟아야 하는 어리석은 경기였습니다. 손기정은 마음과 몸이 다급한 경기를 했습니다.

스물두 번째로 운동장을 빠져나간 손기정은 경기 초반 자신의 페이스대로 하위 그룹에 처져 달렸습니다. 10km에 이르렀을 때 어느

덧 5위(34분 10초)로 뛰어오른 그는 서서히 페이스를 올렸습니다. 이때 영국의 하퍼 선수를 만났습니다. 옆에서 뛰던 어네스트 하퍼가 "슬로우, 슬로우" 하면서 그의 오버 페이스를 걱정했습니다. 하퍼는 선두를 달리는 아르헨티나의 자바라가 오버 페이스로 곧 무너질거라 예상하며 1위 아니면 2위를 확신한 채 자신의 페이스에 충실을 기하고 있었습니다. 그때 손기정 선수가 뒤에서 무서운 기세로 달려오더니 그를 앞지르려고 했습니다.

그러자 하퍼는 다시 천천히 달리라는 손짓을 보냈습니다. 그의 손짓에는 "이제 곧 자바라가 무너질 테니 우리가 1, 2위다, 페이스 조절을 해서 같이 뛰자"는 뜻이 포함되어 있었습니다. 손기정 선수도 이제까지의 기세를 누그러뜨리고 그의 손짓에 긍정적으로 응했습니다. 이후 두 선수는 한동안 러닝메이트로 함께 달리게 됩니다. 손기정 선수가 하퍼의 조언을 받아들인 것입니다. 마침내 경기가 끝이 났습니다. 손기정 금메달, 하퍼 은메달, 남승룡 동메달입니다. 만일 손기정이 하퍼의 조언을 받아들이지 않아 오버 페이스를 했다면 금메달은 없었을 것입니다.

지금 생각해 보면 하퍼라는 선수 참 오지랖도 넓습니다. 자기나 열심히 뛸 일이지 남까지 참견해 주며 달립니다. 이 중요한 경기에 경쟁 상대에게 조언이라니요? 하퍼가 바보 같기도 합니다. 훗날 둘은 친구가 되었다지요. 당시로서는 상상이 안 되는 일입니다. 대영제국의 청년이 식민지 청년과 친구가 된 것입니다. 훗날 회고에서 손기정은 하퍼의 조언이 나를 우승하게 만들었다고 말했습니다.

누가 가장 큰 사람입니까?

　오늘의 경쟁에서는 있을 수 없는 일입니다. 남을 밟고 올라서야 높은 자리에 앉게 되는 세상에서는 있을 수 없는 일입니다. 우리는 흔히 지는 것이 이기는 것이라고 말하고는 있지만 그것을 실천하는 사람은 거의 드뭅니다. 모두가 높아지기 위해 남을 끌어내리고 밟습니다. 오늘 우리의 본문은 바로 이것을 말하고 있습니다. 1절입니다.

　　그 때에 제자들이 예수께 다가와서 물었습니다. "하늘나라에서는 누가 가장 큰 사람입니까?"

　여기 '그 때에'는 언제일까요? 마태복음 17장 14절 이하는 간질병 걸린 아들을 예수님이 치유하는 이야기입니다. 이 아들의 아버지는 먼저 예수님의 제자들에게 찾아와 고쳐 달라고 했지만 제자들은 고치지 못했습니다. 이 이야기를 들은 예수님은 17장 17절에서 말씀하십니다.

　　예수께서 말씀하셨다. "아! 믿음이 없고 비뚤어진 세대여, 내가 언제까지 너희와 같이 있어야 하겠느냐? 내가 언제까지 너희에게 참아야 하겠느냐? 아이를 내게 데려오너라."

　이 세대를 믿음이 없고 비뚤어진 세대라고 비판하십니다. 그리고 예수님은 아이를 치유하면서 20절에서 제자들이 고치지 못하게 된 이유를 말씀하십니다.

예수께서 그들에게 대답하셨다. "너희의 믿음이 적기 때문이다. 내가 진정으로 너희에게 말한다. 너희에게 겨자씨 한 알만한 믿음이라도 있으면, 이 산더러 '여기에서 저기로 옮겨가라!' 하면 그대로 될 것이요, 너희가 못할 일이 없을 것이다."

제자들이 치유를 못 한다는 이유로 '믿음이 적기 때문'이라고 합니다. 겨자씨만 한, 잘 보이지 않는 작은 믿음도 없다는 것입니다. 제자들이기에 차마 믿음이 없다는 이야기는 못 하고 믿음이 적다고 합니다. 훗날 사도가 된 제자들의 체면을 마태가 지켜준 것입니다. 이 작은 사람을 생각하며 제자들은 18장 1절에서 물은 것입니다.

그 때에 제자들이 예수께 다가와서 물었다. "하늘 나라에서는 누가 가장 큰 사람입니까?"

여기 '그 때에'는 20절을 가리키는 말입니다. 훗날 사도가 된 자신들의 믿음이 적기에 천국, 하늘나라는 과연 어떤 사람들이 가는지 의아해 했을 것입니다. 예수님의 제자라는 사람도 못 가는 천국은 어떤 큰 사람이 가는지를 물은 것입니다. 믿음을 기준으로 삼을 때 믿음이 큰 사람이 누구냐는 것을 물은 것입니다. 여러분, 누가 믿음이 큽니까? 목사가 믿음이 큽니까? 장로가 믿음이 큽니까? 우리의 믿음의 크기는 얼마나 됩니까? 여러분, 말씀이라는 X-ray 앞에 서십시오. 그리고 믿음의 크기를 보십시오. 히브리서 4장 12절입니다.

하나님의 말씀은 살아 있고 힘이 있어서, 어떤 양날칼보다도 더 날카롭습니다. 그래서, 사람 속을 꿰뚫어 혼과 영을 갈라내고, 관절과 골수를 갈라 놓기까지 하며, 마음에 품은 생각과 의도를 밝혀냅니다.

하나님의 말씀 앞에서 우리는 벌거벗은 우리의 실체를 보게 됩니다. 특별히 믿음의 그 크기를 말입니다. 하나님은 말씀은 우리의 거울이기 때문입니다. 하나님의 말씀을 멀리할 때, 우리는 세상이 말하는 큰 것에 빠져 자신의 벌거벗은 자기 모습을 보지 못합니다. 하나님은 하나님을 떠난 이스라엘을 향하여 예언자 이사야에게 이사야 6장 9절에서 전하라고 합니다.

그러자 주님께서 말씀하셨다. "너는 가서 이 백성에게 '너희가 듣기는 늘 들어라. 그러나 깨닫지는 못한다. 너희가 보기는 늘 보아라. 그러나 알지 는 못한다' 하고 일러라."

본다고 보는 것이 아닙니다. 듣는다고 듣는 것이 아닙니다. 왜 그럴까요? 듣고 싶은 것만 들으려고 하기 때문입니다. 나를 정당화해 주는 것, 남은 틀렸고 나만 맞았고, 자기 의만 듣고 싶어 합니다. 쓴소리는 싫어합니다. 사실 깨닫고 보면 그 쓴소리가 나를, 내 믿음을 제대로 본 말씀입니다. 그래서 사람 속을 꿰뚫어 혼과 영을 갈라내고, 관절과 골수를 갈라놓는 아픔이 있습니다. 아프지 않은 말씀은 없습니다. 그리고 무엇보다도 바라는 것이 다릅니다. 하나님의 뜻이 다르고, 내 뜻이 다릅니다.

사실 우리는 믿음의 크기를 원하지 않습니다. 우리는 권력의 크기, 소유의 크기에 간절합니다. 누가 높은 사람인가? 누가 많이 가진 사람인가? 이들도 이것이 관심사였습니다. 제자들은 하늘나라도 세상처럼 계급이 있고 계층이 있다고 생각했습니다. 그래서 하늘나라에서도 누가 크냐고 다툼을 벌입니다. 이것이 우리의 현실입니다. 이현실이 하늘나라에서도 이어집니다. 이 질문은 우리의 질문입니다. 누가실세야? 누가 일등이냐? 누가 제일 인기야? 누가 돈이 많아? 누가 더 높아? 누가 더 커? 이 질문에 우리는 열등감을 갖기도 하고 우월감을 갖기도합니다. 만일 천국에서도 누가 크냐로 다툼이 있다면 저는 하늘나라에별로 가고 싶지 않습니다. 하늘나라가 큰 자만 가는 곳이라면 저는 별로내키지 않습니다. 하늘나라에서도 어느 교회가 수적으로 크냐는 것이중요하다면 저는 그 천국에 미련이 없습니다.

여러분, 어떻습니까? 천국에서도 이력서를 가지고 입문하는 곳이라면 그 천국에 가렵니까? 천국에서도 가진 재산을 가지고 사람을평가한다면 거기 가시겠습니까? 천국에서도 가진 지위를 가지고 사람을 크고 작음을 논한다면 거기 가시겠습니까? 천국에서도 학력을가지고 사람을 나눈다면 거기 가시겠습니까?

걸려 넘어지게 하다

얼마 전 결혼 대행 회사에서 전화가 왔습니다. 저에 대해 어디서알았는지 "거기 목사님 댁입니까?"라고 묻습니다. 그리고 결혼 적령기가 된 자녀가 있는지를 물으며 하는 말이 "믿음 좋은 신랑, 신붓감이많습니다"라고 말하는 것이었습니다. 믿음도 상품이 되고 있습니다. 믿음도 계층이 있다는 말입니까? 믿음으로 사람의 높낮이가 결정됩니까? 그런 천국이라면 세상과 무엇이 다르겠습니까? 이에 예수님은 본문 2절에서 한 어린아이를 불러 그들 가운데 세우십니다.

예수께서 어린이 하나를 곁으로 불러서, 그들 가운데 세우시고

어린이는 누구나 인정하는 가장 작은 자입니다. 어쩌면 이 작은 자는 말 그대로 어린이뿐이 아닙니다. 6절 이하를 보면 어린이는 모든 작은 자, 모든 약자를 대표합니다. 큰 것을 두고 질문하는 제자들에게 예수님은 한 작은 어린아이를 그들 가운데 세우십니다. 작은 자는 주변에 밀려 있는 것이 현실입니다. 중심에 들어오지 못합니다. 그리고 장애인 등 약자는 주변으로 밀려 있습니다. 그런데 주님은 주변에 있는 어린이 하나를 불러 그들 가운데 세우십니다. 주변으로 밀려 있는 작은 자들, 약자들을 가운데, 중심으로 세우십니다. 역설적인 예수님의 대응입니다. 큰 것을 논하는 사람들 앞에 예수님은 작은 것을 세우십니다. 그리고 본문 3절에서 말씀하십니다.

"내가 진정으로 너희에게 말한다. 너희가 돌이켜서 어린이들과 같이 되지 않으면, 절대로 하늘 나라에 들어가지 못할 것이다."

누가 크냐를 논하는 제자들에게 예수님은 어린아이 하나를 그 가운데 세우시면서 돌이켜서 이 작은 어린아이들과 같지 아니하면 결단코 천국에 들어가지 못할 것이라고 말씀하십니다. 물론 돌이켜야 합니다. '돌이키다'라는 말의 헬라어는 스테레포(στρέφω)라고 하는데, 이 뜻은 '마음을 바꾸다'입니다. 늘 큰 것만을 추구한 마음을 바꾸어 작은 것, 약한 것을 소중히 여기는 것입니다. 이 작은 어린아이들과

같지 아니하면 결단코 천국에 들어가지 못할 것이라고 말씀하고 있는 것입니다. 그 어린이들, 약자들을 주변으로 밀어내서 그들을 걸려 넘어지게 하는 사람들에게 화가 있고, 그 화는 지옥이라고 말씀하십니다. 6절 이하입니다.

"나를 믿는 이 작은 사람 가운데서 하나라도 걸려 넘어지게 하는 사람은, 누구라도, 차라리 그 목에 큰 맷돌을 달고 깊은 바다에 빠지는 편이 낫다. 사람을 걸려 넘어지게 하는 일 때문에 세상에는 화가 있다. 걸려 넘어지게 하는 일이 없을 수는 없으나, 걸려 넘어지게 하는 일을 일으키는 그 사람에게는 화가 있다. 네 손이나 발이 너를 걸려 넘어지게 하거든, 그것을 찍어서 내버려라. 네가 두 손과 두 발을 가지고 영원한 불 속에 들어가는 것보다는, 차라리 손이나 발 없는 채로 생명에 들어가는 편이 낫다. 또 네 눈이 너를 걸려 넘어지게 하거든, 빼어 버려라. 네가 두 눈을 가지고 불붙는 지옥에 들어가는 것보다는, 차라리 한 눈으로 생명에 들어가는 편이 낫다."

서울시는 전국장애인연대를 걸려 넘어지게 했습니다. 정부는 강제 징용자들과 위안부 할머니들을 걸려 넘어지게 했습니다. 정부는 굴욕 외교로 우리 백성을 걸려 넘어지게 했습니다. 일본은 원폭 피해자들과 간토 대학살에 희생 당한 조선인들을 걸려 넘어지게 했습니다. 미국은 아메리칸 원주민들과 흑인들을 차별하고 혐오함으로 걸려 넘어지게 했습니다. 그들에게 화가 있을 것입니다.

우리는 누구를 걸려 넘어지게 하고 있습니까? 우리는 우리 자식을 지옥의 경쟁으로 몰아넣고 그들을 걸려 넘어지게 하고 있습니다. 우리는 자식을 성적과 스펙에 줄 세우고 있습니다. 그리고 이런 일이 자식을 위한 일이라고 말합니다. 우리는 지구를 황폐하게 만들어 종말로 치닫고 있습니다. 우리 미래 세대를 걸려 넘어지게 하고 있습니다. 결국 화가 있을 것입니다. 화의 종말 초침이 다가옵니다. 탐욕이 만든 화입니다. 불 화(火)입니다.

촉루관(觸樓觀)

그 욕심을 9절에서 '불붙는 지옥'이라고 말합니다. 왜 지옥을 불로 말하고 있는 것일까요? 사람에게서 가장 잘 타오르고 있는 것이 무엇입니까? 바로 욕심의 불입니다. 욕심이 불 일듯 일어나는 것이 사람입니다. 바로 거기가 지옥입니다. 욕망의 불덩이에 사로잡힌 사람, 바로 그 사람이 지옥입니다. 그래서 불교에서는 욕심으로 가득 찬 사람을 화택(火宅)이라고 합니다. 불타는 집이라는 말입니다. 거기가 지옥입니다. 욕망에 불이 붙을 때 아무것도 보이지 않습니다.

그 사람의 지위가 높든 낮든, 그 사람의 소유가 많든 적든 말씀 앞에 세우면 고스란히 그의 사람됨이 드러납니다. 불교 수행법에 촉루관(觸樓觀)이라고 있습니다. 해골 촉(觸), 해골 루(褸)입니다. 아무리 예쁜 여자도 한꺼풀만 벗기면 다 해골입니다. 사실 임금이건 신하이건 벗기면 똑같은 사람입니다. 벌거벗겨 놓으면 같습니다. 그런데도 부와 지위의 옷을 입혀 놓으면 사람들은 우월감을 갖기도 하고, 반대로 열등감을 갖기도 합니다.

제가 처음 목사가 막 되고 원주에서 목회할 때, 어느 날 예비군 훈련을 받았습니다. 똑같이 예비군 옷을 입었습니다. 아무도 저를 목사인 줄 모릅니다. 거기에는 가톨릭 신부도 있습니다. 거기에는 대학교수도 있습니다. 거기에는 꽤나 이름있는 큰 회사 사장도 있습니다. 의사도 있습니다. 그런데 예비군복을 입혀 놓으면 사람들은 자유롭습니다. 남이 있건 없건 가래침을 힘차게 뱉기도 합니다. 손가락하나로 한쪽 콧구멍을 막으며 코를 세게 풀어 댑니다. 그 예비군훈련을 하는 날만은 체면이고 뭐고 없습니다. 그리고 모두가 자유롭고 행복해 보입니다. 이제껏 자신의 지위, 소유라는 옷으로 가린 체면도 벗어던집니다. 벗겨 놓으면 사람은 같습니다. 그러나 신부 복장을 하고, 목사 가운을 입고, 의사의 흰 가운을 입고, 멋진 양복을 입고 논바닥에서 모여 희희덕거리며 볼일을 보는 자유를 누릴 수 없습니다. 그날은 모두가 작은 자입니다. 누구 하나 높아지려는 사람이 없습니다. 4절입니다.

"그러므로 누구든지 이 어린이와 같이 자기를 낮추는 사람이 하늘 나라에 서는 가장 큰 사람이다."

낮춤의 깨달음

자기를 낮추는 사람은 겸손을 떠는 사람이 아닙니다. 자기가 작은 자임을 아는 사람입니다. 자기성찰을 할 줄 아는 사람입니다. 자기가 누구인 줄을 제대로 아는 사람입니다. 바로 이런 사람이 천국에서는 큰 자라고 말씀하십니다. 그리고 돌이켜 자신이 작은 자임을 아는 사람이 천국에 들어갈 수 있다고 말합니다. 아니, 자기 자신이 작은 자임을 알 때 비로소 천국을 살 수 있습니다. 옛 선조들은 언제나 부모 앞에서는 자기를 '소자'라고 말했고, 스승과 어르신들 앞에서는

'소인'이라고 말했습니다. 자신이 작은 자임을 알았기 때문입니다. 예수님 자신이 그러했습니다. 마태복음 11장 29절에서 주님은 자신을 두고 "나는 마음이 온유하고 겸손하니, 내 멍에를 메고 나한테 배워라. 그리하면 너희는 마음에 쉼을 얻을 것이다"라고 말씀하십니다. 자신은 아직 멀었다는 말입니다.

마태복음을 읽다 보면 '작다'는 말이 많이 나옵니다. 마태교회는 작은 자들의 모임입니다. 왜 마태는 자신들의 공동체 일원을 어린아이들 같은 작은 자로 보았을까요? 여러분, 우리는 언제 자신이 작다고 느낍니까? 간단합니다. 김수희의 <애모>라는 노래가 있습니다. 저는 이 노래가 왜 찬송가에 안 들어가 있는지 이해할 수가 없습니다. "그대 가슴에 얼굴을 묻고 오늘은 울고 싶어라"로 시작하는 노래입니다. 이 노래 중간에 이런 가사가 있습니다.

그대 앞에만 서면 나는 왜 작아지는가

사랑하는 사람 앞에서는 누구나 작아집니다. 사랑하는 사람 앞에서 큰 사람은 아직 사랑하지 않는 사람입니다. 마태교회는 작은 자들의 모임입니다. 마태교회는 서로가 작은 사람임을 아는 교회입니다. 주님 가슴에 얼굴을 묻고 울고 싶은 사람은 작은 사람입니다. 작은 것의 소중함을 아는 사람입니다. 마태교회는 작은 자들을 사랑하는 공동체입니다. 예수님은 나아가 본문 5절에서 말씀하십니다.

"또 누구든지 내 이름으로 이런 어린이 하나를 영접하면, 나를 영접하는 것이다."

여기 내 이름이란 스스로 죽기까지 낮아진 주님의 이름입니다. 그러나 그는 가장 큰 하나님의 자녀입니다. 그러나 천국에서는 가장 큰 자입니다. 하나님의 아들로서 그는 가장 작은 자로 세상에서 살았습니다. 하나님의 자녀는 자신이 하나님의 자녀임을 보면서 모든 사람을 하나님의 둘도 없는 소중한 자녀로 봅니다. 세상에서 눈여겨보지 않는 작은 사람도 하나님의 자녀로 소중하게 여깁니다.

이 보잘것없는 작은 자 하나를 영접하는 것, 바로 이것이 주님을 영접하는 것입니다. 그러나 세상은 작은 자를 소중히 여기지 않습니다. 그래서 차별을 하고 경멸합니다. 노숙자들을 천시하고 비정규직 노동자들, 외국인 노동자들을 차별, 혐오합니다. 가난한 자들에게 여전히 차갑습니다. 장애인들을 아직 멀리합니다. 강제로 철거 당한 이들의 아픔을 모릅니다. 성소수자들을 죄인으로 몰아갑니다. 자기만 의롭습니다. 당당합니다. 나는 맞고 너는 틀렸습니다. 그렇기에 다른 이들을 멸시합니다. 자기 의에 빠져 있습니다. 그러나 주님은 마태복음 18장 10절에서 말씀하십니다.

"너희는 이 작은 사람들 가운데서 한 사람이라도 업신여기지 않도록 조심하여라. 내가 너희에게 말한다. 하늘에서 그들의 천사들이 하늘에 계신 내 아버지의 얼굴을 늘 보고 있다."

그 작은 자가 바로 하늘나라의 주인입니다. 그래서 예수님은 크다는 대제사장, 바리새파 사람들, 율법학자들보다 세리와 창녀가 천국의 주인이라고 말씀하고 있습니다. 이 작은 자들을 영접하는 자가 바로 주님을 영접하는 자입니다. 바로 그들이 하나님 나라의 주인들입니다.

바로 그들 작은 자들이 하나님의 나라에서 큰 자들입니다. 우리 모두 작은 자들입니다. 우리 모두 작은 예수들입니다. 우리 모두 서로를 영접해야 할 작은 자들입니다. 우리 산돌은 마태교회처럼 작은 자들의 모임입니다. 작은 자들이 서로 영접하고, 위로하고, 격려하고, 사랑하고, 용서하고, 화해하고, 서로를 위해 기도하며 돌보고자 할 때 우리는 예수님을 영접하는 것이요, 바로 거기가 하나님의 나라입니다.

오늘 어린이 청소년 주일입니다. 이제 그들을 주변으로 밀어내지 마십시오. 그들을 지옥 같은 경쟁으로 몰아넣지 마십시오. 그들을 소중히 여겨 우리 가운데 세우십시오. 그들에게 배우십시오. 낮아지는 법을 배워 모든 사람에 대한 존중을 배우십시오. 우리 아이들의 미래를 황폐하게 하거나 뺏지 마십시오. 이 지구는 우리 아이들이 살 미래임을 잊지 마십시오. 그들의 미래가 우리의 생명입니다.

(2023. 5. 7. 어린이 청소년 주일 예배, 산돌교회에서 마지막 설교)

석천이 사랑한 세상
(칼럼, 집회)

바라바냐 예수냐

복음서에 의하면 예수 당시 명절 때마다 총독이 사람들이 요구하는 죄수 하나를 놓아주는 관례가 있었다고 합니다. 예수가 십자가 처형을 당할 당시 총독은 빌라도였습니다. 빌라도는 몰려온 무리에게 누굴 사면했으면 하느냐고 묻습니다. 사면 대상에 둘을 올려놓습니다. '바라바'와 '예수'입니다. 이때 예수 운동에 위협을 느낀 대제사장들에 의해 선동된 무리는 바라바를 놓아주고 예수를 십자가에 못 박으라고 거세게 요구했습니다. 여론은 바라바와 예수 중 단연 바라바였습니다. 바라바는 민란을 일으켜 사람들을 죽인 폭동의 수장입니다. 빌라도는 그 선택의 책임을 무리에게 돌립니다. 사실 빌라도에게는 예수의 죄의 유무는 별 관심이 없습니다. 그에겐 자신의 권력을 흔드는 유대인 무리의 소요가 더 중요했습니다.

'바라바'와 '예수', 실은 두 메시아입니다. '바라바'는 헬라어로 '아들'이라는 의미의 '바르'와 '하나님 아버지'를 뜻하는 '아빠', 두 단어의 결합입니다. '바라바'는 '하나님의 아들'이라는 뜻입니다. 메시아 칭호입니다. '바라바'는 물리적 힘의 메시아입니다. 그에 비해 예수는 저항도 없이 잡혀 십자가에 달리신 힘없는 메시아입니다. 바라바는 강력한 힘의 메시아, 군사적 · 정치적 · 경제적 메시아입니다. 잘 먹고 잘사는 세상 나라의 메시아입니다. 예수가 꿈꿨던 세상은 강력한 통치의 세상이 아니라 생명과 평화로 이끌어지는 하나님의 나라입니다. 바라바가 지배의 메시아라면, 예수는 섬김의 메시아입니다. 바라바가 남을 죽여 자기를 세우는 메시아라면, 예수는 자기를 죽여 남을 구원하는 메시아입니다.

5월이 오면 생각나는 역사가 있습니다. 지배의 두 역사입니다. 바라바의 역사입니다. 5.16과 5.18입니다. 남을 죽여 자기를 세운 역사입니다. 두 독재자는 메시아로 칭송되기도 합니다. 하나는 반만년 가난한 이 나라를 구했다는 것으로 '반신반인'으로 칭송되기도 하고 또 하나는 '민주화의 아버지'라고 자화자찬입니다. 메시아를 자처하는 사람들입니다. 지배의 메시아들입니다. 그들은 탱크와 장갑차, 헬기 등 무력을 앞세우고 백성을 적으로 여기고 서울과 광주를 유린했습니다. 우리 시대의 바라바들입니다. 그들은 한결같이 나라를 위한 무력이 었다고 말합니다. 자의든, 타의든 상당한 무리도 그들을 지지합니다. 그들이 지배하는 시대에 신문도, 방송도 앞다투어 그들을 찬양합니다. 종교도 예외는 아닙니다. 나라를 구한 지도자로 찬양하고, 그들의 권력이 굳건하게 세워지도록 기도합니다. '조찬 기도회'라는 말은 어용의 대명사가 된 지 오래입니다.

무력의 지배만 지배가 아닙니다. 군사적 · 정치적 지배만이 아니라 경제적 지배 역시 예외일 수 없습니다. 여전히 유전무죄 무전유죄입니다. 돈의 위력, 경제적 힘의 위력입니다. 그래서 무슨 죄를 지었든 재벌을 사면하자고 합니다. 경제의 바라바를 놓아달라고 합니다. 그 여론이 70%라는 보도도 여기저기 있습니다. 돈이 있으면 그가 메시아입니다. 그래서 선거 때마다 공약의 1위는 경제 살리기입니다. 경제 제일주의입니다. 사람다움을 공약으로 말하는 사람은 없습니다. 차별과 혐오는 여전히 선거의 금기 사항입니다. 아직도 차별금지법 하나 만들지 못하고 있습니다. 표를 의식하느라 가야 할 길을 가지 않습니다. 섬김의 표가 아니라 권력의 표, 지배의 표 말입니다.

아직 제도적 민주주의조차 갈 길이 멀지만, 경제적 지배는 더욱 기승을 부립니다. 황금만능주의, 물량주의는 계층을 공고히 했습니다. 빈익빈 부익부는 더욱 굳어져 가 개천에 용이 나는 일은 없게 되었습니다. N포 세대의 N은 늘어만 갑니다. 그 옛날 만석보 집안에 사회주의자가 많다는 낭만의 시대는 지났습니다. 무엇이든 기득권을 내려놓기가 쉽지 않겠지만, 부의 기득권은 더욱 그렇습니다. 이미 오래전부터 자본주의가 세상을 지배합니다. 물질이 근본이 되는 세상, 그래서 자(資)가 본(本)이 되는 자본주의(資本主義) 세상입니다. 근본이 물질이라는데, 당연히 재벌이 메시아 바라바입니다. 가치가 그러하니 사람들이 다 "돈, 돈" 할 수밖에 없습니다.

그러나 5.18은 무력의 메시아 바라바만 나부낀다고 절망만 하지는 않습니다. 바라바가 있다면 예수도 있습니다. 쿠데타를 일으켜 세상을 구하겠다는 메시아, 바라바만 있는 것은 아닙니다. 남을 죽여 자기를 세우는 바라바도 있지만, 자기를 죽여 남을 살리는 예수도 있습니다. 5월 광주의 영령들이 그러합니다. 그들이 없었다면 이 땅은 아직 지배의 메시아, 힘의 메시아가 판을 치고 있었을 것입니다. 민주주의는 피를 먹고 산다지요? 그 피가 어디 하늘에서 떨어지나요? 이 땅의 예수들이 흘린 피가 있었습니다. 지배의 메시아가 아니라 죽기까지 한 섬김의 메시아들이 있었습니다. 그들 중에는 어느 찬송가의 가사처럼 '이름 없이 빛도 없이' 사라져 간 민초들이 있었습니다. 우리 시대의 진정한 메시아들입니다. 그런데 그들은 총탄에 쓰러져 간 힘없는 예수 메시아들입니다. 그러나 그들이 진정한 역사를 만듭니다.

그러나 무리는 그들을 선택하지 않습니다. 여전히 힘의 메시아를 사면하라고 합니다. 정치든, 경제든 말입니다. 하긴 나라를 위해, 백성을 위해 나라를 일본에 넘겼다는 이상한 애국자도 있습니다. 그렇다면 자기 목숨을 초개처럼 버려 독립운동을 한 사람들은 무엇입니까? 그들 중 많은 분이 이름 없이 빛도 없이 사라졌습니다. 빛 이야기가 나왔으니 말합니다만, 예수는 "너희는 세상의 소금과 빛이다"라고 말씀하십니다. 소금은 녹아야 맛을 내고, 빛은 태워야 발합니다. 흔적도 없이 녹고 사라져야, 맛을 내고 태워 사라져야 밝아집니다. 맛깔 나는 세상, 밝은 세상은 온갖 부와 명예를 얻어가며 나라를 팔아먹은 데서 이루어지는 것이 아닙니다. 그 이름을 내세우려는 한 그것은 가짜 메시아, 지배의 거짓 메시아일 뿐입니다.

1970년 11월 22살 전태일은 자신을 불태웠습니다. 그는 일기에 "나를 버리고, 나를 죽이고 가자"고 썼습니다. 그는 알고 있었습니다. 이렇게 알리지 않고서는 평화시장의 어린 노동자들이 살길이 없음을 알았습니다. 소설가 김훈은 그의 이 일기를 생각하며 이렇게 말합니다.

> 그가 자신의 죽음을 차분하게 준비하면서 시대의 희생 제단을 향해 스스로 나아가던 마지막 날들의 내면의 모습을 보여준다. 그는 절망을 저항으로 전환시켰고, 저항의 연대를 이루어 냈고, 시대 전체를 지배하던 경부고속도로의 이데올로기를 밀쳐내고 인간의 공간을 확보했다.

그는 자기를 태워 세상의 빛이 되었습니다. 그런데 그런 그를 자살했다며 장례를 치러줄 수 없다고 한 종교인은 도대체 누구인가요? 그럼 죽을 줄 알고 십자가의 길을 갔던 예수도 죽음을 작정했는데 그것도 자살인가요? 한국 기독교계는 바로 전태일을 통해 비로소 역사적 예수를 발견합니다. 그래서 나온 신학이 '민중신학'입니다. 민중신학은 바로 이 구체적 사건에서 나온 신학입니다. 한 노동자의 산화에서 나온 살아 있는 신학입니다. 한국 기독교는 비로소 그를 통해 십자가의 예수를 경험합니다. 바라바 메시아로서는 결코 찾을 수 없는 신학입니다.

전태일은 기꺼이 자기 십자가를 졌습니다. 많은 그리스도인이 예수의 십자가만 생각합니다. 예수의 십자가로만 구원 받았다고 여깁니다. 당사자 예수는 전혀 다른 이야기를 우리에게 전해줍니다.

"나를 따라오려고 하는 사람은, 자기를 부인하고, 자기 십자가를 지고, 나를 따라오너라"(막 8:34).

예수의 십자가가 아니라 '자기 십자가'를 말합니다. 예수의 십자가에 편승하는 것이 구원이 아닙니다. 자기 십자가입니다. 자기희생입니다. 희생은 값입니다. 값진 삶이 되려면 값을 치러야 합니다. 사실 그리스도인들은 예수의 십자가가 은혜라고 고백합니다. 은혜는 빚을 진 것입니다. 그럼 갚아야 합니다. 자기 십자가로.

전태일 산화 50년이 지났습니다. 그사이에 많은 전태일, 너무나 많은 예수들이 있었습니다. 그러나 노동의 성적표는 참담합니다. 아직 자기 십자가가 부족합니까? 여전히 부와 지배의 메시아가 우리의 여론입니다. 여전히 우리는 바라바를 놓아주고 예수를 십자가에 못 박으라고 말합니다. 아직 치를 값이 많이 남아 있나 봅니다. 비정규직 노동자에 대한 차별, 필수노동자들의 과로사와 늘어만 가는 안전사고, 이주 노동자 문제 등 그 심각성은 쌓여만 갑니다. 갑질하는 지배의 메시아들은 이들에게 관심이 없습니다. 그저 착취의 대상일 뿐입니다.

지난 4월, 또 입으로만 4.3, 4.19 그리고 4.16을 말했습니다. 4.3의 배후에는 강력한 지배의 메시아 미국이 존재합니다. 5.18까지, 아니 지금까지 이 지배의 메시아는 방위비 분담금이라는 명목으로 우리를 갈취합니다. 분단의 선은 누가 그었는가? 그러고도 지켜줄 테니 돈 내라는 것입니다. 어디서 본 옛날 시장 건달들 이야기 같습니다. 우리 사회 비극의 사건 뒤에는 어김없이 미국이 있습니다. 그런데 '아름다운 나라'라니 어이가 없습니다. 그럼에도 여전히 무리는 바라바 메시아를 칭송합니다. 전시 작전권조차 바라바에게 내어준 군사대국 7위, 경제대국 10위가 너무 부끄럽습니다. 남북 문제에는 미국의 승인을 받았냐고 묻는 정당도 있으니 말입니다. 아직 청산되지 않은 친일, 친미 사대주의는 바라바의 DNA를 짙게 이어갑니다. 언제쯤이나 예수를 선택할지…. 그 예수를 믿는 종교 역시 세습, 탈세, 횡령, 추행으로 기득권을 고수하고 있으니 확실히 하나님을 잘 믿는다는 대제사장이 사주한 무리라는 부끄러움뿐입니다. 바라바냐, 예수냐. 아직도, 아니 갈수록 너무 쉽고 당연한 선택이 아닌가 싶어 쓸쓸한 5월입니다.

(2021. 5. 16. 「목포시민신문」)

광야의 소리

신약성서 복음서 중 가장 먼저 쓰인 마가복음의 첫 배경은 광야입니다. '광야의 외치는 소리', 세례 요한의 이야기로 시작됩니다. 요한은 낙타 털옷을 입고, 허리에 가죽 띠를 띠고, 메뚜기와 들꿀을 먹고 살았습니다. 메시아가 오기 전에 예언자 엘리야가 올 것이라는 구약성서의 증언이 있는데, 요한이 영락없는 그 엘리야입니다. 구약성서에서 예언자는 왕권이 수립되면서 등장합니다. 왕의 부당한 권력 남용, 억압, 그로 인한 부정과 부패 그리고 비리를 고발합니다.

예언자란 미래를 알아맞히는 점쟁이가 아닙니다. 히브리어로 예언자는 '나비'라고 하는데, 이 말은 '대신 전하다'라는 히브리어 '나바'에서 온 말입니다. 누구의 말을 대신 전하는가? 하나님의 말씀을 전합니다. 그래서 실질적인 내용으로는 '대언자'입니다. 그러나 예언자라고 부르는 것은 하나님의 말씀이 미래에 성취되는 약속의 말씀이기 때문입니다. 예언자들은 권력의 불의에 대해 두려웠지만 사심 없이, 가감 없이 전했습니다. 그러려면 왕과 상당한 거리가 있어야 합니다. 만일 왕의 눈치를 본다면, 왕이 주는 녹에 기대며 산다면 제대로 하나님의 말씀을 전할 수 있겠습니까?

이제 예언자들이 왜 광야에 살았는지 알 것입니다. 광야는 제도권 밖이라는 말입니다. 그러므로 세례 요한이 가죽옷, 털옷을 입고 영양가 있는 메뚜기와 들꿀 등 자연산을 먹었다는 이야기는 잘 입고 잘 먹었다는 이야기가 아니라 제도권 밖 광야의 사람이었다는 것입니다. 그는 제도권 권력과 그것에 기생하는 사람들에게 회개를 촉구했습니다. 그가 얼마나 대단한 사람이었는가를 알 수 있는 대목은 당시의 종교 지도자들이라고 할 수 있는 사람들이 그에게도 세례를 받고자 왔다는 것입니다.

세례란 헬라어로 '밥티스마'인데, '씻다'라는 뜻의 헬라어 '밥티조'에서 나왔습니다. 그러나 강물에 몸을 담갔다고 사람이 깨끗해집니까? 몸만 잠시 깨끗해질 뿐입니다. 교회에서 물 몇 방울 떨어뜨렸다고 인간이 달라지던가요? 종교도 제도화되면 더 이상 종교가 아닙니다. 그러니 세례 요한이 보기에 물 한 번 담그고 죄를 씻겠다고 오는 종교 지도자들을 잘 봤겠습니까? "독사의 자식들아"라는 욕을 거침없이 해댑니다. 아마도 이런 욕 먹으러 오는 신자는 별로 없을 것입니다. 또한 교회도 이렇게 크게 성장하지는 못했을 것입니다. 그래서 그런지 예수가 세례를 주었다는 기록은 없습니다. 그의 삶과 그의 가르침이 세례이기 때문일 것입니다.

광야가 권력과 거리를 둔 위치라는 의미라는 점에 있어서 신약성서 복음서는 '광야'라는 말을 명사로 쓰지 않았습니다. 광야는 헬라어로 '호 에레모스'인데, '호'는 관사이고 '에레모스'는 형용사로 '외딴', '한적한'이라는 뜻입니다. 명사를 쓰지 않은 것은 의도적입니다. 제도권과 거리를 두겠다는 것입니다. 사람은 관계도 중요하지만, 경계는 더 중요합니다. 권력에 대해 경계가 없으면 권력과 쉽게 야합됩니다.

기독교 교회의 타락의 역사는 아주 오래되었습니다. 인간 마음속에 원래 있는 욕심이겠지만, 역사적으로 A.D. 313년 밀라노 칙령부터입니다. 교회가 로마 황제 콘스탄티누스가 내민 권력을 덥석 물면서 교회의 타락은 시작되었습니다. 그동안 잘 견딘 박해도 아무것도 아닌 것이 되었습니다. 교회가 부유해지고 권력화되면서 세습은 시작되었습니다. 그래서 오랜 시간을 거쳐 1139년 2차 라테리노 공의회에서 예외 없는 사제독신제법을 만들어 공포했을 정도입니다. 세습을 종식시킨 것은 다행이지만 제도화된 권력은 바티칸으로 집중되었습니다. 지방분권에서 중앙집권으로 이전한 것입니다. 여기서 일어난 부정과 부패는 개신교의 종교개혁으로 이어집니다. 종교개혁은 이런 권력을 하나님에게도 돌리자는 "오직 믿음으로!", "오직 은혜로!", "오직 말씀으로!"를 구호로 삼았지만, 결국은 권력을 개교회로 분산시킨 것입니다.

그러나 성서의 하나님은 권력으로 세상을 통치하지 않습니다. '전능하신 하나님'은 우리가 말하는 힘의 통치, 지배가 아닙니다. '전능하신 하나님'이란 히브리어로 '엘 샤따이'이며, 여기서 '엘'은 '하나님'이고 '샤따이'는 '두 개의 젖가슴'을 뜻합니다. 모성적 사랑의 하나님입니다. '하나님의 긍휼'에서 '긍휼' 역시 히브리어로 '라훔'인데, 그 뜻은 여성의 '자궁'을 뜻하는 히브리어 '레헴'에서 온 말입니다. 하나님의 통치는 모성적입니다. 지배가 아니라 섬김입니다. 이것이 하나님의 나라입니다. 하나님의 나라는 공간이 아닙니다. 가질 필요도 없습니다. 섬김 자체가 그 나라입니다.

이런 나라는 제도권에 없습니다. 제도권과 뚝 떨어진 외딴곳, 광야에 있습니다. 세례 요한, 즉 광야의 소리는 정직합니다. 불의한 권력에 두려워하지 않습니다. 결국 헤롯왕의 부정을 지적하다 목이 베입니다. 헤롯의 생일이었습니다. 자기가 태어난 날 그는 의인을 죽여 축하합니다. 불의한 권력은 남을 죽여 권력을 세웁니다. 자기를 죽여 남을 살리는 예수의 십자가와는 정반대입니다. 제도와 광야의 차이입니다. 이승만, 박정희, 전두환은 백성을 죽여 자신의 권력을 세웠습니다. 자기가 살기 위해 남을 죽입니다. 권력의 속성입니다. 이들은 그 누구보다도 백성을 더 많이 죽였을 것입니다.

그런데 개신교의 영향력 있다는 지도자들이 권력의 중심을 배회합니다. 한국교회의 거대 급성장에는 바로 이 권력이 배경에 있습니다. '조찬 기도회'는 불의한 권력을 비호하며 찬양하는 자리입니다. 평상시에는 '예수 천당, 불신 지옥'을 주장하다가도 권력만 만나면 그가 예수를 믿건, 누구를 믿건 상관하지 않습니다. 심지어는 사이비 주술과 무속을 자행해도 그 권력을 추종합니다. 그들이 믿는 것은 권력과 맘몬(재물의 신)입니다. 그 권력도 하나님의 이름으로 찬양하고 기도합니다. 그들이 믿고 있는 하나님의 이름을 더럽혀도 상관없습니다. 오직 권력입니다. 혹시 작은 교회들이 이들을 성공의 모델로 여기지 않을까 염려됩니다.

우리는 그 개신교 지도자들이 제주4.3민중항쟁, 여순민중항쟁 등 양민 학살, 5.18민중항쟁, 용산참사, 세월호참사의 억울한 진상 규명과 책임자 처벌을 기도했다는 이야기를 들은 적이 없습니다. 그들이 살인적인 해고를 당하여 죽임을 당하고 망루에 올라서 농성하는 가난한 노동자들에게 갔다는 이야기를 들어본 적이 없습니다. 그들은 제도권을 벗어나 본 적이 없습니다. 그들은 광야의 소리를 외면합니다.

종교가 이 정도니, 정치는 말하나 마나입니다. 제도권 정치는 더합니다. 국민이 180석을 줘도 세월호 진상 규명은 이제 관심도 없습니다. 철저히 밝히고 책임자를 처벌하겠다는 공약은 어디로 갔습니까? 책임자 처벌은 있을 수도 없습니다. 권력은 권력을 상대할 뿐 권력을 해치지 않습니다. 그 권력이 불의하든 말든 말입니다. 오히려 쓸만한 적대적인 권력을 파트너로 삼는 것은 아닌가 생각할 정도입니다. 적과의 동침입니다. 여당과 야당은 서로 파트너입니다. 죽일 듯이 싸우면서도 칼로 물을 베는 부부 모습입니다. 둘 다 제도권입니다. 광야가 아닙니다. 제도권에서 권력을 유지하고 싶은 것입니다.

민주당은 오랫동안 야당을 했습니다. 야당(野黨)의 야는 들 야(野)입니다. 광야(廣野)의 '야'입니다. 그러나 세 번의 권력을 잡더니 그 야성을 잃어버린 지 오래입니다. 안하무인입니다. 당헌까지 바꿔 성범죄를 범한 두 시장을 보궐 선거에 입후보자로 냈습니다. 둘 다 떨어졌습니다. 백성을 어떻게 보고 이런 짓을 합니까? 측은하기까지 합니다. 제도권의 권력은 자신을 보지 못합니다. 광야에 없기 때문입니다. 광야는 제도권에서 떨어진 곳입니다. 그래서 광야에서는 자신이 제도권의 일상에서 어떻게 살았는가를 봅니다. 자기성찰입니다. 예수는 그의 공생애 동안 사람들을 치유하고 돌보는 그 바쁜 일정에서도 이것을 놓치지 않았습니다.

아주 이른 새벽에, 예수께서 일어나서 외딴곳으로 나가셔서, 거기에서 기도하고 계셨다.

이른 새벽, 사람들이 활동하지 않는 광야의 시간입니다. 외딴곳, 자신의 일상에서 떨어진 광야입니다. 그리고 거기서 기도하십니다. 이 시제는 미완료입니다. 미완료란 규칙적인 습관입니다. 광야에 머물러 자신을 돌아보며 하나님의 뜻을 구하는 것을 평생 하셨다는 것입니다. 그는 평생 제도권으로 가지 않았습니다. 사실 제도권은 적어도 교회의 자리는 아닙니다. 그리고 그 역시 광야의 소리로 십자가에서 죽임을 당했습니다. 그러나 그 광야의 소리는 2,000년이 지난 작은 예수들에 의해 그리고 광야에 머무르고 있는 재야의 사람(在野人士)들에 의해 외쳐졌습니다. 나는 그것이 예수의 부활이라고 믿습니다.

「목포시민신문」이 NGO 필진들을 위한 칼럼을 마련해 주어 감사합니다. 「목포시민신문」이 광야의 외치는 소리가 되려고 작정했나 봅니다. NGO는 말 그대로 비정부기구입니다. 광야에 적을 둔 것입니다. 광야에서 외치는 소리가 되기를 기도합니다. 우리의 외침에 광야를 잃어버린 정치, 종교, 교육, 노동, 예술 그리고 우리 사회가 광야로 돌아오기를 바랍니다.

(2022. 2. 18. 「목포시민신문」)

기득권자들의 운명

    구약성서에서 출애굽기는 이스라엘이 이집트를 탈출한 해방과 독립의 이야기입니다. 그런데 실제로 성서의 몇몇 기록에는 탈출이 아니라 추방으로 되어 있습니다. "강한 손으로 말미암아 바로(이집트의 왕)가 그들(이스라엘, 히브리 노예)을 보내리라 강한 손으로 말미암아 그들을 바로가 그의 땅에서 쫓아내리라"(출 6:1), "그(바로)가 너희(이스라엘)를 여기서 내보내리라 그가 너희를 내보낼 때에는 여기서 반드시 다 쫓아내리니"(출 11:1). 이 기록에 의하면 탈출한 것이 아니고 내보낸 것이고, 쫓아낸 것입니다. 탈출이 아니라 추방입니다.

    탈출과 추방, 어느 것이 사실(fact)일까요? 추방이 사실에 가깝습니다. 이집트 고대 문서에 의하면, 이들 이스라엘 백성인 히브리 노예들이 외부 세력과 연대하여 반란을 일으키려고 하기 때문에 쫓아낸 것으로 기록되어 있습니다. 그러나 진실(truth)은 다릅니다. 진실은 탈출입니다. 그 진실은 성서의 해석입니다. 성서는 추방이라는 사실을 탈출이라는 진실로 해석했습니다. 추방의 주체는 이집트의 왕 바로이고, 탈출의 주체는 이스라엘의 하나님입니다. 그래서 탈출(출애굽)은 그들 이스라엘의 신앙고백이 되었습니다.

    함석헌 선생은 그의 저서 『뜻으로 본 한국 역사』에서 일제로부터의 8.15해방을 연합군에 의한 해방이 아니라 '하늘이 준 떡'이라고 했습니다. 우리 백성에게 준 하나님의 선물이라고 해석한 것입니다. 그는 8.15해방을 하늘이 우리 백성에게 내린 '씨올의 해방'으로 해석했습니다. 사실은 미국을 중심으로 한 연합군의 해방입니다. 그러나 생각해보십시오. 왜 그들이 우리를 해방시키겠습니까? 뭐가 예뻐 해방시키겠습니까? 결국 해방이 아니라 즉시 분단이었지 않았을까요? 진실은 우리의 해석에 달려 있습니다. 우리의 역사 해석이 우리의 역사의식입니다. 다만 8.15 당시 우리 백성은 하늘이 준 선물임을 읽지 못했습니다. 즉, 제대로 해석하지 못한 것입니다. 아직 우리의 의식이 주체적이지 못한 것입니다. 아직 주인의 의식이 아니었습니다.

우리가 구약성서에서 배울 점이 있다면 이집트의 바로가 내린 추방을 성서는 하늘이 준 탈출로 해석했다는 것입니다. 이스라엘의 하나님 야훼는 그 자신을 이스라엘 조상의 하나님이라고 소개합니다 (출 3:15). 즉, 이것은 이 해방이 이스라엘 백성, 씨올의 신앙고백 속에서 그들이 주체임을 밝히고 있는 것입니다. 이 하나님의 이름이 야훼이고, 그 뜻은 '나'라는 말입니다. 출애굽 해방은 노예에서 주인이 되는, '나'라는 주체성의 회복에 있다는 것입니다. 그렇기에 민은 하늘에 있는 '나'입니다.

예전보다 나아졌지만 아직도 우리는 8.15해방을 주체적으로 해석하지 못하고 있습니다. 우리의 해방에 '나'가 존재하지 않은 채 계속되었기 때문입니다. 그래서 아직 일제 억압에 의한 노예근성이 남아 있습니다. 친일의 잔재가 생각보다 깊습니다. 그래서 동학 이후 계속 외국 군대가 주둔하고 있고, 유사시 일본군을 받아들이겠다는 말을 반성 없이 해대고 있습니다. 게다가 아직 전시 작전권이 우리에게는 없습니다. 아직 갈 길이 멉니다.

'나'이신 야훼 하나님은 이스라엘에게 구체적인 주체성, 주인 됨을 요구합니다. 야훼는 모세에게 "백성에게 말하여 사람들에게 각기 이웃들에게 은금 패물을 구하게 하라 하시더니 여호와(야훼)께서 그 백성으로 애굽 사람의 은혜를 받게 하셨고 또 그 사람 모세는 애굽 땅에 있는 바로의 신하와 백성의 눈에 아주 위대하게 보였더라"(출 11:2)고 말합니다. 여기 이웃은 이집트 백성입니다. 이제 그들은 주인이 아닙니다. 이웃일 뿐입니다. 그리고 이제는 주인이 되어 그동안 노예로 희생한 노동의 대가를 요구하라는 것입니다. 그래서 오히려 이 요구로 이집트 사람들이 히브리 노예를 존엄한 주체적인 존재로 보기 시작했다는 것입니다. 그 지도자 모세는 아주 위대한 인물로 존중받게 된 것입니다.

그러나 이집트가 그 주인의 기득권을 쉽게 내려놓을 수 있겠습니까? 바로와 그 백성들이 그렇게 히브리 노예인 이스라엘 백성들을 쉽게 내보내 주겠습니까? 여기 10가지 재앙이 이어집니다. 이 재앙들은 400여 년 동안 히브리 노예를 억압한 이집트에 대한 하나님의 심판이 주된 내용입니다. 사실 기득권의 포기를 요구하는 내용입니다. 아홉 재앙은 이집트의 생명줄인 자연, 농사와 관련되어 있습니다. 그야말로 피비린내가 진동했습니다.

결정적으로 그 마지막 재앙의 대상은 이집트의 모든 처음 난 것, 맏아들, 맏배입니다. 장자는 기득권을 상징합니다. 맏아들은 재산 상속권을 갖습니다. 왕이나 귀족이라면 거기다 권력 상속도 갖습니다. 맏아들은 고대 사회에서 가장 큰 기득권입니다. 이 기득권을 가진 모든 살아 있는 존재를 해방의 마지막 희생 제물로 삼겠다는 것입니다. 기득권의 청산이 없이 진정한 해방과 독립은 없기 때문입니다.

유럽으로 말하자면 68혁명입니다. 68혁명은 대학에서 시작된 것으로 모든 억압으로부터의 해방이 그 정신입니다. 프랑스로 말하자면 자본으로부터 노동의 해방이고, 독일로 말하자면 나치 청산입니다. 기득권의 청산이 없이는 젖과 꿀이 흐르는 약속의 땅은 오지 않습니다. 나아가 이스라엘의 광야 40년은 기득권의 청산 맞은 편, 지배 당한 자의 노예근성의 청산입니다. 노예의 입장에서 그냥 얻어지는 해방은 없습니다. 그만한 값을 치러야 합니다. 나다운 나의 과정은 값을 요구합니다. 그런데 정상적이라면 그 값은 기득권자들의 몫입니다.

이스라엘의 야훼 종교는 그 이름 그대로 '나'를 찾아가는 종교입니다. 그래서 이 종교는 사실상 종교에 머무르지 않습니다. 정치, 경제, 사회, 교육, 문화 등 모든 것에서 주체적인 '나'를 찾는 것입니다. 그래서 이스라엘의 광야 40년은 노예근성의 청산 기간이었고, 출애굽과 함께 그 이후 일어난 살벌한 가나안 봉건 군주들과 이스라엘의 싸움은 그 기득권의 청산 과정이었습니다. 이것이 가나안 정복 싸움의 본뜻입니다. 그래서 세운 나라가 사람이 아니라 하나님이 다스리는 나라입니다. 그래서 그 이름이 '하나님이 다스린다'는 뜻의 '이스라엘'입니다.

우리로 말하자면 일제 청산입니다. 그러나 아직 요원합니다. 오히려 역사의 퇴행이 벌어지고 있습니다. 이제는 노골적으로 일제 근대화론을 찬양합니다. 17대 국회에서 친일파 재산 환수법이 통과했습니다. 그러나 최종 법원은 친일의 손을 들어줍니다. 법을 만든 국회의원도, 그것을 적용하는 법관들도 얼마나 친일에 깊이 잠식되었는지를 잘 알게 해 주는 대목입니다. 법을 손에 쥔 이들이야말로 청산되어야 할 이집트의 장자입니다. 해방 전후 그들의 기득권은 요지부동입니다.

반성이란 없습니다. 그들은 권력의 입맛에 따라 움직입니다. 일제 강점기는 물론, 해방 이후 민간 독재 10년, 군부 독재 30년 그들은 한결같이 불의한 권력에 머리를 숙였습니다. 이제는 자본독재로 옮겼을 분이고, 오히려 이제는 그들이 권력의 정점에 있습니다. 불의한 개발 리베이트 50억 원을 아무렇지도 않게 여깁니다. 성 상납의 뚜렷한 영상에도 그들 눈은 색맹입니다. 부끄러움이 없습니다. 이젠 그 기득권에 익숙해질 대로 익숙해져 있는 것입니다.

젊은 대학생들이 민간 독재, 군사 독재에 저항할 때도 검찰을 비롯한 사법 권력과 언론 권력은 권력에 충성을 다하며 불의에 굴종했습니다. 그리고 제대로 된 사과 한마디 없이 기득권을 내려놓지 않았습니다. 오히려 더 강력한 기득권을 쌓는 것이 그들이 사는 길이라 생각하고 있는 것입니다. 어쩌면 정치권력과 함께 사법·언론 권력은 우리 시대 내려놓아야 할 이집트 장자일 것입니다. 그렇지 않으면 마지막 재앙의 대상이 될지도 모릅니다.

이 시대의 청산해야 할 맏아들이 적지 않습니다. 내려놓아야 할 맏배들의 장자 기득권이 즐비합니다. 종교, 교육, 경제, 문화, 학문 등 아닌 곳이 없습니다. 청산은 늦을수록 보편화됩니다. 청산하지 않은 의식은 하향 평준화되었고, 하향 평준화는 엄청난 불평등을 몰고 왔습니다. 누리고 있는 기득권에 익숙해질 때 불평등은 심화됩니다.

우리의 산업화가 가난한 노동자와 농민들의 희생 위에 세워진 것임을 부정하는 사람은 반인반신의 독재자를 신봉하는 사람들을 제외하고는 없습니다. 우리의 민주화 역시 민의 희생 위에 세워졌습니다. 이 과정에서 기득권을 내려놓는 일은 없었습니다. 아니, 기득권을 내려놓지 않았기에 민의 희생이 불가피했습니다. 그러나 기득권을 희생 제물로 삼지 않고서는 진정한 민주화, 진정한 산업화는 이루어지지 않습니다.

유럽이 68혁명으로 기득권을 청산하는 동안 우리나라는 오히려 그 기득권이 강화됐습니다. 5.16혁명 군부는 좌파 혁명이라는 의심을 떨쳐내기 위해 스스로 친미, 친일임을 내세우고 베트남 전쟁에 군대를 파병했습니다. 이미 유럽은 후에 미국도 인정한 통킹만 자작극을 기폭제로 일어난 미 제국의 전쟁이라는 것을 알고 있었는데, 우리나라는 이 추악한 전쟁에 유일하게 지상군을 파병했습니다. 자유 수호가 파병의 명분으로 그럴싸한 속임수였습니다. 어처구니가 없었습니다. 군부 독재는 이렇게 기득권을 쌓아갔습니다. 여기에 분단을 이유로 주민등록증을 만들고, 국민교육헌장을 외우게 했고, 향토 예비군과 학도호국단을 창설했고, 교련 과목을 들여왔습니다. 이렇게 온 나라를 병영화했습니다. 68과는 반대로 오히려 퇴행의 길로 기득권을 공고하게 강화해 간 것입니다. 여기에 미국은 요지부동, 최악의 기득권 제국입니다. 우리의 해방과 독립을 저해하는 가장 큰 이집트 장자입니다.

정치는 여든, 야든 기득권의 나눔에 불과했습니다. 보수 양당의 나눠 먹기식 권력 구조는 기득권을 위한 적대적 공생이었습니다. 특히 진보의 외연을 그럴싸하게 입은 민주당은 민의 6월항쟁, 촛불혁명 등으로 인한 탈기득권을 원래의 자리로 돌려놓는 우를 거듭했습니다. 그 우에는 기득권을 지키고 강화하기 위한 고의성이 농후합니다. 결국 정권 교체는 기득권의 나눔에 불과했습니다. 결국 민의 탈기득권 운동은 장자들의 기득권 내려놓기 없이는 진정한 민주화로 갈 수 없습니다. 기득권을 내려놓지 않으면 기득권을 갖고 있지 않은 민의 희생은 반복됩니다.

이번 주간이 기독교 교회에서는 고난 주간입니다. 고난 주간은 예수 당시에는 이집트로부터 해방을 기념하는 유월절 절기입니다. 예수는 유월절 희생 제물로 십자가에서 처형되었습니다. 예수는 당시 종교 지도자들과 정치 지도자들의 기득권 타파를 부르짖다가 오히려 그 기득권자들에 의해 재판 받고 처형 당했습니다.

하필 이번 고난 주간은 세월호참사 8주기와 함께 합니다. 그러나 아무것도 밝혀진 것이 없고 피해자와 그 가족의 고통만 남아 있을 뿐입니다. 다른 역사적 비극과 마찬가지로 피해자만 있고 가해자는 없습니다. 왜 이 백성이 180석을 몰아주었겠습니까? 세월호 진상 규명은 국가보안법 폐기와 함께 우리 정치의 시금석입니다. 그런데 왜 못할까요? 자신들의 기득권을 지키는 데 오히려 방해가 되기 때문 아닌가요?

2년이 넘는 팬데믹 재앙과 곧 닥쳐올 기후 재앙은 인류가 자연에 대해 단 한 번도 그 기득권을 내려놓지 않은 결과로 온 것입니다. 그 기득권은 개발 독재입니다. 이스라엘과 마찬가지로 우리가 아직도 한 번도 경험해 보지 못한 이 나라의 진정한 해방과 독립도 마지막 재앙을 남겨 놓고 있습니다. 민의 진정한 해방의 문 앞에 기득권자의 운명도 곧 임박한 것입니다.

(2022. 4. 15. 「목포시민신문」)

그 로고스 때문에

더러운 귀신 들린 딸을 둔 어머니가 있었습니다. 이 어머니가 예수를 찾아와 자기 딸에게서 그 귀신을 내쫓아달라고 청합니다. 신약성서 마가복음 7장 24절 이하의 이야기입니다. 우여곡절 끝에 이 딸에게서 귀신이 축출됩니다. 그런데 이상합니다. 이 딸을 예수에게 데려오지 않았는데 이 딸에게서 더러운 귀신이 나간 것입니다. 귀신 들린 당사자인 이 어머니의 딸은 집에 있고, 이 장면에는 등장하지 않았는데 치유된 것입니다.

신약성서에서 이와 비슷한 이야기가 또 있습니다. 마태복음 8장 5절 이하의 이야기인데, 로마 군대 장교인 백부장의 하인이 중풍병으로 고통이 심하였습니다. 그래서 그 백부장은 로마의 식민지인 이스라엘의 한 청년 예수를 찾아가 집에 있는 자기 하인을 고쳐 달라고 합니다. 그래서 예수는 가서 고쳐 주겠다고 합니다. 그런데 이 백부장은 오실 것 없다고 하면서 "다만 말씀으로만 하옵소서"(마 8:8)라며 명령만 하시라고 말합니다. 예수는 이만한 믿음을 본 적이 없다면서 백부장의 믿음 대로 집에 있는 이 하인이 치유되었다고 하십니다.

어떻게 당사자를 데려오지도 않았는데 집에 있는 당사자에게서 더러운 귀신이 나가고, 중풍병이 치유될 수 있는 것일까요? 오랫동안 교회는 이 이야기를 예수의 능력에 초점을 맞췄습니다. 예수는 메시아로서 원격 치유의 능력이 있다는 것입니다. 하나님의 아들 메시아이기에 할 수 있는 능력이라는 것입니다. 그렇게 믿겠다는 데에는 할 말이 없습니다. 그 속을 누가 알겠습니까? 더욱이 이 딸과 하인은 예수님과 대면하지도, 대화하지도 않았습니다. 이들의 삶과 마음이 새로워졌거나 이들의 믿음이 깊어져서 치유된 것도 아닙니다. 더러운 귀신이 나가고, 중풍병이 치유된 것은 당사자인 이들과 전혀 관련이 없습니다.

딸에게서 더러운 귀신이 나간 이유로 예수는 이 어머니의 '말'을 언급하십니다. "이 말을 하였으니 돌아가라 귀신이 네 딸에게서 나갔느니라"(막 7:29). 그리고 하인의 중풍병이 치유된 이유로 백부장의 '믿음'을 꼽았는데(마 8:10, 13), 그 믿음은 "다만 말씀으로만 하옵소서"라는 그의 말에 근거합니다. 딸의 어머니인 이 여인의 '말', 하인의 주인인 백부장의 '말씀'이 그 원인입니다. 그러니까 당사자인 딸과 하인과는 무관하게 딸의 어머니와 하인의 주인 때문에 이들이 낫게 된 것입니다. 여기 '말'과 '말씀'은 헬라어로 '로고스'입니다. 일반적으로 말하는 말이 아닙니다. 우리 말의 '정'(情)이나 '한'(恨)처럼 번역하기가 쉽지 않은 헬라어입니다. '근본', '깨달음'을 담고 있는 단어 '로고스'입니다. 이 어머니와 주인의 로고스 때문에 더러운 귀신이 나가고, 중풍병이 치유된 것입니다.

요한복음은 하나님의 창조를 말씀의 창조임을 말하면서 "태초에 말씀이 계시다"(요 1:1)라고 말합니다. 여기서 '말씀'도 '로고스'입니다. 어느 한문 성경은 이것을 '太初有道(태초유도)라고 했습니다. 즉, 로고스를 '도'(道, 길)라고 번역했는데, 이 말이 원뜻에 가장 가깝지 않나 싶습니다.

그렇다면 여인의 로고스는 무엇이었을까요? 그리고 백부장의 로고스는 무엇이었을까요? 여기서는 여인의 이야기에만 집중해 봅시다. 이 여인은 이방 여자입니다. "헬라인이요 수로보니게 족속"(막 7:26)이라고 했습니다. '헬라인'이라는 말은 당시 사회로 보면 상류층에 속했다는 말이고, '수로보니게 족속'이라는 말은 옛 시리아 제국의 페니키아인 후예라는 말인데 보통 집안이 아니라는 말입니다. 그런데 이 여인의 딸이 귀신 들린 것입니다.

그것도 그냥 귀신이 아니라 '더러운' 귀신입니다. 귀신이라는 말 때문에 우리는 이 '더러운'이라는 말을 미친 사람의 상태 혹은 신접한 빙의(憑依) 현상이라고 오해하기도 합니다. '귀신'은 헬라어로 '프뉴마'인데, '귀신'이라는 뜻도 있지만 '영', '마음'을 의미합니다. 이 사건 직전, 성서는 '더러운' 것에 대한 예수의 말씀을 전합니다. "무엇이든지 밖에서 들어가는 것이 능히 사람을 더럽게 하지 못함을 알지 못하느냐"(막 7:18) 하시고 이어 "사람에게서 나오는 그것이 사람을 더럽게 하느니라"(막 7:20) 하시면서 사람 마음에서 나오는 더러운 것을 열거하십니다. "속에서 곧 사람의 마음에서 나오는 것은 악한 생각 곧 음란과 도둑질과 살인과 간음과 탐욕과 악독과 속임과 음탕과 질투와 비방과 교만과 우매함이니 이 모든 악한 것이 다 속에서 나와서 사람을 더럽게 하느니라"(막 7:21-23). 우리가 흔히 말하는 인간의 더러운 심성과 악한 행위를 말한 것입니다. 일그러진 사람됨과 삶을 말한 것입니다. 이것이 더러운 귀신 들린 딸의 현실이었습니다.

그런데 이 이야기는 그 딸에 대한 것이 아니라 전부 어머니에 대한 것입니다. 앞서 말했듯이 문제의 당사자인 이 딸은 등장도 안 합니다. 이 딸의 어머니는 이방 여자지만 부유하고 지체 높은 가문의 여인입니다. 이 여인이 예수의 발 아래 엎드려 더러운 마음(영)에 사로잡혀 헤매는 딸을 바로 잡아달라는 간청을 합니다. 그런데 이런 사람들을 불쌍히 여기는 평소의 예수의 태도와는 다른 모습을 보이십니다. 적어도 귀신을 쫓아내려면 그 딸이 있는 집으로 가는 게 순서이고 또 그래야 마땅합니다. 평상시의 예수님이라면 그랬을 터인데, 이 장면에서 우리의 예상을 빗나갑니다.

예수는 딸의 상태는 묻지도 않습니다. 그 어머니만 상대합니다. 그런데 평소의 예수 같지 않습니다. 이 이방 여인, 지체 높은 여인을 개 취급합니다. 예수는 그녀에게 "자녀로 먼저 배불리 먹게 할지니 자녀의 떡을 취하여 개들에게 던짐이 마땅치 아니하니라"(막 7:27)고 말씀하십니다. 여기서 자녀는 예수의 동족 유대인을 말합니다. 원래 유대 율법은 이방인과의 상종을 금지합니다. 이방인 자체가 더러운 것이라고 여깁니다. 그런데 예수님마저 여기서는 그렇게 하시는 것입니다. 뭔가 이 여인을 시험을 하시는 것 같습니다. 이 여인에게서 뭔가를 확인하고 싶은 예수의 태도입니다.

여기 '개'는 헬라어로 '쿠나리온'인데, 개를 뜻하는 '퀴온'의 지소사로 강아지, 쉽게 말하면 '개xx'입니다. 헬라 상류층 페니키아 여인의 자긍심을 뭉개 버린 욕설입니다. 그런데 이 여인의 반응 역시 우리의 상상을 넘어섭니다. 예수가 준 모욕적 언사에 그녀는 말합니다. "주여 옳소이다마는 상 아래 개들도 아이들이 먹던 부스러기를 먹나이다"(막 7:28). 기가 막힙니다. 여기 떡 부스러기는 사실상 가르침을 상징합니다. 그 가르침을 얻기 위해 자신의 높은 신분, 가문이 주는 자존심 등을 버린 것입니다. 그녀는 왜 이 자존심을 버리고 자기와는 전혀 다른 식민지 이스라엘, 그것도 상놈 취급을 받는 갈릴리, 그것도 찢어지게 가난한 흙수저의 불온한 나사렛 출신 예수에게 가 엎드려 그 모욕을 받고 있을까요? 금수저가 흙수저에게 가르침을 절실히 구하고 있는 모양새입니다. 답은 여기에 있습니다. 이것이 그녀가 깨우친 로고스입니다. 여인은 귀신 들린 딸을 구하기 위해서 상류층의 문벌 좋은 기득권을 예수 앞에서 여지없이 내동댕이친 것입니다. 떡 부스러기 같은 작은 가르침이라도 딸을 위해서는 절실하게 받아들입니다. 그 부스러기 떡에 딸을 위한 가르침이 있기 때문입니다. "나를 개xx라고 불러도 좋습니다. 더러운 귀신 들린 우리 딸에게서 그 귀신이 나갈 수만 있다면 어떤 가르침도 받겠나이다"라는 그녀의 로고스입니다. 그 로고스, 그녀의 깨우침 때문에 예수는 그 여인에게 "돌아가라 귀신이 네 딸에게서 나갔느니라"(막 7:29)고 말씀하십니다.

도대체 이 딸은 무슨 더러운 귀신에 사로잡혀 있을까? 성서는 이 딸에 대해 더러운 귀신 들린 것 외에 아무것도 말하지 않습니다. 그러나 로고스를 아는 사람이라면 말하지 않아도 압니다. 이 딸의 치유는 이 어머니에게 달려 있었습니다. 혹 우리 식대로 말하자면 이 딸은 엄마 찬스라는 더러운 귀신에 사로잡혀 있던 것은 아닐까요? 여인은 엄마 찬스를 쓸만한 기득권을 내려놓았습니다. 이 어머니가 제정신이 되어야 이 딸이 바로 서지 않겠느냐는 말입니다.

오늘 우리 자식들의 미래는 오늘 부모인 우리에게 달려 있습니다. 오늘 경쟁 귀신 들린 우리 아이들입니다. 불평등 양극화라는 귀신 들린 우리 젊은이들입니다. 오늘 사교육 귀신 들린 우리 교육의 현실입니다. 오늘 스펙 귀신 들린 금수저 자녀들입니다. 그런데 이런 것들을 막아야 할 금수저 부모들이 오히려 자식을 위한답시고 더 부추깁니다. 아빠 찬스, 엄마 찬스는 기득권이 있기에 가능합니다. 그러나 자식을 더럽게 만드는 기득권입니다.

그 자식을 이렇게 만든 것이 누구일까? 예수는 그 원인을 당사자인 딸에게서 보지 않고 그 어머니에게서 본 것입니다. 그 딸을 둔 여야의 법무부 장관에게서 본 것입니다. 그들은 금수저의 기득권으로 자식을 경쟁의 승리와 지배라는 귀신에 사로잡히게 했습니다. 상류층 헬라 여자, 혈통으로도 문벌 좋은 페니키아인이기에 갖고 있는 금수저 기득권이 그녀의 딸을 더럽게 만든 것입니다. 그 기득권을 내려놓지 않으면 경쟁 귀신, 스펙 귀신은 딸을 떠나지 않습니다. 그리고 부모 잘 만난 것도 실력이라고 말할 것입니다. 세상에 이런 더러운 귀신이 어디 있겠습니까?

기득권, 그것이 재력이건 권력이건 선악과처럼 "먹음직도 하고 보암직도 하고 탐스럽게도"(창 3:6) 합니다. '선악과'는 모든 것을 선과 악, 좋고 나쁨, 높음과 낮음, 많음과 적음으로 나누어 보는 인간의 지혜, 분별지(分別智)입니다. 인간은 이렇게 갈라놓고 좋고, 많고, 높은 것을 선택합니다. 선택은 욕망입니다. 하와는 남편 아담에게까지 주었고, 남편은 뭔지 물어보지도 않고 좋은 것이려니 하고 받아먹었습니다. 거기 자식이 있었더라면 당연히 주고 먹였을 것입니다. 그 기득권으로 만들 수 있는 모든 것을 자식에게 해 주었을 것입니다. 고액 과외도 시키고, 일류 대학도 보내고, 그럴싸한 스펙도 쌓게 하고, 이상한 학술지에 논문도 내게 하는 등 이름을 날리는 온갖 것들을 해 주었을 것입니다. 나라도 그런 기득권을 가졌다면 그 유혹을 떨쳐내지 못했을 것입니다. 그러나 이 수로보니게 이방 여인은 떨쳐냈습니다. 자식을 살리기 위해서입니다. 욕망의 더러운 귀신에 사로잡히지 않게 하기 위해서입니다. 사람다운 사람의 길을 가게 하기 위해서입니다. 그녀에게는 이것이 절실한 로고스였습니다.

이 기득권을 잘라내지 않고서는 이 나라는 경쟁, 불평등, 불공평, 양극화라는 더러운 귀신으로부터 벗어날 수가 없습니다. 기득권을 내려놓을 부스러기 가르침이라도 준다면, 그것이 교육입니다. 그래야 우리의 아들딸이 귀신이 아니라 사람이 됩니다.

정신도 얼도 내팽개치고 資(자)가 本(본)이 되는 자본주의 귀신 들린 이 나라입니다. 사교육에 미친, 더러운 귀신 들린 나라도 우리나라입니다. 교육에 교육의 논리가 없고, 시장의 논리, 자본의 논리만 가득합니다. 우리 아이들이 자라서 무엇이 되겠습니까? 기득권을 쥐기 위해 혈안이 되지 않겠습니까?

기후 변화로 선한 연대를 해도 모자랄 판에 군대 귀신에 사로잡혀 더 큰 군대 귀신과 동맹하며 전쟁 연습하는 이 나라입니다. 여전히 기득권이 힘의 메시아로 나부낍니다. 기득권을 내려놓아야 하는 절실한 로고스가 없는 우리 교육입니다.

(2022. 6. 9. 「목포시민신문」)

우러러봄에서 꿰뚫어 봄으로

대통령 선거가 끝난 지 몇 달이 지나지 않았는데 허니문 기간도 없이 지지율이 내리막입니다. 대통령도 대통령이지만 유권자가 더 문제입니다. 두세 달도 못 지나 지지를 철회할 사람을 왜 뽑았는지 이해가 되지 않습니다. 그렇다고 이래도 지지하고 저래도 지지하는 콘크리트 지지층이 낫다는 이야기는 결코 아닙니다. 어쩌면 그것은 더 큰 문제일 수 있습니다. 둘 다 지도자를 보는 눈이 이상하기는 마찬가지입니다. 그 사람이 아니면 나라가 망할 것처럼 여기며 지지한 사람들은 도대체 무엇에 눈이 멀어 그토록 열광적으로 지지했으며 그리고 몇 달 되지도 않아 이번에는 무엇을 보았기에 그로부터 등을 돌리는가? 그리고 자나 깨나 지지하는 사람들은 무엇을 보았기에 도대체 해바라기가 되었는가? 사람 보는 그 눈이 심각한 상태입니다. 모두가 시각 장애인입니다.

신약성서 마가복음에는 예수가 한 시각 장애인을 치유하는 이야기(막 8:22-26)가 있습니다. 그런데 이 이야기가 좀 희한합니다. 이 시각 장애인은 단번에 치유되지 않습니다. 예수가 두 번에 걸쳐 손을 얹어 치유합니다(막 8:23, 25). 한 번에 눈을 뜨게 하지 못합니다. 그 정도로 이 시각 장애인이 중증인가? 아니면 단번에 고치지 못하는 예수의 치유 능력의 한계인가? 하나님의 아들이라면 단번에 치유해야 하는 것이 아닌가?

마가는 이 시각 장애인을 '눈먼 사람 하나'(막 8:22)라고 합니다. 이 '하나'는 대표 단수입니다. 누구를 대표하는가? 이 사건은 '벳새다'에서 벌어진 일입니다. '벳새다'라는 지명의 뜻이 '어부의 집'입니다. 예수의 제자 대다수가 어부 출신이라는 것을 생각나게 하는 의도적인 지명 설정이라고 봅니다. 더욱이 벳새다는 예수님의 수제자 베드로의 고향입니다(요 1:44). 그렇다면 '눈먼 사람 하나'는 예수의 제자들을 나타내는 대표 단수가 아닐까요?

사실 이미 이 치유 사건 직전에서 그 시각 장애인이 제자들이라는 증거는 더 뚜렷합니다. 빵 다섯 개와 물고기 두 마리로 오천 명을 먹이고도 열두 광주리가 남은 이야기(막 6:30-44)와 빵 일곱 개와 작은 물고기 몇 마리로 사천 명을 먹이고도 일곱 바구니가 남은 이야기(막 8:1-10)를 두고 제자들은 그 빵의 의미를 깨닫지 못했습니다. 예수는 두 이야기를 비교하면서 "아직도 깨닫지 못하느냐"(막 8:21)라는 화두를 던지며 답이 없이 끝냅니다. 문제를 낸 분이 답을 주지 않았으니 이 질문은 여전히 지난 2,000년 동안 시대를 넘어 우리 모두에게 던져진 화두입니다. 사실 제자들은 그저 먹고 배부른 생각만 한 것입니다. 그래서 예수는 제자들에게 "너희는 주의하여라. 바리새파 사람의 누룩과 헤롯의 누룩을 조심하여라"(막 8:15)라고 경고합니다. '누룩'이 상징하는 바는 '양적 힘'입니다. 그저 많고 높고 크면 그만인 당시 종교 지도자라고 할 수 있는 바리새파와 강력한 지배 권력 집단인 헤롯당의 시각입니다. 어쩌면 이 시각은 많고 높고 큰 것만을 추구하는 자본주의에 눈먼 우리의 시각일지 모릅니다. 앞서 예수가 제자들에게 말한 "주의하라"(호라오)도, "조심하여라"(블레포)도 모두 그 원뜻이

'보다'입니다. 결국 눈의 문제인 것입니다.

사람들이 '눈먼 사람 하나'를 데려왔습니다. 예수는 이 시각 장애인을 치유하기 위해 마을 밖으로 데리고 갑니다(막 8:23). 마을 안에서 치유하면 안 되나요? 안 됩니다. 마을은 많은 사람이 살아가는 곳입니다. 거기에는 그 마을을 지배하는 통념이 자리합니다. 로마 시대 통념의 마을, 그 마을에 사는 통념의 사람들이 무엇을 생각하며 살아가고 있겠습니까?

이 치유 이야기는 이 치유 직후 예수와 제자들이 가이사랴 빌립보라는 도시를 향한 길에서 벌어진 이야기와 맥을 같이합니다. 가이사랴 빌립보는 황제를 기념하기 위해 만든 도시입니다. 황제는 최고 권력자입니다. 이것이 당시 가장 중요한 지배 통념입니다. 이 도시를 향하면서 예수는 제자들에게 "사람들이 나를 누구라고 하느냐?"(막 8:27)고 물었습니다. 사람들이 예수를 보는 통념의 눈을 물은 것입니다. 제자들은 사람들이 예수를 이스라엘의 위대한 예언자로 손꼽히는 세례 요한이나 엘리야로 본다고 전합니다. 사람들은 예수를 위대한 예언자 반열에 올린 것입니다. 그러자 이번에는 예수는 제자들에게 "너희는 나를 누구라고 하느냐?"(막 8:29)고 물었습니다. 제자들의 눈을 물은 것입니다. 이에 베드로가 "당신은 그리스도입니다"라고 대답했습니다. '그리스도'란 메시아 칭호입니다. 그런데 예수는 베드로를 '꾸짖었습니다'(에피티마오, 막 8:30).

그런데 왜 예수는 베드로를 꾸짖었을까요? 더 높은 자리를 원한 것일까요? 여기서 시각 장애인을 치유한 이야기로 돌아가 봅시다. 예수는 그에게 손을 얹고 "무엇이 보이느냐?"(막 8:23)고 물었습니다. 그러자 그는 '쳐다봤습니다'(막 1:24). '쳐다보다'는 헬라어로 '아나블레포'입니다. '위로'라는 뜻의 전치사 '아나'와 '보다'라는 뜻의 동사 '블레포'의 합성어입니다. 예수를 쳐다보는 존재, 즉 '우러러본' 것입니다. 위대한 예언자와 메시아를 추앙하듯 우러러본 것입니다. 우러러보는 것, 이것이 종교와 정치의 가장 저급한 눈 뜨임입니다. 우러러보는 그 존재 앞에서 자신의 소원을 기도하고 기대합니다. 오늘의 종교와 정치의 통념이 아닐까요? 그저 우러러보며 구걸하고 환호하는 종교와 정치입니다. 예수 당시 유대인의 메시아 대망 사상입니다. 그 메시아가 와서 이스라엘을 로마의 지배로부터 구원해 줄 것이라고 여깁니다. 오늘 정치도 다르지 않습니다. 대통령 선거가 아니라 메시아 선거입니다. 우러러보는 지도자에 환호합니다. 모든 문제는 그가 해결할 것입니다. 이 통념을 벗어나지 못하고 있습니다. 그래서 예수는 마을 밖으로 이 시각 장애인을 데려간 것입니다. 우러러봄이 통념인 마을을 벗어나야 치유할 수 있다는 것입니다.

예수의 치유는 한발 더 나아갑니다. 두 번째 치유가 이어집니다. 그 시각 장애인은 뚫어지듯 봅니다. '뚫어지듯 보다'는 헬라어로 '디아블레포'입니다. '통하여'라는 뜻의 전치사와 '보다'라는 뜻의 동사 '블레포'의 합성어로, '꿰뚫어 보다'입니다. 비로소 시력이 완전히 회복되어 모든 것을 분명하게 보게 되었습니다(막 8:25). '분명하게 보다'는 헬라어로 '엠블레포'입니다. '안에'를 뜻하는 전치사 '엔'과 '보다'를 뜻하는 동사의 합성어입니다. 꿰뚫어 보니 안을 속속들이 들여다보게 되었다는 것입니다. 시력을 완전히 회복한 것입니다. 그러면서 예수는 "마을로 들어가지 말아라"(막 8:26)라는 말을 잊지 않습니다. 우러러보는 것이 통념인 마을에서는 여전히 시각 장애인이기 때문입니다. 그런 마을, 그런 세상에서는 우러러보는 것이 전부입니다. 우러러보는 대상에게 목을 겁니다. 그래서 그런 마을로 들어가지 말라는 것입니다.

사실 우러러보기는 쉽습니다. 우러러보는 대상에게 맡기면 됩니다. 그러나 거기 민주주의는 없습니다. 민주주의는 민이 주인인 이념입니다. 민이 꿰뚫어 보고, 민이 행동합니다. 민이 우러러보기만 하는 정치, 중우정치입니다. 우러러보는 표를 계산합니다. 다수가 통념입니다. 종교로 말하자면 우상 숭배입니다. 우상 숭배란 자기가 바라는 것을 우상에게 투사하는 것입니다. 자기가 할 일은 없습니다. 메시아에게 빌 뿐입니다. 구걸하는 신앙입니다.

예수를 그리스도라고 고백한 베드로는 예수에게 꾸짖음을 당합니다(막 8:33). 우러러보는 그리스도가 만병통치인 베드로입니다. 그의 신앙의 통념입니다. "믿으시기 바랍니다"에 "아멘!" 하면 됩니다. 예수의 제자들이라는 사람들이 우러러보는 메시아 예수의 십자가에 구원의 목을 맵니다. 구원도 예수의 십자가에 편승합니다. 여전히 눈을 뜨지 못하고 있습니다. 그러나 꿰뚫어 보면 다릅니다. 우러러봄에서 꿰뚫어 봄으로 눈이 뜨면 안을 속속들이 볼 수 있습니다. 분명하게 본(엠블레포) 자에게 예수는 우러러보고 있는 예수의 십자가를 말하지 않습니다. "나를 따라오려고 하는 사람은, 자기를 부인하고, 자기 십자가를 지고, 나를 따라오너라"(막 8:34)라고 말합니다. 꿰뚫어 보는 사람은 더 이상 예수의 십자가를 우러러보지 않습니다. 예수의 십자가가 자기 십자가가 됩니다. 우러러보았던 예수가 자기를 구원하지도 않습니다. "네 믿음이 너를 구원했다"(막 5:34; 10:52).

정치의 우러러보는 현실은 더 처참합니다. 우러러보는 메시아를 뽑듯 환호하고, 환호한 만큼 실망합니다. 지지율 폭락은 당연합니다. 오히려 콘크리트 지지율이 더 이상합니다. 잘하든 못하든 우러러봅니다. 남북 민간 교류는 이루어지지 못했습니다. 오히려 남국 관계는 악화되었습니다. 남북 관계는 우러러보는 사람끼리가 아닙니다. 180석을 몰아주어도 국가보안법 하나 철폐하지 못했습니다. 세월호, 그 자식 잃은 부모의 쓰라린 마음조차 쓰다듬어 주지 못했습니다. 박근혜와 무엇이 다릅니까? 민이 이루어 낸 촛불 정신을 훼손했습니다. 그렇습니다! 사실 우리 잘못입니다! 민의 잘못입니다. 우리가 우러러볼 뿐 꿰뚫어 보지 못했습니다. 그저 우러러보는 정치적 메시아들의 십자가만 기대했습니다. 그들은 십자가를 지지 않습니다. 그들에게 주어진 권력만을 누릴 뿐입니다. 꿰뚫어 보면 기꺼이 자기 십자가를 집니다. 민주주의는 다수라는 통념이 아닙니다. 민주주의는 다수가 우러러보는 사람에게 길들임을 당하지 않습니다. 민이 책임지고, 민이 행동합니다. 예수는 우리에게 이것을 가르쳐 주었습니다. 우러러보지 말고 꿰뚫어 보아 따르라고 합니다. 꿰뚫어 본 사람의 믿음은 그처럼 사는 것입니다. 자기 십자가입니다.

(2022. 8. 8. 「목포시민신문」)

나는 길이다

강아지가 커서 개가 됩니다. 송아지가 커서 소가 됩니다. 망아지가 커서 말이 됩니다. 여기서 퀴즈 하나, 하나님의 아들딸들은 커서 무엇이 될까요? 당연히 하나님입니다. 실제로는 불가능합니다. 그래서 사람입니다. 그 위대한 사도 바울 역시 "목표점에 다다른 것도 아닙니다"(빌 3:12)라고 말합니다. 그러나 목표점인 하나님을 향한 방향을 잃어서는 안 된다는 것이 신앙입니다. 이르지 못해도 평생의 과제입니다. 하나님 자신도 궁극적인 목적을 자신에게 두라고 하였습니다. "너희의 하나님인 나 주(야훼)가 거룩하니, 너희도 거룩해야 한다"(레 19:2). 거룩은 하나님의 속성입니다. 한마디로 거룩하게 자라 하나님이 되라는 것입니다.

예수가 그의 죽음을 앞두고 아버지께로 간다고 하신 것도 단지 죽음을 말한 것이 아니라 아들이 아버지에 이르는 것입니다. 아들이 자라 아버지가 되는 것입니다. 그래서 예수는 "나와 아버지는 하나이다"(요 10:30)라고 말합니다. 그러나 이 말씀 때문에 유대인들은 예수를 신성 모독죄로 죽이려고 합니다. 이에 대한 예수의 대답은 놀랍습니다. 자기 자신에 대한 신적 정체성으로 끝나지 않고 모든 인간에게로 확장시킵니다. "내가 너희를 신들이라고 하였다"는 시편(82:6)을 인용합니다(요 10:34). 나만이 아니고 사람 모두가 신이고, 하나님과 하나라는 말입니다. 죽음을 앞둔 예수의 기도도 "우리(아버지와 내)가 하나인 것 같이, 그들도 (아버지와) 하나가 되게 하여 주십시오"(요 17:11)입니다.

하나님 혹은 예수를 믿는다는 말씀의 헬라어 원어를 살펴보십시오. 목적격이 아닙니다. 여격으로 쓰고 있습니다. 헬라어에서 여격은 관계를 나타냅니다. 하나 된 관계입니다. 믿는다는 것은 멀리 높이 계신 분을 바라보며 예배하고 기도한다는 것이 아니라 그와 하나 되는 관계에 들어가는 것입니다. 그래서 예수는 제자들에게 "나를 따라오너라"(막 1:17)라고 말씀하십니다. 그처럼 살라는 말입니다. 믿음은 따름입니다. 예수 살기입니다. 그래서 예수 되기입니다. 예수와 하나 되는 목적을 가지고 있습니다.

하나님 혹은 예수를 믿는다는 또 다른 표현이 있습니다. 전치사구를 동반한 표현입니다. '피스테오 에이스 쎄온'(크리스톤 예순)입니다. '피스테오'는 '믿는다'인데, 전치사 '에이스'는 목적을 나타내는 전치사입니다. '쎄온'은 쎄오스의 4격입니다. 이것을 직역하면 "하나님에 이르도록 믿는다"입니다. 그런데 이것을 "하나님을 믿는다"라고 오역함으로 하나님을 먼 곳, 높은 곳의 존재로 대상화시켰습니다. 하나님에 이르러 하나님과 하나 되는 그 소중한 의미를 상실하고 말았습니다. 지독한 오역입니다.

이 오역은 믿음을 왜곡했습니다. 저 높은 곳에 계신 하나님을 저 낮은 곳에 있는 인간이 믿는 것입니다. 하나님과 인간이 하나가 되기는커녕 서로 너무 멉니다. 권력화된 하나님과 그 권력에 지배당하는 인간만이 서로 멀리 있을 뿐입니다. 옛날 왕이 스스로를 신의 아들로 자처한 이유가 바로 자신을 신격화시켜 절대 권력의 자리매김을 하려고 했기 때문입니다. 타락한 종교의 융성에는 항상 권력과의 야합이 뒤따르고, 그래서 종교는 늘 제국의 앞잡이 노릇을 해왔습니다. 거짓 종교는 권력에 길들여지는 것으로 그 세력을 과시합니다. 여기에는 설득이나 토론이 없습니다. 질문도 없습니다. 묻지 마 신앙입니다. "믿으시기 바랍니다"에 "아멘" 밖에 없습니다. 맹목적 믿음과 순종이 미덕이 됩니다. 강대상에서 "이년, 저놈"을 외쳐도 "아멘, 할렐루야" 합니다. 대단한 그루밍입니다.

하나님 앞에 붙은 '전능하신'은 무소불위의 권력으로 오도됩니다. 전능하신 하나님은 히브리어로 '엘 샤따이'입니다. '엘'은 하나님이고 '샤따이'는 두 개의 젖가슴입니다. 젖을 물리는 모성을 상징합니다. 가장 숭고한 모성적 사랑을 하나님의 사랑으로 연결시킨 것입니다. 그러므로 그 전능함은 힘의 전능함이 아니라 사랑의 전능함입니다. 하나님이 가진 것은 이 전능하신 사랑입니다. 자기를 죽여서까지 사랑한 사랑입니다. 그래서 십자가를 가운데 세우고 있습니다. 독일 신학자 위르겐 몰트만은 예수가 처형 당한 십자가에서 '십자가에 달리신 하나님'을 봅니다. 십자가 사랑을 통해 비로소 예수는 하나님에 이르고 하나가 된 것입니다. 그 사랑이 하나님의 전능하심입니다. 죽기까지 사랑하신 사랑의 전능함입니다. 참 하나님이라면 사랑의 전능함 밖에 없습니다. 그러니 예수에게 부를 달라고 기도하지 마십시오. 그는 갖고 있는 것이 없는 나사렛의 가난뱅이입니다. 그러니 예수에게 건강과 장수를 기도하지 마십시오. 그는 33살에 죽었습니다. 그가 갖고 있는 것은 소유, 지위의 전능함이 아니라 죽기까지 한 사랑의 전능함입니다.

그리고 그가 왜 죽었는가를 생각하십시오. 그가 십자가에 죽었을 때 로마의 한 장교는 "이 사람은 진실로 하나님의 아들이었도다"(막

15:39)라고 고백합니다. 정치든, 종교든 권력의 전능함을 배격한 예수에게서 하나님의 DNA를 발견한 것입니다. 권력이라는 영광의 자리가 아니라 십자가의 고난과 죽음이라는 자리에서 이방 로마 장교는 그의 하나님 됨을 발견한 것입니다.

이쯤 되면 "내가 길이다"(요 14:6)라는 말이 무슨 뜻인지 감이 잡힙니다. 예수가 '내가'라고 했으니 그 '나'는 예수인 줄 알았습니다. 맞습니다, 예수입니다. 그러나 그렇게 말하는 순간 우리는 예수 뒤에 숨습니다. 그 예수는 멀리 높이 있는 예수입니다. 내 안에 있지 않습니다. 높이 대상화된 예수입니다. 사실상 우상입니다. 숭배하는 대상일 뿐, 멀리 있는 권력일 뿐 나와 하나가 아닙니다. 사도 바울은 "나는 그리스도와 함께 십자가에 못 박혔습니다. 이제 살고 있는 것은 내가 아닙니다. 그리스도께서 내 안에서 살고 계십니다"(갈 1:20)라고 말합니다. "내가 아니라 예수란다. 그리스도와 함께 못 박힌 내가 그리스도란다." 바울도 비로소 하나님의 아들 예수 그리스도에 이른 것입니다. 비로소 길이 된 것입니다.

"나는 길이요, 진리요, 생명이다"(요 14:6). 사람들에게서, 특별히 믿는 사람들에게 너무 오랜 오해를 심어 놓은 말입니다. 사이비 교주처럼 예수가 나만 길이고, 나만 참 진리를 갖고 있고, 나만 사람을 살리는 생명을 갖고 있다고 말한 것일까요? 바깥 높은 곳 멀리에 길과 진리와 생명이 있는 것이 아니라 바로 내 안에 있음을 알았습니다. 내 밖이 아니라 내 안에 있을 때만 비로소 길이고 진리고 생명입니다. 밖에 있으면, 멀리 높이 있으면 우상입니다.

모든 생명을 품는 것, 그것이 내가 길인 이유입니다. 시천주의 길입니다. 그 길은 예수에게서 십자가의 길입니다. 예수만의 십자가가 아닙니다. 우리 모두의 '자기 십자가' 아니 모든 생명이 자기 십자가입니다. 우리 모두가 길입니다. 오늘 아침 먹은 밥이 자기 십자가입니다. 나를 위해 생명의 쌀이 죽어 밥이 되었습니다. 그 밥이 내게 길이 되어 주었습니다. 사실 온 생명이 죽어 내가 되었습니다. 내가 죽어 네가 되는 것입니다. 그래서 우리가 되었습니다. 우리라는 하나가 되는 것입니다. 나와 아버지가 하나이듯이 말입니다. 생명이 죽어 생명을 살렸습니다. 생명을 품기 위해 '나'를 죽였습니다. 자기 십자가입니다. 이것이 내가 길인 이유입니다. 길을 잃었습니까? 나를 잃은 것입니다. 사실 모든 것을 잃는 것입니다.

한국 정치는 길을 잃은 지 오래입니다. 길이 되겠다는 내가 없습니다. 민주주의가 길을 잃었습니다. 어떻게 쌓아 올린 민주주의인데 이렇게 무너지는가? 권력이 목적이었습니다. 사람을 하늘처럼 품는 길이 된 사람이 없습니다. 권력이 목적이었으니 남을 밟고 일어서야 합니다. 길은 밟아야 길이 아니라 밟혀야 길입니다. 한국 정치는 여든, 야든, 그 어떤 정당이든 길이 되지 못했습니다. 민을 길 삼아 밟고 일어선 군사 독재가 사라지는가 싶더니 더 교활한 지배가 자리매김했습니다. 진보니, 보수니 하는 것은 포장에 불과했습니다. 오직 짓밟는 권력만이 목적입니다. 여야가 적대적 동지로 권력을 나누어 가져왔습니다. 거기 길은 없습니다. 백성을 위한다는 것은 없습니다. 권력을 위한 이용물만 존재합니다.

이 나라의 민주주의를 위해 목숨을 초개처럼 버린 열사들의 길을 생각해 보십시오. 그들이 권력을 바라 그랬습니까? 그들은 민이 주인 되기 위해, 민을 주인으로 만들기 위해, 민주주의를 위해 자기 십자가를 지고 길이 되었습니다. 자기가 하늘이듯 민이 하늘임을, 그래서 민이 주인임을 세우기 위해 그 길이 되었습니다. 길이 되어 믿이 그 길을 제도적으로라도 밝게 했습니다. 그들은 사람을 품었습니다. 그들은 내가 길이 되어 길처럼 죽어 낮아졌습니다.

왜 한국 노동계가 길을 잃었을까? 길이 된 사람이 없습니다. 없는 것이 아닙니다. 있었습니다. 그런데 그 되어야 할 길을 보지 못했습니다. 전태일이 노동3권의 권리를 얻기 위해 자기를 불태웠습니까? 그런데 그가 왜 길입니까? 그 권리를 찾는 투쟁만 한 것일까? 아닙니다. 그는 평화시장 동료들의 가혹한 노동 현실에 죽기까지 가슴 아팠습니다. 그에겐 그들이 하늘이었습니다. 그 하늘을 품었습니다. 멀리 팔레스틴, 갈릴리 나사렛의 청년 예수가 간 그 길을 그도 길이 되어 갔습니다. 갈릴리 나사렛과 평화시장이라는 역사의 장소가 다를 뿐입니다. 아름다운 청년 예수와 전태일이 길이 되어 갔습니다. 노동운동은 권리를 찾기 위한 힘의 규합이 아닙니다. 노동의 정의는 사람을 품는 것입니다. 사람을 사람다운 사람으로 품는 일입니다. 오늘 그 길이 되어 준 사람이 없습니다. 권리와 투쟁의 깃발은 나부끼는데, 거기 따뜻한 연대가 보이지 않습니다. 길이 없습니다. 길인 사람이 없습니다. 길이 되어 준 사람이 있는데도 말입니다.

왜 교육이 길을 잃었나? 모두가 하늘인데, 등급을 매기고 경쟁에 불을 붙인 것입니다. 아직도 자사고로 논쟁입니다. 벌써 없어져야 할 것들이 더 기승을 부립니다. 경쟁의 구조가 우리 아이들을 살해했습니다. 남을 짓밟아야 내가 사는 것이 교육이 되었습니다. 길이 되는 것이 교육인데, 남을 길 삼아 짓밟는 경쟁이 교육이 되었습니다. 참교육의 길이 실종되었습니다. 참교육에 숨겨진 권리만 있는 것은 아닐까요? 혹 이념만 구호화된 것은 아닐까요? 길이 되고자 하는 교사는 있나요? 아이들을 품는 길이 된 교사 말입니다. 사실 있는 정도가 아니라 많습니다. 그런데 세력화, 조직화에 눈이 어두워 길이 된 이들을 보지 못하고 있는 것은 아닐까요?

종교의 '종'은 종속할 종이 아닙니다. 마루 종(宗)입니다. 근본을 찾는 것입니다. 근본은 사람됨입니다. 사람됨은 사람을 품는 것입니다. 기독교의 출발이 그러합니다. 찢어지게 가난하고 불온한 갈릴리 나사 렛의 별 볼 일 없는, 헬 이스라엘의 예수를 주인으로 고백함으로 시작된 종교입니다. "여러분의 마음 속에 그리스도를 주님(주인)으로 모시고 거룩하게 대하십시오"(벧전3:15). 길이 되어 가신 예수를 맞아 너도 길이 되라는 종교가 기독교입니다. 부끄럽습니다.

(2022. 10. 14. 「목포시민신문」)

사유와 공유

목포 버스 파업이 어렵사리 풀렸다지만 그 합의 과정에 시민은 없었습니다. 일방적인 야합이라는 여론이 우세합니다. 임금 인상만 합의되었을 뿐입니다. 버스 문제는 공공의 문제이기에 이것을 민간에게 맡길 때에는 매우 조심스럽습니다. 사유와 공유가 충돌합니다. 독점일 때는 더욱 그렇습니다. 과연 목포시가 버스의 공공성 강화를 어떻게 이룰지 걱정이 됩니다.

문득 세금 문제로 예수를 책잡으려고 대제사장과 율법학자들과 장로들이 바리새파 사람들과 헤롯 당원 몇을 예수에게 보낸 사건이 생각납니다. 바리새파와 헤롯 당원은 적대적입니다. 유대 야훼 종교와 황제 숭배는 양립할 수 없습니다. 그런데 이 둘은 그날 예수를 죽이는 데 야합했습니다. 왜 그랬을까요?

적대적인 두 세력은 와서 온갖 감언이설을 폅니다(막 12:14). 예수님은 거짓이 없이 정직하게 말하고 하나님의 길을 참되이 가르친다고 말합니다. 그리고 질문을 던집니다. "황제에게 세금을 바치는 것이 옳습니까, 옳지 않습니까? 바쳐야 합니까, 바치지 말아야 합니까?" 이 질문은 주민세에 관한 이야기입니다. 서기 6년 로마 황제 옥타비아누스 아우구스투스는 유대와 사마리아 지방 임금 아르켈라오스(헤롯 대왕의 아들)를 폐위시키고 코포니우스를 총독으로 임명하면서 주민세를 거두어 황실 금고에 바치도록 했습니다. 여기 주민세란 인두세로서 어린이, 노인만 빼고 유대와 사마리아 지방 주민 누구나 내야 했습니다.

이때 갈릴리 출신 유다라는 사람이 하나님 홀로 유대인의 통치자라는 구호 아래 납세 거부 운동을 일으키고, 아울러 무력으로 황제의 통치 대신 하나님의 통치를 이룩하려고 민족 독립운동을 전개했습니다. 그리하여 유다는 동지들을 규합하여 열혈당을 만들었는데, 이 배경이 바로 주민세 문제였습니다. 그래서 예수님이 납세를 거부하면 로마에 대한 반역이며, 납세를 인정하면 하나님에 대한 배반이 됩니다. 이것이 그들 질문의 함정입니다. 죽이기로 작정한 질문입니다. 이렇게 대답해도 죽이고, 저렇게 대답해도 죽입니다.

예수는 그들의 의도를 아셨습니다. 그렇기에 "어찌하여 나를 시험하느냐?"(막 12:15)고 묻습니다. 질문에 대한 대답이 중요한 것이 아닙니다. 질문이 문제입니다. 나아가 질문을 한 사람의 의도가 문제입니다. 예수는 데나리온 주화 하나를 가져오라 합니다. 데나리온 로마 주화입니다. 그리고 예수는 거기에 나타난 초상과 글을 보고 묻습니다. "이 초상은 누구의 것이며, 적힌 글자는 누구의 것이냐?"(막 12:16) 거기에는 티베리우스 황제의 흉상이 그려져 있고, 그 옆에는 "티베리우스 황제, 신적인 아우구스투스의 아들 아우구스투스"라는 글이 새겨져 있습니다. 황제가 신으로 숭상된 주화입니다. 분명 그 주화는 로마가 만들었습니다. 그렇다면 황제의 것입니다. 예수는 "황제의 것은 황제에게 돌려주고, 하나님의 것은 하나님께 돌려드려야 한다"(막 12:17)고 말합니다. 황제의 것은 황제에게 바치고, 하나님의 것은 하나님에게 바치라는 말입니다.

그런데 더 중요한 것이 있습니다. 여기 '초상'이란 헬라어로 '에이

콘'인데, 이것은 창세기 1장 27절에서 하나님이 인간을 만들 때 하나님의 형상대로 만들었다는 '형상'과 같은 말입니다. '하나님의 형상'이 라틴어로 '이마고 데이'라고 불렸기 때문에 그 형상은 '이미지', 즉 겉모습으로 이해되어 왔습니다. 형상은 구약성서 히브리어로 '첼렘'인데, 이것은 더 이전 아카드어 '찰문'에서 그 기원을 찾을 수 있습니다. 그 뜻은 신 자체를 가리키는 말입니다. 즉, 사람은 하나님의 겉모습이 아니라 본질 그대로 만들어졌다는 것입니다. 우리 말 성서가 형상, 겉모습, 이미지로 오역한 데에는 이유가 있습니다. 아카드어 '찰문'이 그 뜻만으로 '동상'이라고 여기며 겉모습이라고 생각한 것입니다. 이것은 고대 메소포타미아 문명에서 신의 동상은 신 자체를 나타내는 것임을 간과했기 때문입니다. 우리 생각에나 동상이 겉모습이지 고대인들은 신 자체입니다. 따라서 형상이 아니라 본질입니다.

주화에 새겨진 형상이 황제라면 황제의 것이고, 네 마음에 새겨진 형상이 창조의 첼렘인 하나님이라면 하나님의 것이라는 말입니다. 글도 마찬가지입니다. 글은 여기서 새겨진 말씀입니다. 주화에는 황제를 나타내는 글이 있습니다. 황제의 것이라면 황제 개인의 것, 사유입니다. 그러나 하나님의 말씀을 마음에 새긴 글로 보는 사람에게는 다릅니다.

"하나님의 것이라면 하나님께 돌려드려라"라는 말씀에서 '하나님의 것'이라는 것은 무엇인가? 믿지 않는 분이 오래전 어느 날 나에게 용기를 내어 물은 질문이 있습니다. "교회의 헌금은 목사님이 다 갖는 것인가요?" 그는 그것이 굉장히 궁금했나 봅니다. 그의 말이라면 그것은 사유입니다. 사유이기에 문제가 되곤 합니다. 사유이기에 교회도 사유재산처럼 세습하기도 합니다. '하나님의 것'이라는 진정한 의미는 공유입니다. 우리 모두를 향한 하나님의 뜻이 새겨진 공유입니다. 불행히도 종교나 정치나 사유에 허덕입니다. 교회를 사유화하듯 정치는 권력을 사유화합니다.

자본주의의 특징은 사유입니다. 자(資)가 본(本)이 되는 사유입니다. 맘몬이라는 물질의 신을 우리는 숭상합니다. 그 자리에 하나님은 없습니다. 그러니 사유만 있고 공유는 없는 것입니다. 공유는 그 누구도 침범할 수 없는 거룩한 것입니다. 내 것이라도 마음대로 써서는 안 됩니다. 다만 하나님이 맡겼을 뿐입니다. 내 것이라도 두려운 마음으로 써야 합니다. 그래서 청지기라고 합니다. 자연마저 인간에 의해 사유화하여 벌어지고 있는 코로나 정국입니다.

목포시가 버스 문제를 혹 사유의 문제로 여기지는 않을까 하는 우려도 버스가 공유의 문제이기에 공공성을 약화시키지 않을까 두렵기 때문입니다. 최근 윤석열 정부의 교육관이 문제가 되고 있습니다. 민주주의 앞에 자유를 붙이자는 것입니다. 해묵은 이야기입니다. 언뜻 보면 '자유'가 들어가 있는데 좋은 것 아니냐며 넘어갈지 모르겠습니다. 거기에는 왜곡된 민주주의가 있습니다. 그 하나가 반공입니다. 반공은 수구 정권의 탄압 명분이었고, 친일 세력이 처벌은커녕 오히려 기득권을 갖게 되는 계기가 되었고, 우리 역사 속에서 좌우 대립 메카시즘을 일으켰고, 엄청난 희생자들이 양산되었습니다. 그 반공이 수구 권력 유지를 위한 전가의 보도로 자리매김해 온 것은 누구나 다 아는 사실입니다. 자유민주주의는 바로 이런 역사적 맥락에서 나온 허울 좋은, 그러나 치가 떨리는 체제의 이름입니다.

무엇보다도 생각해야 할 것은 자본주의입니다. 자본주의의 두 축은 사유(私有)와 자유(自由)입니다. 여기 자유는 사유를 위한 경쟁의 자유입니다. 이로 인해 오늘의 자본 독재가 나왔습니다. 사유가 갖는 무서운 함정입니다. 그리고 그 사유를 무한정으로 정당화시켜 주는 자유입니다. 여기 공유, 공공성은 존재하지 않습니다. "하나님과 재물을 겸하여 섬기지 못한다"(마 6:24). 하나님과 재물인 자(資)가 본(本)이 되는 자본주의(資本主義)를 겸하여 섬기지 못합니다.

(2022. 12. 9. 「목포시민신문」)

아직도 라마, 팽목, 이태원에서 들려오는 슬픈 소리

마태복음에 의하면 헤롯대왕은 아기 예수의 탄생을 반란으로 여겼습니다. 미가 예언자가 예언한 '다스릴 자'(미 5:2)를 자기와 같은 힘에 의한 통치자라고 생각했습니다. 그래서 두 살 아래 사내아이를 모조리 죽이기에 이른 것입니다(마 2:16). 마태는 이것을 하나님이 예레미야에게 내린 예언의 성취라고 보았습니다(마 2:17). 마태에 의해 인용된 예언은 예레미야 31장 15절입니다(마 2:18).

> "나 주가 말한다. 라마에서 슬픈 소리가 들린다. 비통하게 울부짖는 소리가 들린다. 라헬이 자식을 잃고 울고 있다. 자식들이 없어졌으니, 위로를 받기조차 거절하는구나."

왜 아기 예수의 탄생에 이 예언이 나오는 것일까요? 라마의 슬픈 소리, 라헬의 통곡은 그 이름만 들어봐도 다 시대적으로 맞지 않는데, 마태는 왜 이것을 인용한 것일까요? 사실 이 예언이 나왔던 예레미야 시대와도 맞지 않습니다. 예레미야가 이 예언을 한 것은 남왕국 유다의 멸망을 앞두고서입니다.

한때 라마는 북이스라엘이 남유다를 침공하여 장악한 곳이었고 거기에 성전까지 세웠었는데, 남왕국 유다가 당시 강대국인 시리아에게 엄청난 은과 금을 주고 동맹을 맺어 끝내 북왕국 이스라엘을 물리쳤던 곳입니다. 동맹이란 공동의 적을 전제로 하는 계약입니다. 마치 우리가 북한을 대적하기 위해 미국과 한미동맹을 맺고 있는 것과 같습니다. 그렇게 남왕국 유다와 북왕국 이스라엘의 갈등의 중심부에 바로 이 라마가 있었던 것입니다. 즉, 라마는 전쟁으로 서로가 서로를 죽인 비극의 현장이었습니다.

그러니 이상한 일입니다. 라마에서 들려오는 슬픈 소리는 기원전 721년 앗시리아에 의해 먼저 멸망 당한 북왕국 이스라엘에서 들려왔던 비통한 소리이기 때문입니다. 어찌하여 예레미야는 한참 전 사라진 북이스라엘의 패망을 거론하며 하나님의 위로의 신탁을 전하는 것일까요? 그것은 우선 하나님이 허무한 아벨의 죽음처럼 스러진 북이스라엘의 멸망의 아픔, 그로 인해 앗시리아로 강제 이주된 민족의 아픔의 소리를 듣고 계심을 말하려는 것입니다. 아벨은 그 뜻이 '허무'입니다. 그러나 하나님은 그 생명을 허무하게 넘기지 않으시는 분이십니다. 아벨을 죽인 가해자 가인에게 책임을 반드시 묻는 분이십니다.

그리고 두 번째는 북이스라엘의 패망의 역사가 북이스라엘을 대적하기 위해 다른 강대국과 동맹을 맺었던 남왕국 유다의 죄악과 무관하지 않으므로, 결국 남 왕국 유다의 멸망이 북 왕국 이스라엘의 멸망에 이어지는 비극이라는 것을 말하려는 것입니다. 그래서 피할 수 없는 하나님의 심판이라는 것을 말하고 있는 것입니다. 형제 북을 멸망시키기 위해 강대국과 동맹을 맺은 남왕국 유다, 아니 우리의 죄의 결과가 눈앞에 보이지 않는가! 그럼에도 우리는 지금 한미연합훈련으로 북을 위협하고 있습니다. 그것이 부메랑이 되어 결국 우리에게 돌아온다는 것을 잊고 있습니다. 이 훈련의 이름이 '자유의 방패'(F.S. Freedom Shield)라고 하는데, 어처구니없는 이름입니다. 누구를 위한 자유인가? 누구를 위한 평화인가? '팍스 아메리카노', 아메리카 제국의 평화를 위해서입니다. 그리고 우리에게도 결코 방패가 아닙니다. 오히려 총알받이로 돌아올 것입니다.

라마에서 들려오는 슬픈 소리는 북왕국의 멸망만을 말하는 것이 아니라 예레미야 당시 유다의 멸망과도 깊은 관련이 있습니다. 바벨론이 유다의 수도 예루살렘을 함락한 후 수많은 사람이 포로로 끌려가고, 예레미야 역시 포로로 끌려가다가 바벨론 당국자들의 호의로 라마에서 풀려난 일이 있습니다(렘 40:1). 아마도 라마는 유다 포로들을 바벨론으로 끌고 가는 중간 집결지였을 가능성이 있습니다. 그렇다면 라마의 슬픈 소리는 바벨론을 향해 포로로 떠나가는 동포들을 바라보면서 예언자 예레미야가 느꼈을 슬픔을 반영하는 것일 수 있습니다(김근주, 『특강 예레미야』 참조). 그리고 지난 150년 전 북이스라엘의 멸망이 바로 남유다의 멸망을 뜻하는 것임을 알았으리라. 이것이 역사의식입니다. 한미동맹이 구한말 조선과 일본의 병탄의 한 수순이라는 것을 예레미야는 보고 있는 것입니다.

그런데 예레미야는 이 장면에서 어째서 라헬의 슬픔을 떠올렸을까요? 라마와 라헬은 어떻게 연결되는 것일까요? 야곱이 고향을 떠나 도망칠 때 하나님과 약속했던 벧엘로 돌아오는 데는 꽤 시간이 걸립니다. 그 후 벧엘을 떠나 에브랏으로 가는 도중 그의 가장 사랑한 아내 라헬이 해산의 고통 속에서 숨지게 됩니다. 라헬은 고통 중에 낳은 아이의 이름을 '베노니'(내 슬픔의 아들)로 짓게 되는데, 이 이름은 야곱으로부터 나온 북왕국 이스라엘의 참혹한 멸망을 예견케 합니다.

즉, "라헬이 자식을 잃고 울고 있다"는 서술은 북이스라엘 멸망의 예언이 된 것입니다.

그런데 사실은 자식을 잃은 것이 아니라 자식을 낳다가 자기 자신을 잃은 것이었습니다. 예레미야는 북이스라엘의 시조 할머니 라헬의 슬픔을 훗날 북이스라엘의 멸망과 의도적으로 연결시킨 것입니다. 먼 훗날 자기 자손들인 북이스라엘의 멸망이 자식을 잃은 것과 같이 슬픈 일이었기 때문이라고 생각했던 것입니다. 라헬은 죽어 에브랏, 곧 베들레헴으로 가는 길에 묻혔습니다(창 35:20). 그리고 후에 마태가 예수님 당시 베들레헴에서 벌어진 유아 학살에 라마의 통곡을 가져와 썼던 것입니다. 벧엘과 베들레헴을 잇는 길에 있는 에브랏 근처에 라마가 있습니다. 라마의 슬픔과 벧엘과 에브랏의 울부짖음이 이렇게 연결됩니다.

전쟁은 승리조차도 비극입니다. 죽음과 폐허만 남기 때문입니다. 우리가 우크라이나 전쟁에서도 보고 있지만, 전쟁은 젊은이들의 죽음입니다. 총칼을 맨 젊은 자식들의 죽음입니다. 그리고 아이들과 여성의 죽음입니다. 라마에서 들려오는 슬픈 소리는 젊은 자식들을 떠나보낸 북이스라엘의 통곡이고, 지금 바벨론에 의해 멸망을 겪고 있는 남유다의 슬픔입니다. 그래서 전쟁은 모든 어머니인 라헬의 통곡이 됩니다. 그 사건들이 각각 개별의 사건들이 아닌 것입니다. 역사는 반복이며, 예레미야는 이 비극의 역사들을 자신의 예언으로 재해석하고 있는 것입니다.

라마의 소리는 앗시리아의 전쟁으로 죽은 북이스라엘 젊은이들의 어머니들인 라헬들의 슬픈 통곡으로 반복됩니다. 그리고 마태에 이르러 아기 예수 탄생 때 죽어간 두 살 아래 아기들의 비극으로 이어졌습니다. 그러므로 그 소리는 죽은 아기들의 어머니인 라헬의 슬픈 울음소리입니다. 라마에서 들려온 슬픈 소리입니다. 그리고 오늘 그것은 팽목과 이태원에서 들려오는 애통의 소리입니다. 그리고 그 울음소리를 듣는 것, 그것이 우리가 함께 견디어야 할 최소한의 애도입니다.

그러나 정치권에서는 이 애도가 없었습니다. 그저 책임을 피하려는 것뿐입니다. 시민의 안전을 책임지는 판사 출신 주무장관이 애도 기간이 시작되자마자 "특별히 우려할 정도로 많은 인파가 모인 건 아니며 경찰이나 소방 인력을 미리 배치함으로써 해결할 수 있었던 건 아니다"라는 말로 슬픔을 모독했습니다. 밤늦게까지 집에만 있었고 자정이 넘어서야 보고를 받았던 그의 모호한 동선이 그의 무책임을 말해주고 있습니다. 그들에게 라헬의 통곡은 들리지 않습니다.

더 충격적인 것은 야권의 태도입니다. 촛불로 권력을 잡은 정당이 세월호 진상 규명을 했는가? 가해자에 대한 책임을 물었는가? 제대로 된 처벌은 있었나? 그들은 마치 진상 규명을 한 것처럼, 마치 가해자를 처벌한 것처럼 목소리를 높입니다. 자기네 정당 대표를 지키기 위해 방탄 국회 등 수단과 방법을 가리지 않는 그것의 백분의 일만 애썼어도 세월호 진상과 함께 책임자 처벌은 벌써 끝났을 것입니다. 두 정당은 그렇게 서로 적대적 동지입니다. 서로 권력을 주고받기에 사이좋은 그들입니다. 그들에게 라마의 슬픈 소리는 들려오지 않습니다.

이미 과거가 되어버린 북이스라엘 왕국의 멸망을 예레미야는 남왕국 유다의 멸망에서 왜 반복하여 말하고 있는가? 나아가 어찌하여 복음서 기자는 헤롯의 유아 대량 학살에 가져와 통곡하고 있는가? 예레미야는 통곡의 역사를 소환하였습니다. 마태도 그 뒤를 이었습니다. 오늘 이 땅에 다시 라마에서 들려오는 슬픈 소리, 비통하게 울부짖는 소리가 울려옵니다. 9년 전 팽목의 바다를 울리던 라헬의 울음소리가 아직 잦아들지 않았는데, 이태원에서 들려오는 비통한 소리에 온 땅이 웁니다.

위안부로 끌려간 딸들의 울음소리를 소환합니다. 100년 전 관동대지진으로 인해 학살 당한 이들의 억울한 절규를 소환합니다. 강제 징용의 고통 소리를 소환합니다. 히로시마 나가사키 원폭 피해자들의 한 서린 슬픈 소리를 소환합니다. 빨갱이로 처형 당한 제주, 여순의 넋 나간 아픈 소리를 소환합니다. 폭도로 매도되어 이름 없이 빛도 없이 죽어간 5월 어머니들인 라헬의 통곡 소리를 소환합니다. 망루에서 불타 죽어간 용산참사의 구슬픈 소리를 소환합니다. 팽목의 통곡을 소환합니다. 그리고 이태원의 슬픈 소리를 소환합니다.

대통령은 이 와중에 자비로운(?) 결단으로 2018년 대법원의 전범기업 배상 판결을 무시하고 강제 징용 제3자 변제 방식이라는 굴욕 외교의 길을 열어 놨습니다. 한일병탄은 여전히 유효합니다. 라마의 슬픈 통곡이 들리지 않는 것입니다. 청산되지 않은 친일로 독립을 위해 애쓴 우리 선조들의 절규가 들리지 않는 것입니다. 이래서 구한말 이 나라를 이런 식으로 팔아넘겼다는 것을 우리는 지금 보고 있습니다. 아주 미묘하고 적대적인 결합이지만 주연 국민의 힘이고, 조연 민주당입니다. 검찰총장에서 대통령에 이릅니다.

힘에 의한 평화는 가해자의 전쟁으로 이어집니다. 지구의 멸망의 초침이 오늘을 가리키는데, 아직도 힘 자랑으로 평화를 구축하려는 제국주의자들은 아랑곳지 않습니다. 미-일-한의 줄서기를 대통령은 힘에 의한 평화라고 주장합니다. 제발 역사의 곳곳에서 터져 나오는 라마의 슬픈 소리를 듣기 바랍니다. 제발 라헬의 가슴 아픈 통곡을 듣기 바랍니다.

(2023. 3. 30.「목포시민신문」)

소리지르는 靈巖을 기도합니다
「영암일보」 창간 1주년 축사

"이 사람들이 잠잠하면, 돌들이 소리 지를 것이다"(눅 19:40).

예수 당시 모든 길은 로마를 향했습니다. 평화를 말해도 로마의 평화(Pax Romana)였습니다. 로마의 평화는 로마를 제외한 모든 것에 대한 억눌린 평화였습니다. 예수는 하나님의 나라를 꿈꿨습니다. 성서에서 하나님의 나라는 씨로 비유됩니다. 씨는 생명입니다. 생명(生命), 말 그대로 살리는 것이 하늘의 명령이라는 말입니다. 누구를 살리는 것입니까? '씨알'입니다. 권력을 살리는 것이 아니라 민(民)을 살리는 것입니다. 그러므로 민의 소리를 듣는 것이 하나님의 나라입니다. 얼마 전까지만 해도 정치, 군사 권력이 힘으로 백성의 입을 막았습니다. 이제는 무력적인 힘이 아닙니다. 검찰 언론까지 가세합니다. 무력적 힘이 아니라 기만의 힘입니다. 기만 미혹의 힘은 무력보다 훨씬 교묘하고 위력적입니다. 이 힘은 민의 신음 소리마저 닫아버립니다.

예수 당시 하나님의 나라는 로마의 정치권력이나 유대교 종교 권력의 눈엣가시였습니다. 하나님의 나라는 씨알을 지향하고 민의 소리를 듣기 때문입니다. 로마나 유대교 종교는 민의 순종과 침묵을 원했습니다. 여기에 예수는 "이 사람들이 잠잠하면, 돌들이 소리 지를 것이다"라고 말합니다. 우리는 정말로 권력이 민의 입을 막을 때, 말 그대로 젊은 대학생들이 돌을 던지며 민주화를 이루어 냈습니다. 아니, 그들이 돌처럼 자신을 던졌다고 하는 말이 맞을 것입니다. 그러나 지금 이 돌들이 사라지고 있습니다.

「영암일보」는 창간 1년이 되었습니다. 이 돌들이 사라져가는 이 시대에 「영암일보」는 소리 지르는 돌들이 되고자 지난 1년 용트림해 왔습니다. 「영암일보」는 영암의 지역 신문입니다. 그러나 지역의 소리를 전체의 소리로 확대하고자 애를 썼습니다. 지역의 소리를 통해 전체를 보았습니다. 어느덧 靈巖은 그 이름처럼 소리 지르는 돌을 넘어 신령한 바위가 되어 가고 있습니다. 「영암일보」 창간 1주기를 진심으로 축하합니다. 소리 지르는 靈巖을 기도합니다.

(2021. 12. 1.)

덕담 대신, 겸허한 연대를 기도합니다

사실 여유롭게 인사할 틈이 있지 않습니다. 지난 2년, 전 지구인은 세계를 관통하는 코로나 역병에 헐떡여 왔습니다. 설마 지금까지 올 줄은 몰랐습니다. 아니, 얼마 후면 괜찮아질 것이라는 낙관적인 생각은 접어야 합니다. 원인은 들이닥친 바이러스에 있는 것이 아니라 인간 자체에 있기 때문입니다. 질병의 백신이 아니라 탐욕의 백신이 필요합니다. 자본주의적 모든 개발을 멈춰야 합니다. 이 문제를 해결하지 못하면 우리에게 다시는 신년 인사가 오지 않을지 모릅니다. 이미 임계점을 넘었다는 것이 많은 과학자의 진단입니다.

새해가 왔다지만 새 세상은 아닙니다. 새 인간성이 세워지지 않으면 새 시간도 아닙니다. 시간은 본래 사찰에서 예불 시간을 알리는 것에서 유래했습니다. 시간을 나타내는 한자 때 시(時)는 날 일(日)과 절 사(寺)를 합한 글자입니다. 종교의 때는 '궁극'의 때입니다. 종말이라고도 합니다. 여전히 인류는 연대하지 않는다는 것입니다. 죄송합니다. 덕담의 신년 인사 대신 이미 늦었을지도 모르는 겸허한 연대를 기도합니다.

(2021. 12. 31. 「영암일보」)

그대가 길이었듯이(요 14:4-12)
이한열 25주기 추모 예배

노래를 못 부르는 음치가 있듯이, 생래적으로 길눈이 먼 사람을 속어로 길치라고 합니다. 길을 모르면 헤맵니다. 그래서 길을 잘못 들어서면 길을 묻기도 합니다. 물어 바른길을 찾아갑니다. 그러나 묻지 않고 헤매다 보면 많은 시간을 허비하기도 합니다. 다행히 요사이는 자동차에 길을 안내해 주는 '네비게이션'이라는 계기가 있습니다. 네비게이션이 지시하는 대로 가면 됩니다. 그런데 종종 네비게이션이라는 것도 고장이 나거나 착각을 하는 경우도 있습니다. 그러나 고장난 줄 모르고 그 계기의 지시를 따르다가는 엉뚱한 길에서 헤매게 됩니다. 참으로 낭패입니다.

삶의 길은 더욱 그러합니다. 지금 가고 있는 인생의 길이 제대로 가고 있는지 아니면 잘못 가고 있는지 모를 때가 있습니다. 잘못 가고 있는데도 잘 가고 있다고 생각하는 사람도 의외로 많습니다. 삶의 네비게이션이 고장 났는데도 고장 난 줄 모르고 가고 있는 것입니다. 오늘이 바로 그렇지 않은가요? 고장 난 네비게이션을 좇고 있거나 길을 잃어버린 시대입니다. 거꾸로 가고 있는 길입니다. 하나회도 돌아오고 박정희도 부활하고 있습니다. 생각만 해도 끔찍합니다. 어느 것을 보아도 희망이 보이지 않습니다. 사실 25년 전이 그러했습니다. 길이 없었습니다. 어찌 25년 전뿐이겠습니까? 멀리 2,000년 전 예수님 당시에도 그랬습니다. 길이 없었고, 있다 해도 잘못된 길을 가고 있었습니다. 그래서 예수님 자신도 그 길을 찾고 싶었고, 찾았습니다.

오늘 우리가 읽은 성서에 의하면, 그는 예루살렘을 향한 길에 있습니다. 그 길이 고난의 길이었고, 죽음의 길이었습니다. 그래서 체포되기 전 예수님은 겟세마네의 기도에서 고난의 잔을 치워달라고 기도했습니다. 나아가 마지막 십자가의 죽음 앞에서는 왜 자신을 버리시냐고 하나님께 절규하기도 했습니다. 자신의 길이 저주의 길이라고 여기기도 했습니다. 그러나 그 고난의 길을 예수님께서는 가셨습니다. 그 고난의 길이 부활의 길, 부활의 소망을 열어주는 길이었다는 것을 깨달았기 때문입니다.

우리는 어릴 때 "두껍아 두껍아 헌 집 줄게 새집 다오"라는 전래 동요를 자주 불렀습니다. 사실 어릴 때 저는 이 내용을 모르고 불렀습니다. 그저 새집을 바라는 마음에서 불렀다고 생각했습니다. 그러나 이 내용을 알고 나서 이 노래가 얼마나 신령한 노래인가를 깨닫게 되었습니다. 이 동요에서 말하는 '두꺼비'는 등이 유난히 우둘우둘하며 독을 품고 있는 옴두꺼비를 가리킨다고 합니다. 옴두꺼비는 알을 갖게 되면 생리적으로 이상행동을 하게 됩니다. 그동안 무서워서 피해 다니던 천적인 독사를 찾아 길을 떠난다는 것입니다. 가다가 독사를 만나면 죽을힘을 다해 싸웁니다. 그러고는 자연의 법칙대로 독사에게 잡아먹힙니다. 하지만 그렇게 죽어가면서 옴두꺼비는 자신의 독으로 독사를 죽입니다. 그 덕에 옴두꺼비 배 속에서 부화된 새끼들은 어미와 독사를 모두 먹이로 삼아 더욱 튼튼한 옴두꺼비로

성장하게 된다는 것입니다. 독사를 찾아 떠나는 옴두꺼비의 길은 십자가를 향해 묵묵히 나아가는 예수님의 길만큼이나 경건하고 경이롭습니다.

요한복음 14장은 예수님이 예루살렘에 입성한 다음 체포되기 전 제자들에게 한 고별 설교입니다. 십자가의 고난과 죽음의 길을 앞둔 설교입니다. 예수님은 요한복음 곳곳에서 자신이 아버지께로 간다고 제자들에게 말합니다. 사실 죽어 하늘나라 간다는 이야기이지요 그런데 이 죽음을 예수님은 왜 아버지께 간다고 했을까요? 이것은 단지 죽음의 또 다른 표현이 아닙니다. 아버지에 이른다는 것입니다. 하나님이신 아버지의 뜻, 성품, 삶과 인격에 이른다는 의미를 갖고 있습니다. 아들이 성숙하여 비로소 아버지가 된다는 것입니다. 우리로 말하자면 사도 바울이 에베소서 4장 13절에서 말하듯이 "그리스도의 장성한 분량이 충만한 데까지 이르는" 것입니다. 그런 의미에서 예수님의 고난의 길은 아들에서 아버지로 성숙하는 대가일 것입니다. 그렇기에 본문 8절에서 제자 빌립이 하나님이신 아버지를 보여 달라고 했을 때 예수님은 본문 9절에서 말씀하십니다.

빌립아 내가 이렇게 오래 너희와 함께 있으되 네가 나를 알지 못하느냐 나를 본 자는 아버지를 보았거늘 어찌하여 아버지를 보이라 하느냐 나는 아버지 안에 있고 아버지는 내 안에 계신 것을 네가 믿지 아니하느냐.

인간 예수를 통해 하나님을 보라는 것입니다. 하나님이신 아버지에 이른 예수님을 통해 하나님을 볼 수 있다는 것입니다. 마찬가지로 그리스도의 장성한 분량에 이른 우리 삶을 통해 그리스도를 볼 수 있다는 것입니다. 내 안에 그리스도가 계시다면 나는 더 이상 내가 아니라 그리스도일 것입니다. 주님은 아셨습니다. 길은 다른 곳에 있는 것이 아니라 자신 안에 있고, 하나님은 다른 분이 아니라 바로 자신 안에 계신 분이라는 것을 알았던 것입니다. 본문 6절은 바로 그 깨달음입니다.

> 내가 곧 길이요 진리요 생명이니 나로 말미암지 않고는 아버지께로 올 자가 없느니라.

사실 예수님의 제자들조차도 예루살렘으로 가는 길을 예수님과 함께 걸었으면서도 예수님의 길을 몰랐습니다. 그렇기에 제자들은 서로 누가 높니 하며 싸웠고, 심지어는 예루살렘에 당도하면 좌의정, 우의정을 시켜달라고 청탁까지 했던 것입니다. 오늘 우리의 기도와 너무나 흡사하다는 것을 제자들의 싸움과 청탁에서 볼 수 있을 것입니다. 오늘 야당의 모습과 너무 흡사합니다.

예수님의 목적지는 아버지이신 하나님이었습니다. 그리고 예수님의 길은 바로 그 아버지께 이르는 길이었습니다. "내가 곧 길이라"는 말씀은 그분이 걸은 길을 걸으라는, 그분이 행한 것처럼 행하라는, 그분이 산 것처럼 살라는 말씀입니다. 그분을 따르지 않고서는 아버지께 이를 수 없다는 말씀입니다.

그리고 그 길에 대한 구체화된 설명이 나옵니다. 먼저 '진리'라고 합니다. 요한복음에 있어서 진리란 하나님의 말씀입니다. 그리고 그 내용이 바로 다음에 나오는 '생명'입니다. 생명은 살리는 일입니다. 죽이는 일이 아닙니다. 남을 죽이고 내가 사는 일이 아닙니다. 모든 생명을 살리는 일입니다. 사람을 인종, 성, 지위, 학력, 이념, 문화, 종교에 따라 배척하는 일이 아닙니다. 사람을 밀어내는 일이 아니라 사람을 껴안는 일입니다.

도대체 우리는 어떤 인생길을 걷고 있습니까? 정말 길은 어디에 있나요? 길은 어디에 있는가를 물은 도마의 질문에 예수님은 왜 "내가 길이요"라고, 즉 길을 가르쳐주지 않고 '나'라고 말씀하신 것일까요? 오직 자신을 통해서만이 하나님께 이를 수 있다고 하십니다. 예수인 내가 길이니 오직 예수만 잘 믿으라는 것일까요? 이단 영생교 교주처럼 나 아니면 안 된다는 것일까요? 제 귀로는 예수님이 말씀하신 "내가 길이요"라는 말씀 속의 '나'라는 말이 단지 예수만을 지칭하는 말로 들려오지 않습니다. 그 길은 단지 2,000년 전에 살았던 예수님만의 길이 아닙니다. 그 길은 오늘을 살아가는, 오늘 버거운 삶 속에서 길을 찾아 헤매는 바로 나인 우리 각자의 길인 것입니다.

지금의 잘못된 길이 내 안에 있음을 발견하고 새 길을 찾고 묻는 것, 내 안에 새 길이 있음을 깨닫고 걷는 것, 바로 이것이 예수님이 깨달아 "내가 곧 길이요"라는 말씀의 의미일 것입니다. 내 안의 욕심, 내 안의 절망, 내 안의 안일함을 지우고 죽음조차도 이길 수 없는 새 길을 내 안에서 발견하는 것, 바로 이 깨달음이 있다면 우리도 예수님처럼 "내가 곧 길이요"라고 말할 수 있을 것입니다. 우리는 그 길이 된 분 앞에서 예배를 드리고 있습니다. 이한열, 그가 있었기에 길 없는 날에 길을 찾았습니다. 거기가 길의 끝인 줄 알았습니다. 정호승은 노래합니다.

길이 끝나는 곳에서도

길이 있다.

길이 끝나는 곳에서도

길이 되는 사람이 있다.

스스로 봄 길이 되어

끝없이 걸어가는 사람이 있다.

강물은 흐르다가 멈추고

새들은 날아가 돌아오지 않고

하늘과 땅 사이의 모든 꽃잎은 흩어져도

보라

사랑이 끝난 곳에서도

사랑으로 남아 있는 사람이 있다.

스스로 사랑이 되어

한없는 봄 길을 걸어가는 사람이 있다.

_ 정호승, 〈봄길〉

　　정말 미치도록 감동을 주는 시입니다. 길이 끝난 곳에서 우리는 스스로 길이 되어야 합니다. 진리의 길, 생명의 길을 열어야 합니다. 사랑이 끝난 곳에서도 사랑으로 남는 사람이 되어야 합니다. 이 세상 모두가 미친 듯이 남이 만든 탄탄대로의 넓은 길을 간다 해도 길이 아니면 가지 아니하는 것 그리고 가야 할 진리와 생명의 그 길이 끊겼다면 스스로 그 길이 되어 주는 것, 바로 이것이 하나님께 이르는 길입니다. 내가 길이 되는 것 외에 하나님께 이를 수 있는 길이란 없습니다.

　　87년의 얼마나 큰 전환기임을 모르는 사람은 없을 것입니다. 그 길이 되어 준 사람 이한열입니다. 우리는 그 길을 지금껏 잘도 왔습니다. 예수님은 자신이 가난한 목수이자 역시 목수인 아버지의 아들이 아니라 하늘 아버지의 아들인 것을 깨달았습니다. 그래서 새 길을 찾았습니다. 하늘에 계신 아버지에 이르는 길을 찾았던 것입니다. 우리 역시 그 길을 내 안에서 찾아야 할 것입니다. 예수를 믿는다는 것은 바로 예수님의 길이 내 안에 있음을 깨닫는 것입니다. 사도 바울이 갈라디아서 2장 20절에서 말씀하신 대로 "내가 산 것이 아니요 내 안에 그리스도께서 사신 것"입니다. 그렇다면 이제는 예수님이 말씀하신 "내가 곧 길이요"라는 말씀 속에서의 '나'는 내 안에 그리스도를 품고 사는 나 자신일 것입니다. 길을 찾고 있는 사람이 바로 나라면 바로 내가 길인 것입니다. 박노해 시인의 <다시>라는 시가 있습니다.

희망찬 사람은
그 자신이 희망이다
길 찾는 사람은
그 자신이 새 길이다
참 좋은 사람은
그 자신이 이미 좋은 세상이다
사람 속에 들어 있다
사람에서 시작된다
다시
사람만이 희망이다.

여러분, 버겁고 힘든 우리 현실의 길입니다. 그러나 거기서 죽어도 다시 일어서시어 "내가 곧 길이요"라고 주님의 길을 찾읍시다. 그럴 때 우리 역시 새롭게 일어나는 새 길을 내 안에서 찾게 될 것입니다. 그리고 주님처럼 "내가 곧 길이요"라고 고백할 것입니다. 그가 길이었 듯이 이제는 우리가, 내가 길이어야 합니다. 진리의 길, 살리는 생명의 길입니다.

(2012. 7. 5.)

백남기 농민을 추모하며
교단 시국기도회 행진에서

백남기 농민이 하늘의 부름을 받던 날 너무나 많은 백남기가 부활했습니다. "내가 백남기다"라고 외치는 사람들이 여기저기서 나타났습니다. 수많은 사람을 통해 백남기가 부활한 것입니다. 그 부활의 원형은 예수 그리스도입니다. 농민 백남기의 천주교 세례명은 예수님의 또 다른 이름인 '임마누엘'입니다. 그 뜻은 '하나님이 함께하신다'입니다. 그의 삶이 하나님이 함께 한 자의 삶이었습니다. 하나님은 그를 통해 자신을 드러내셨습니다. 이것은 예수님의 부활이었습니다. 독재자 박정희와 전두환에 저항했던 농민 백남기의 젊은 날의 학생운동, 81년 고향 보성으로 간 이후의 농민운동은 분명 하나님이 함께하셨던 부활한 예수의 삶이었습니다. 주님은 제자 빌립에게 "나를 본 사람은 아버지를 보았다"고 말씀하셨습니다. 우리는 감히 이렇게 말합니다. "백남기를 본 사람은 예수 그리스도를 보았다"고….

백남기는 물대포로 엄청난 세례를 받은 후 그는 모두에게 알려진 '그 공생애'가 되었습니다. 마치 요단강에서 세례를 받으신 예수님처럼 말입니다. 그 세례는 육적으로는 죽음이었지만, 영적으로는 부활이었습니다. 그는 묵묵히 자기 십자가를 받아들였습니다. 희생만 당하고 살아온 이 땅의 농민들의 고통을 온몸으로 느끼며 그 십자가를 받아들였습니다. 그에게서 예수의 십자가는 '자기 십자가'였습니다. 그는 잘 알고 있었습니다. 멀리서 바라만 보는 예수의 십자가가 자기 십자가가 되지 않고서는 자신의 구원도, 세상의 구원도 없다는 것을 뼈저리게 깨달으며 살아왔습니다.

우리는 그에게서 하나님을 봅니다. "내 아버지는 농부이시다"라고 주님은 말씀하셨습니다. 말씀이 육신이 되신 하나님은 자기 십자가를 진 백남기에게서 그 모습을 드러내셨습니다. 오늘도 밥상에서 내게 생명을 준 농부 백남기, 그가 생명의 밥이었습니다. 그가 자신을 내어놓으므로 그는 스스로 성찬의 떡이 되어 우리에게 생명의 양식이 되었습니다. 우리는 농부인 그에게서 충만한 신성함을 보게 됩니다. 역시 하나님은 농부이십니다.

그는 우리더러 부활하라고 합니다. 그의 죽음은 바로 그 부활을 웅변합니다. 내가 백남기입니다. 이제 죽은 백남기가 산 박근혜를 밀어내고 있습니다. 우리를 통해서 말입니다. 교회는 부끄럽습니다. 주님을 배반한 부끄러움 때문에 다락방에 숨어 전전긍긍하던 제자들에게 성령의 임재로 사람다운 숨을 쉬고 외치기 시작한 것이 교회의 시작입니다. 세상이 예수를 죄인으로 죽였지만, 제자들은 그를 죽인 이들을 불의라고 고발하기 시작합니다. 그들에게서 예수가 일어난 것입니다.

그러나 여전히 오늘의 교회는 높이 단 십자가를 바라볼 뿐입니다. 자기 십자가는 없고, 성령강림은 신내림에 불과했습니다. 거룩한 영은 없고, 사이비 열광주의만 있을 뿐입니다. 부끄러운 우리 모습입니다. 이제라도 교회는 농민 백남기를 통해 진정한 성령이 무엇인지를 삶으로 깨달아야 합니다. 세상의 불의한 권력자들은 그를 물대포로 땅바닥에 내동댕이쳤지만, 하나님은 그를 하늘로 올리셨습니다. 그의 빛이 너무나 환하여 살인자들의 모습이 속속들이 드러나고 있습니다.

이제 우리는 그의 죽음을 헛되이 할 수 없습니다. 분명한 것은 그의 부활은 우리에게 달려 있습니다. 예수님의 부활이 제자들의 용기있는 고백과 외침에 있었듯이 그의 부활은 우리의 자기 십자가에 있습니다. 살인 정권은 그를 죄인으로 몰아갔지만, 우리는 그가 의인임을 압니다. 그것은 "내가 백남기다"라고 고백하고 외칠 때입니다. 더 이상 부끄러운 교회가 되어서는 안 됩니다. 오늘 이 자리는 결코 추모의 자리가 아니라 나도 백남기로 살겠다는 결단의 자리입니다.

(2016. 11. 11.)

전남NCC 제3차 총회를 열며

하나님의 은혜가 함께하기를 기도합니다. 코로나19의 시간이 저물어 갑니다. 다시 일상이 회복될 것입니다. 그러나 이 회복은 코로나19 이전으로 회귀하는 회복이 아닌 새로운 시대와 만나는 회복입니다. 그렇기 때문에 이번 총회는 우리에게 특별합니다. 새로운 시대를 예비하는 총회로 맞이하기 때문입니다. 새로운 시대를 맞이한다고는 하지만, 우리 앞에 놓인 과제들은 여전합니다. 세월호, 인권, 개혁, 통일, 차별금지법, 기후위기에 대한 대처 등등. 산더미처럼 쌓인 일들이지만, 이 모든 일을 함께할 수 있는 교회와 우리의 연대가 있어 마음은 한결 가볍습니다. 새 마음이 새 시대의 본질입니다. 또한 정치권의 변화는 우리에게 어떤 기대도 필요하지 않은 우리의 몫이 있다는 것을 알려 주었습니다. 더 힘든 과정을 겪겠지만, 누구에게도 기대하지 않는 하나님의 길을 갈 것입니다.

2020년 11월에 출범한 우리 전남NCC는 세 번째 총회를 맞이하였습니다. 그동안 산발적이고 개별적으로 해 오던 교회의 사회적 책임의 사명들을 서로 협력하고 연대하여 수행해 왔습니다. 이제 좀 더 가까이 그리고 깊이 각각의 사안들에 접근해 갈 때입니다. 각 위원회와 지역회가 짊어질 무게가 더해질 것입니다. 거리 두기의 시간이 끝나갑니다. 이제 우리도 서로에게 한 걸음 더 가까이 다가가며 서로의 뜻과 마음에

닿는 시간을 맞이하면 좋겠습니다. 주님의 깊은 뜻을 찾는 전남NCC 세 번째 총회가 되기를 기도하며 함께 하신 모든 회원 여러분을 환영합니다.

(2022. 5. 10.)

정의당 차별금지법 발의 지지 발언
2020. 7. 9. 전남도청 기자회견

얼마 전 국가인권위원회 회의에서 들려온 이야기입니다. 차별금지법 제정은 이번이 기회라는 겁니다. 초선의원이 151명이나 되기에 아직 정치적으로 덜 되바라진, 덜 똑똑한 이들을 중심으로 해 나가면 가능할 것이라는 우스개 같은 이야기입니다. 지금까지는 차별금지법을 당론으로 정하는 데 보수 개신교와 천주교의 반대가 지극한 영향을 끼쳤습니다. 다름 아닌 표가 걸렸기 때문입니다. 그래서 이번에는 당론이 아니라 의원들 각개 격파로, 그것도 아직 순진한 초선의원 중심으로 해 보자는 말이 나왔다는 것입니다.

그런데 이번에 정의당이 당론으로 정하여 포괄적 차별금지법을 발의하게 되니 감회가 새롭습니다. 사실 당연한 일인데 여기까지 왔습니다. 그 발목을 잡은 중심에는 보수 기독교가 있어 왔습니다. 그러나 문제될 것은 없습니다. 몇 년 전 제가 지금 시무하고 있는 교회에서 장로, 안수집사를 중심으로 교회의 금기로 여겨지는 동성애에 대한 토론회를 가졌습니다. 의외의 반응에 놀랐습니다. 동성결혼, 차별금지법 등은 당연한 것이 아니냐는 겁니다. 그래서 생각하게 되었습니다. '이것은 기독교 전체의 문제가 아니라 지도자들의 문제였구나' 하고 말입니다.

사실 성서의 역사는 낯선 이방인을 받아들이는 역사입니다. 유대인의 율법에는 이방인과는 상종해서는 안 된다고, 이방인을 만나면 손을 씻어야 하는 정결 예법까지 있습니다. 마가복음 7장은 바로 그것을 다루고 있습니다. 이방인은 죄인이니 쳐다보기면 해도 더러워진다고, 그러니 이방인을 만나면 손을 씻어야 한다는 말 같지도 않은 법에 대해서 말입니다. 그러나 예수는 그의 평생을 유대인에 의해 불결한 이방 땅이라고 낙인찍힌 갈릴리와 사마리아를 제 집 드나들 듯하며 평화와 화해의 사역을 펼치는 데 바쳤습니다.

　　마침내 바울은 이방인을 유대의 율법과 관계없이 기독교인으로 맞이하자는 합의를 예루살렘교회 지도자들과 최초로 하게 됩니다. 말하자면 오늘 정의당처럼 사도 바울이 이방인에 대한 차별금지법 발의를 하게 된 것입니다. 저는 오늘 2,000년 전 바울을 이곳에서 만납니다. 이것이 역사입니다. 이것이 신앙고백입니다. 오늘 정의당은 성서적 입장에서 본다면 익명의 그리스도인입니다. 사실 평등은 그리스도인이건 아니건 누구에게나 소중한 것입니다. 사도 야고보는 어떤 사람도 차별받아서는 안 된다고 공언합니다. 저와 오늘 오신 목사님들의 소속 교단인 한국기독교장로회도 정의당의 발의에 적극적인 환영의 답변을 보냈습니다.

　　오늘날 우리가 차별 없이 맞아들이자는 낯선 이방인 중에는 성적 지향이 다른 성소수자들이 있습니다. 동성애를 비롯한 이 사람들은 소수이기에 소통이 뜸합니다. 그래서 우리에게 낯선 나그네들입니다. 그러나 그런 이유로 더 이상 이들이 차별받거나 스스로를 숨기거나 하는 낯선 이방인으로 살아가서는 안 됩니다. 정의당 차별금지법 발의는 당연히 맞이해야 할, 나그네를 환대하는 그 시작입니다. 이것은 평화의 축제입니다.

파울로 코엘료의 『흐르는 강물처럼』에 나오는 이야기로 끝을 맺겠습니다. 다보스에서 열린 세계경제포럼에서 노벨평화상 수상자 시몬 페레스가 들려준 이야기입니다.

한 랍비가 제자들을 모아 놓고 물었다.

"밤이 끝나고 날이 밝는 정확한 순간을 어떻게 알아낼 수 있느냐?"

"양 떼 사이에서 개를 가려낼 수 있을 때입니다."

어린 소년이 답했다.

한 제자는 이렇게 말했다.

"아닙니다. 멀리서도 무화과나무와 올리브 나무를 구별할 수 있어야 밝은 겁니다."

"둘 다 신통치 못한 대답이다."

"그럼 정답은 뭔가요?"

제자들이 묻자 랍비가 대답했다.

"한 이방인이 우리에게 다가오고 있을 때, 우리가 그를 형제로 받아들여 모든 갈등이 소멸되는 그 순간이 바로 밤이 끝나고 날이 밝는 순간이다."

(2020. 7. 9.)

세월호 추석 차례 기억사

또다시 살인의 추억인가요? 8년을 훌쩍 넘겼습니다. 아홉 번의 추석을 맞이했습니다. 설마 추억에는 시효가 없겠지요. 우리 수준이 이것밖에 안 됩니다.

사회적 참사 조사위원회가 3년 6개월의 조사 기간을 종료하고 세월호참사 관련 보고서를 내놨습니다. 보고서는 허무했습니다. 요약하면 세 가지 한계점이 드러났습니다. 참사 당일 구조 방기의 핵심 원인에 대한 조사가 제대로 이루어지지 않은 점, 진실은 은폐하고 증거는 인멸하고 조사를 방해한 행위, 피해자 권리를 침해하고 사찰한 행위 등 광범위하게 자행된 국가폭력의 실체를 확인했지만, 그 전모를 추적하고 밝혀내지 못한 점, 침몰 원인마저 결론 내리지 못한 점 등입니다.

누가 흔히 일어나는 교통사고라고 하지 않았나요? 그렇다면 아무리 작은 사고도 원인이 있고 책임지는 사람이 있는 법인데 이렇게 큰 사고가 이렇게 묻혀 갑니다. 처음 이 사건 이후 몇 년간 팽목으로, 목포로 많은 국회의원을 비롯한 정치인들이 왔다 갔습니다. 마치 내일이면 진실을 밝힐 것처럼 말입니다. 비로소 우리는 알았습니다. 모든 정치인의 목적은 집권이고, 여야 서로 같은 편이라는 것을 말입니다. 세월호 관리자인 국정원 대표의 보고가 얼마 전 나왔습니다.

더 이상 나올 것이 없다였습니다. 원인도 모르고 아무도 책임지지 않는 우리 역사의 반복을 또다시 봅니다. 그야말로 '살인의 추억'입니다. 그리고 그 추억거리는 곧 머지않아 또다시 반복될 것입니다.

사참위의 보고서는 세월호참사의 실체적 진실과 책임 규명에 다가가는 것을 가로막는 거대한 권력이 여전히 존재함을 여실히 드러냈습니다. 오늘 현실입니다. 이렇게 잊어야 할까요? 이렇게 기억은 망각의 늪에 빠지는 것일까요? 다시 다짐하기도 무안합니다. 이렇게 끝나고 묻혀야 하는 것일까요? 오늘은 절망입니다. 절망의 기억뿐입니다. "잊지 않겠습니다. 꼭 기억하겠습니다." 이 약속 못 지켰습니다. 할 말이 없습니다. 용서하십시오. 부끄럽습니다.

(2022. 9. 9.)

산돌교회 담임목사 취임사

제 나이 서른한 살 때 목사 안수를 받고 원주에서 목회를 시작했습니다. 처음에는 힘들었던지 마흔이 되면 목회를 잘할 것이라고 스스로를 위로했습니다. 그리고 나이 마흔이 되었을 때도 쉰이 넘으면 잘할 것이라고 여겼습니다. 그런데 쉰이 넘고 나서는 의문이 들기 시작했습니다. 60이 되면 과연 잘할 수 있을까? 이런 의문은 단지 교회의 운영에 있어서뿐이 아니라 목회 전반에 걸쳐서 일어났습니다. 날이 갈수록 성서에 대한 의문도 커져 가고 교회와 교리에 대한 질문도 꼬리에 꼬리를 물고 일어납니다. 사실 삶에 정답이 없다는 것을 안다면 그리 이상한 일도 아닙니다. 그러나 가만히 생각해 보니 믿음을 말해야 할 목사가 오히려 의심이 더 커져 가고 있다는 것을 보게 되었습니다. 교우들에게 믿음을 줘야 할 목사가 오히려 의문을 던지고 있는 것입니다.

이제 목사가 된 지 26년이 됩니다. 물론 결점투성이의 목회였습니다. 생각해 보니 목회해야 할 저 자신이 목회 받아야 할 사람이었습니다. 강대상에 있다 보니 늘 하나님 편에 서 있는 것처럼, 늘 주님과 함께 있는 것처럼 착각하고 살아왔습니다. 스스로 목회를 받아야 하는 만인 중의 하나임에도 만인을 목회하는 성별된 하나라고 착각한 것입니다. 이제 새로운 임지에서 목회를 시작하면서 저를 청빙해 주신 목포산돌교회 교우들에게 그리고 저를 반갑게 맞아주신 전남노회 동역자들에게 저에 대한 목회를 부탁드리고 싶습니다. 아울러 그동안 제 실패와 부족을 덮어주고 격려하고 위로하며 저를 목회해 준 하늘샘 교회 교우들과 강가에 아기를 보낸 것처럼 늘 걱정해 주고 기도해 준 선후배 목회자 동료들과 통일의 길을 함께 가며 고통받는 이웃의 자리를 잊지 않게 해 준 예수살기, 목정평, 겨레하나, 평통사 식구들과 언제나 가족처럼 같이한 한모임 식구들과 함께 제 신앙의 소중한 길잡이이신 친지 가족들에게 감사를 드리면서 취임식 인사를 맺습니다.

(2012. 5. 12.)

말씀 가까이
(「국민일보」 Q.T)

복음의 본질

그리스도께서 우리를 자유롭게 하려고 자유를 주셨으니 그러므로 굳건하게 서서
다시는 종의 멍에를 메지 말라(갈 5:1).

자유(自由)라는 한자는 스스로 자(自)에 말미암을 유(由)입니다.
자발적이고 주체적인 '나'로 말미암는 것이 자유입니다. 구약성서의
자유는 출애굽입니다. 히브리 노예들을 해방시키기 위해 하나님은
모세를 부릅니다. 그때 모세는 히브리인들이 자신을 보내신 분, 하나님
의 이름을 물으면 무엇이라고 대답해야 하냐고 묻자 하나님은 "나는
스스로 있는 자"(출 3:14)라고 대답합니다. 왜 하나님은 자신을 이렇게
소개했을까요.

히브리인들은 하나님만이 "나는 나다"라고 말할 수 있다고 합니다.
주인이기 때문입니다. 하나님은 히브리 노예들에게도 '나'라는 주인이
되게 해 주고 싶었던 것입니다. 신약성서 역시 그 자유의 길을 주님께서
가르치십니다. "진리가 너희를 자유롭게 하리라"(요 8:32). 그 진리가
복음입니다. 복음의 본질은 자유입니다. 하지만 우리는 주인이 되지
못하고 오히려 종노릇합니다. 오늘 우리가 주인인 '내'가 되지 못하게
하는 종의 멍에는 무엇일까요.

(2022. 12. 1.)

나를 따라오라

예수께서 이르시되 나를 따라오라 내가 너희로 사람을 낚는 어부가 되게 하리라 하시니(막 1:17).

예수님이 하나님의 복음을 전하는 공생애를 시작하면서 시몬과 그 형제 안드레를 제자로 부르는 장면입니다. 첫 일성은 "나를 따라오라"였습니다. 직역하면 '뒤테(오라) 오피소(뒤로) 무(나의)'입니다. 내 뒤로 오라는 말입니다. 내 앞에 서지 말고 내 뒤에서 나를 따라오라는 말입니다. 믿음은 그분을 따르는 것입니다.

베드로는 주님이 고난 당하고 십자가의 죽음을 당할 것이라는 말에 주님을 붙들고 항변합니다(막 8:31-32). 그는 사실 따라야 할 고난과 죽음이 두려웠기 때문이 아닐까요. 그때 주님은 베드로를 꾸짖으며 "사탄아, 내 뒤로 물러가라"(막 8:33)고 말씀하십니다. 헬라 어로 '휘파게(물러가라) 오피소(뒤로) 무(나의)'입니다. 내 뒤로 물러가서 나를 따르라는 말씀입니다. 주님은 이어 무리와 제자들을 불러 말합니다. "누구든지 나를 따라오려거든 자기를 부인하고 자기 십자가를 지고 나를 따를 것이니라"(막 8:34).

믿는 사람은 예수님처럼 사는 자입니다. 베드로가 '교회의 반석'(마 16:18)에서 '사탄(마 16:23)이 되는 건 한순간이었습니다. 우리는 주님의 길을 가로막는 자가 아니라 따르는 자가 돼야 합니다.

(2022. 12. 2.)

야곱의 허리

야곱의 허리에서 나온 사람이 모두 칠십이요 요셉은 애굽에 있었더라(출 1:5).

출애굽기는 야곱의 계보로부터 시작합니다. 이 계보 끝 출애굽기 1장 5절은 창세기 46장 27절을 그대로 인용하면서도 단 하나의 단어를 바꿔 말하고 있습니다. 야곱의 '집 사람'을 야곱의 '허리'로 바꿉니다. 여기서 간과해선 안 될 메시지가 있습니다. '야곱의 허리'란 히브리어로 '예렉 야코프'라고 하는데, '예렉'은 단지 허리가 아니라 '허벅지 관절에 있는 둔부의 힘줄'(창 32:32)로 '허벅다리 사이', 사타구니, 즉 '생산의 자리'를 의미합니다.

야곱은 얍복강에서 하나님의 축복을 받아내겠다고 씨름해 기어이 이깁니다. 이때 생산의 자리가 골절되는 부상으로 절뚝거리는 증상을 입게 됩니다. 그 대가로 야곱과 그 자손들의 번영을 약속받았기에 '허리'라는 단어를 의도적으로 쓴 것입니다. '야곱의 허리'는 야곱의 고난을 통해 세워진 이스라엘 가문을 뜻합니다. 이스라엘의 번성(출 1:7)엔 조상들의 고난의 대가가 있었습니다.

믿음의 가문은 그냥 세워지는 것이 아닙니다. 인생의 값은 고난의 값입니다. 하나님의 약속은 저절로 성취되는 것이 아닙니다. 그 약속을 이루기 위해 과정이라는 고난을 지불해야 합니다. 그만한 값을 치를 때 비로소 값진 인생이 됩니다.

(2022. 12. 3.)

겨자씨를 심고 계시나요

또 비유를 들어 이르시되 천국은 마치 사람이 자기 밭에 갖다 심은 겨자씨 한 알
같으니 이는 모든 씨보다 작은 것이로되 자란 후에는 풀보다 커서 나무가 되매
공중의 새들이 와서 그 가지에 깃들이느니라(마 13:31-32).

예수님은 천국을 작은 겨자씨 한 알에 비유합니다. 작더라도 생명
이 있기 때문입니다. 생명(生命)은 '살고 살리는 것은 하나님의 명령'이
라는 뜻입니다. 제국의 폭군이나 독재자는 전쟁과 억압을 통해 자기를
세우지만, 예수님은 생명을 살리려 자신을 죽음에 내어줍니다. 생명은
제국과 천국의 결정적 차이입니다.

거창한 나라만의 이야기가 아닙니다. 소박한 우리의 이야기이기도
합니다. 작은 겨자씨 같은 평범한 일상에서 생명이 있음을 보는 사람은
지금 천국에 살고 있습니다. "학교 다녀오겠습니다" 하며 달려 나가는
아이의 모습에서 천국을 보지 못한다면, 그의 '자기 밭'인 인생에
천국이 있을까요. 그리스도인은 작은 겨자씨가 지닌 거룩한 생명의
힘을 아는 사람입니다. 여러분은 자기 밭에 겨자씨를 심고 계시나요

(2022. 12. 5.)

그러나 노아는

여호와께서 사람의 죄악이 세상에 가득함과 그의 마음으로 생각하는 모든 계획이 항상 악할 뿐임을 보시고… 그러나 노아는 여호와께 은혜를 입었더라(창 6:5-8a).

하나님은 아무리 좋은 것을 주어도 악한 것을 도모하는 사람의 마음을 보셨습니다. 하나님은 땅 위에 사람 지으셨음을 한탄하셨습니다. '한탄하다'는 히브리어로 '후회한다'는 말입니다. 이 말은 "여호와는 맹세하고 변하지 아니하시리라"(시 110:4)는 말씀과 모순됩니다. 사실은 모순이 아니라 사람에 대한 하나님의 기대와 사랑을 나타낸 말입니다.

결국 하나님은 심판을 결정합니다. 당신이 창조한 모든 생명을 쓸어버리기로 결정한 하나님의 마음은 후회와 근심뿐입니다. '그러나 노아'가 있었습니다. "노아는 여호와께 은혜를 입었더라"라는 말씀을 직역하면 "노아는 여호와(야훼)의 눈 안에서 은총을 발견했다"입니다. 심판 속에서 은혜를 발견한 노아를 통해 하나님은 새 세상을 펼치셨습니다. 은혜를 발견한 그대가 노아입니다.

(2022. 12. 6.)

아나니아와 삽비라

베드로가 이르되 아나니아야 어찌하여 사탄이 네 마음에 가득하여 네가 성령을 속이고 땅값 얼마를 감추었느냐… 어찌하여 이 일을 네 마음에 두었느냐 사람에게 거짓말한 것이 아니요 하나님께로다(행 5:3-4).

초대교회 공동체에는 가난한 사람이 없었습니다. 자발적으로 자기 밭과 집을 팔아 하나님께 바쳐 사도들이 각 사람의 필요에 따라 나누어 주었기 때문입니다. 그중 바나바도 밭을 팔아 사도들의 발 앞에 두어 초대교회에 큰 모범이 되었습니다(4:34-37). 이 모습을 본 아나니아와 삽비라 부부도 소유를 팔아 하나님께 바쳤습니다. 하지만 이 부부는 한날 죽습니다. 바치지 않아서가 아니라 바쳐서 죽었습니다. 다 바친 것처럼 거짓말을 했기 때문입니다. 단지 사람을 속인 것이 아니라 하나님을 속인 것입니다(9절).

'야훼는 은혜롭다'는 뜻의 아나니아, '아름답다'라는 뜻의 삽비라였지만, 이들 부부의 마지막 인생은 처참했습니다. 허영의 신앙, 허영의 봉사, 허영의 봉헌이 적지 않습니다.

(2022. 12. 7.)

표적

예수께서 대답하여 이르시되 내가 진실로 진실로 너희에게 이르노니 너희가 나를 찾는 것은 표적을 본 까닭이 아니요 떡을 먹고 배부른 까닭이로다 썩을 양식을 위하여 일하지 말고 영생하도록 있는 양식을 위하여 하라 이 양식은 인자가 너희에게 주리니 인자는 아버지 하나님께서 인치신 자니라(요 6:26-27).

오병이어 기적 이후 사람들은 예수님을 임금으로 삼으려고 했습니다. 사람들 눈에 예수님은 기적의 메시아로 보였던 것입니다. 하지만 요한은 이 사건을 '표적'이라고 했습니다.

사실 신약 성경(개역개정)에는 '기적'이라는 말이 단 한 번 나옵니다(살후 2:9). 과거 영어 번역은 표적을 대부분 '미라클'(기적)로 번역했지만, 최근에는 '신호'를 뜻하는 사인으로 번역되고 있습니다. 표적은 기적 자체를 넘어 하나님의 메시지를 담고 있기 때문입니다.

하나님이 주시는 표적은 영원한 생명의 양식입니다. 이 양식은 그리스도의 가르침과 삶입니다(35절).

(2022. 12. 8.)

부끄러움

인자야 너는 이 성전을 이스라엘 족속에게 보여서 그들이 자기의 죄악을 부끄러워하고 그 형상을 측량하게 하라(겔 43:10).

하나님은 새 성전 안으로 들어오시는 당신의 환상을 에스겔에게 보여 줍니다. 바벨론에 포로로 잡혀간 이스라엘의 회복을 알리는 환상입니다. 그러나 거기에는 조건이 있습니다. 바로 역사 청산입니다. "이스라엘 족속 곧 그들과 그들의 왕들이 음행하며 그 죽은 왕들의 시체로 다시는 내 거룩한 이름을 더럽히지 아니하리라"(7절)고 말씀합니다. 여기서 음행은 강대국의 힘에 의존한 것과 그 나라의 신을 섬긴 우상 숭배를 말합니다. 죽은 왕들의 시체를 언급한 것은 지난 왕들의 부정을 고발한 것입니다. 지난 죄를 부끄럽게 여기고 반복하지 않기 위해 과거를 청산하라는 것입니다.

우리는 어떤가요. 한국교회는 지난 역사를 부끄러워하고 있나요. 일제 강점기의 천황 숭배와 신사참배에 공식적으로 부끄러움을 고백한 적이 있나요. 오히려 불의한 권력에 동조하지는 않았나요. 개신교는 프로테스탄트, '저항자'라는 뜻입니다. 과연 불의에 저항했나요. 오히려 교회를 사유화하지는 않았나요. 웅장한 교회 건물과 '환상'적인 예배, 과연 하나님이 그곳에 들어가실 수 있을까요. 참된 신앙은 부끄러움을 아는 것입니다.

(2022. 12. 9.)

예수 그리스도의 이름으로

그리스도께서 어찌 나뉘었느냐 바울이 너희를 위하여 십자가에 못 박혔으며 바울의 이름으로 너희가 세례를 받았느냐 나는 그리스보와 가이오 외에는 너희 중 아무에게도 내가 세례를 베풀지 아니한 것을 감사하노니 이는 아무도 나의 이름으로 세례를 받았다 말하지 못하게 하려 함이라(고전 1:13-15).

어째서 바울은 지극히 소수에게만 세례를 준 것을 감사하다고 하는 걸까요 스데바나 가족에게 준 세례만 기억날 뿐이라고 말합니다(16절). 바울에 의해 유대 회당장인 그리스보가, 그 집 전체가 그리스도인이 된 것(행 18:8)은 엄청난 사건입니다. 그럼에도 왜 바울은 마치 세례를 주지 않는 것을 감사한 것처럼 말하는 걸까요.

그 이유는 '나의 이름'에 있습니다. 고린도교회는 지금 사도의 이름을 따라 갈라져 있습니다(12절). 분열된 모습을 안타까워한 바울이 고린도 교인들을 질책하고 있는 것입니다. 저 역시 "그 교인은 제가 세례를 주었습니다"라고 말한 적이 적지 않습니다. 마치 제가 십자가에 못 박힌 것처럼 말입니다.

오늘도 우리는 '예수 그리스도의 이름으로' 기도합니다. 그분께서 십자가의 죽음으로 나를 살렸기 때문입니다.

(2022. 12. 10.)

죄의 점층법

복 있는 사람은 악인들의 꾀를 따르지 아니하며 죄인들의 길에 서지 아니하며 오만한 자들의 자리에 앉지 아니하고(시 1:1).

복은 하지 말아야 할 것을 하지 않고(1절), 해야 할 것을 하는 데서(2절) 옵니다. 복은 히브리어로 '아쉬레'로 '올바르다'라는 뜻입니다. 복은 그냥 오는 것이 아니라 올바른 삶에서 옵니다. 모든 것의 시작은 생각입니다. 죄는 악한 생각(꾀)에서 시작합니다. 악한 생각이 쌓여 죄를 일으킵니다. 악한 것은 생각이라도 멈춰야 합니다. 멈추지 않으면 죄의 길에 들어섭니다. 죄인을 히브리어로 '하타임'이라고 하는데, 이 말은 '길을 잃다'라는 뜻의 동사 '하타'에서 온 말입니다. 죄의 길임을 알았다면 벗어나야 합니다. '오만한 자'는 히브리어로 '레침'인데, '조롱하다', '비웃다'라는 뜻의 동사 '리츠'에서 온 말입니다. 오만한 사람은 선과 의를 비웃습니다. 악과 죄가 일상의 삶입니다.

그 과정이 점층적입니다. 꾀-죄-오만한 자리입니다. 더욱이 '악인들', '죄인들', '오만한 자들'은 복수입니다. 집단은 죄의식을 둔감하게 합니다. 아니, 죄가 오히려 별이 돼 그 수를 가지고 자랑합니다. 그러므로 선한 생각을 쌓게 하는 말씀(율법)을 사모하십시오(2절).

(2022. 12. 12.)

급히 먹으라

너희는 그것을 이렇게 먹을지니 허리에 띠를 띠고 발에 신을 신고 손에 지팡이를
잡고 급히 먹으라 이것이 여호와의 유월절이니라(출 12:11).

어느 날 밤 하나님이 갑자기 이스라엘 백성들에게 이집트를 떠나라고 합니다. 하루 일과를 마치고 집에서 쉬려고 하는 이스라엘 백성에게 하나님은 그 밤을 지체하지 말고 떠나라고 말합니다. 저녁 식사도 차려 먹을 시간 없이 떠나라고 합니다. 시간이 없으니 쓴 나물과 무교병을 먹으라고 합니다(8절). 사실 쓴 나물과 누룩 없는 떡, 이것은 시간만의 문제가 아니라 본질의 문제입니다. 맛은 본질이 아닙니다. 쓴맛이 본질이고, 맛을 내게 하는 누룩은 비본질입니다. 본질만 갖추고 가자는 것입니다. 그만큼 긴박하고 절실합니다.

더욱이 허리에 띠를 띠고, 발에 신을 신고, 손에 지팡이를 잡고 급히 먹으라고 합니다. 떠나야 할 시간의 긴박성을 말해줍니다. 왜 하나님은 이스라엘 백성들에게 급하게 떠나라고 재촉하고 있는 것일까요. 오늘이 아니면 내일은 없기 때문입니다. 오늘 떠나지 않으면 내일 역시 노예입니다. 오늘 우리는 무엇의 노예가 되고 있습니까. 오늘을 유월절로 만드십시오.

(2022. 12. 13.)

당신이 잘 되시거든

"당신이 잘 되시거든 나를 생각하고 내게 은혜를 베풀어서 내 사정을 바로에게 아뢰어 이 집에서 나를 건져 주소서"(창 40:14).

형들에 의해 미디안 사람에게 팔린 요셉은 애굽으로 가 바로의 친위 대장 보디발의 종이 됩니다(창 39:1). 언제나 하나님이 함께하신 요셉은 주인에게 그 성실함을 인정받아 주인의 모든 소유를 관리하는 위치에 오릅니다(5-6절). 그러나 여주인의 유혹을 거절하다 오히려 누명을 쓰고 억울한 옥살이를 하게 됩니다. 그때 옥에 바로의 술 맡은 관원장이 있었는데, 어느 날 요셉은 그가 꾼 꿈을 해몽해 주었습니다. 그 해몽은 사흘 안에 그가 복직된다는 것입니다. 이 해몽과 함께 요셉은 그에게 "당신이 잘 되시거든" 자신의 억울한 사정을 바로에게 말해 풀어달라고 청하게 됩니다.

술 맡은 관원은 요셉의 말대로 복직됐습니다. 요셉의 말 그대로 그는 잘 되었습니다. 그러나 그는 요셉의 부탁을 까맣게 잊었습니다. 사람이 잘되면 잘되지 못한 사람을 기억하지 못합니다. 그때는 같은 감옥에 갇혀 있는 감옥 동기였지만, 이제 그 신분의 차이는 큽니다. 하잘것없는 외국인 종을 기억할 리 없습니다. "당신이 잘되시거든" 당신에 갇혀 당신만 잘된 형편을 누리지만 말고 힘들어 절규하는 사람들을 건져 주시기 바랍니다.

(2022. 12. 14.)

그 음성을 보기 위하여

몸을 돌이켜 나에게 말한 음성을 알아 보려고 돌이킬 때에 일곱 금 촛대를 보았는데 촛대 사이에 인자 같은 이가 발에 끌리는 옷을 입고 가슴에 금띠를 띠고(계 1:12-13).

하나님의 말씀과 예수를 증언했다는 이유로 밧모섬에 갇혀 있었던 요한은 당시 핍박받는 일곱 교회(촛대)를 향한 음성을 듣습니다. 요한은 '그 음성을 알아보려고' 돌아섰습니다. 이 표현을 직역하면 '그 음성을 보기 위하여'입니다.

베토벤은 귀가 멀었을 때 <월광 소나타>를 작곡했습니다. 그는 소리를 눈으로 보면서 오선지에 위대한 음악을 탄생시켰습니다. 돌이켜서 보니 촛대 사이에 인자 같은 이가 있었습니다. 인자는 말씀을 삶으로 보이신 예수님입니다. "말씀이 육신이 되어 우리 가운데 거하시며"(요 1:14).

그 음성(말씀)을 보기 위해서는 우리 삶을 '돌이켜야' 합니다. 요한은 '돌이킬 때에' 그 음성을 보았습니다. 말이 공허한 시대에 살고 있습니다. 돌이켜 삶이 되지 않았기 때문입니다. 말씀이 삶이 되는 기다림의 계절입니다.

(2022. 12. 15.)

자비로 위장한 경쟁

병자가 대답하되 주여 물이 움직일 때에 나를 못에 넣어 주는 사람이 없어 내가
가는 동안에 다른 사람이 먼저 내려가나이다(요 5:7).

베데스다는 '자비의 집'이라는 말입니다. 천사가 가끔 못에 내려와 물을 움직이게 하는데, 이때 먼저 들어가는 자는 어떤 병에 걸렸든지 낫게 된다는 것입니다(4절). 38년 동안 누워 앓고 있는 병자에게 예수님이 찾아와 "네가 낫고자 하느냐"(6절)고 묻자 이 병자는 질문에 대답은 안 하고 자신을 못에 넣어 주는 사람이 없어 자신이 가는 동안 다른 사람이 먼저 간다고 말합니다.

'자비의 집'이라는 말이 무색합니다. 사실은 경쟁입니다. 이단이 그러합니다. 144,000명이 커트라인입니다. 요한계시록의 144,000(계 7:4)은 숫자 자체가 아니라 무수히 많다는 상징입니다. 하나님 나라는 제한된 수에 맞춰 경쟁해서 들어가는 곳이 아닙니다. 주님께서도 "네 아버지 집에 거할 곳이 많도다"(요 14:2)라고 말씀하십니다. 이단은 거짓 자비로 경쟁을 부추깁니다. 교주에 대한 충성 경쟁입니다. 주님은 그 자비 교단이라는 이단에 현혹된 병자에게 "일어나 자리를 들고 걸어가라"(8절)고 말씀하십니다. 구원은 경쟁해서 되는 것이 아니라 낫고자 하는 자신의 믿음에 달린 것입니다.

(2022. 12. 16.)

그의 입이 곧 열리고

이에 그 입이 곧 열리고 혀가 풀리며 말을 하여 하나님을 찬송하니(눅 1:64).

제사장 사가랴와 그의 아내 엘리사벳은 나이가 많아 아이를 가질 수 없었습니다(7절). 그런데 사가랴가 제사직의 관례에 따라 분향을 맡게 되었을 때, 천사 가브리엘이 나타나 사가랴에게 아이를 가질 것이니 그 이름을 요한으로 지으라고 했습니다(13절). 사가랴는 임신을 이미 포기하고 있던 터라 믿지 않았고, 천사는 일이 이뤄질 때까지 사가랴가 말하지 못하게 합니다(20절). 엘리사벳은 해산 달이 차서 아들을 낳았습니다(57절). 이웃과 친족이 주님의 긍휼히 여기심을 두고 즐거워하며 아기 이름을 아버지 이름을 따라 '사가랴'로 짓자고 했습니다(59절). 아버지의 이름을 따라 짓는 것은 유대인의 관례입니다. 그러나 엘리사벳은 천사가 정해준 이름인 '요한'으로 할 것이라고 합니다(60절). 하나님은 늙어 자식을 포기한 사가랴 부부에게 아기를 주었고, 아버지의 이름이 아닌 하나님이 준 이름 '요한'으로 짓게 합니다.

이름은 지어준 분의 뜻을 나타냅니다. 그러자 사가랴가 비로소 말을 하게 됩니다. 요한은 사가랴 부부의 소유가 아니기 때문입니다. 우리는 자녀를 우리 소유처럼 키우고 있지는 않나요. 욕망의 입을 닫아야 합니다.

(2022. 12. 17.)

주인이신 하나님의 뜻을 찾는 것

이에 서로 말하되 우리가 한 **지휘관**을 세우고 애굽으로 돌아가자 하매(민 14:4).

가나안 정복을 앞두고 이스라엘은 열두 지파를 대표한 정탐꾼을 보냈습니다(민 13:17). 가나안은 젖과 꿀이 흐르는 땅이지만 그곳 주민은 강하고 성읍은 견고하다고들 했습니다(민 13:28). 그냥 강한 정도가 아니라 신장이 장대한 거인족, 전설의 네피림 같다 보니 거기에 비하면 이스라엘은 메뚜기에 불과하다는 과장된 보고도 나옵니다(민 13:33). 이에 온 회중이 밤새 통곡하고 모세와 아론을 원망하면서 차라리 광야에서 죽었으면 좋았겠다고 합니다(1-2절).

온 회중은 이대로 죽고 처자를 적에게 넘길 수 없다며 모세와 아론에게 애굽으로 돌아가는 것이 낫지 않냐고 말합니다(3절). 그리고 구체적으로 한 지휘관을 세워 애굽으로 돌아가자고 합니다. 만약 이때 투표를 했으면 출애굽은 없었을 겁니다.

선거를 민주주의의 꽃이라고 하지만, 다수결은 최선이 아니라 차선일 뿐입니다. 이럴 때 중우정치, 어리석은 대중의 정치가 나옵니다. 민주주의는 말 그대로 민(民)의 주인의식입니다. 그리스도인은 하나님을 '스스로 있는 자'(출 3:14), 주인이라고 여깁니다. 그래서 주님이라고 부르기도 합니다. 신앙은 주인이신 하나님의 뜻을 찾는 것입니다. 이것이 민주주의입니다.

(2022. 12. 19.)

생명에 들어가려면

어떤 사람이 주께 와서 이르되 선생님이여 내가 무슨 선한 일을 하여야 영생을 얻으리이까 예수께서 이르시되 어찌하여 선한 일을 내게 묻느냐 선한 이는 오직 한 분이시니라 네가 생명에 들어가려면 계명들을 지키라 (마 19:16-17).

어떤 사람이 예수님께 와서 "무슨 선한 일을 하여야 영생을 얻으리이까"(16절)라고 묻습니다. 그러나 예수님은 선한 일에 대해 말하지 않고 '선한 이'는 하나님 한 분이라고 말해줍니다.

그리고 이 사람은 "영생을 얻으려면"이라고 말합니다. '얻다'는 헬라어로 '에코'로 그 뜻은 '가지다'입니다. 그는 물건처럼 영생도 소유하려고 합니다. 중간에 이 사람을 '청년'(20절)이라고 바꿉니다. 신체적 청년이 아닌 아직 미숙한 사람이라는 뜻입니다.

그래서 예수님은 그의 질문을 "생명에 들어가려면"으로 바꿉니다. '들어가다'는 헬라어로 '에이스에르코마이'인데 '~에 이르다'라는 뜻입니다. 사람됨에 이른다는 말입니다. 생명은 소유하는 것이 아니고 사람됨에 이르는 것입니다. 그 정점은 생명이신 그리스도입니다.

(2022. 12. 20.)

광야의 소리

광야에 외치는 자의 소리가 있어 이르되 너희는 주의 길을 준비하라 그의 오실
길을 곧게 하라 기록된 것과 같이 세례 요한이 광야에 이르러 죄 사함을 받게 하는
회개의 세례를 전파하니(막 1:3-4).

마가복음의 첫 배경은 광야입니다. '광야의 외치는 소리' 세례
요한의 이야기로 시작됩니다. 그런데 이 '광야'를 마가복음에선 명사로
쓰지 않았습니다. 광야는 헬라어로 '호 에레모스'인데, '호'는 관사,
'에레모스'는 형용사로 '외딴', '한적한'이라는 뜻입니다. 형용사로 쓴
것은 의도적인데, 제도권과 거리를 두겠다는 것입니다. 이런 의미에서
세례 요한은 제도권 밖의 사람입니다. 그는 제도권의 양면을 볼 수
있었고, 이를 향해 소리 지를 수 있었습니다.

예수님은 이를 이어받았습니다. 세례 요한에게서 세례를 받자
성령이 예수에게 임했습니다(10절). 예수님은 하나님의 나라를 선포했
습니다(15절). 하나님의 나라는 권력의 눈치를 볼 필요가 없습니다.
하나님이 통치하기 때문입니다. 예수님은 습관적으로 한적한 곳으로
가서 기도하셨습니다(35절). 우리도 회개하고 복음을 믿어야 합니다.
기독교의 자리는 광야입니다.

(2022. 12. 21.)

어머니의 젖

바로의 딸이 그에게 이르되 이 아기를 데려다가 나를 위하여 젖을 먹이라 내가 그 삯을 주리라 여인이 아기를 데려다가 젖을 먹이더니(출 2:9).

'모세'는 이집트 이름으로 '건졌다'는 의미입니다. 모세는 히브리인이지만 바로의 공주에게 건져져 이집트 왕족이 됩니다. 마흔이 다 되도록 모세는 왕궁에서 이집트의 문화, 관습, 신앙, 정치, 사회, 경제를 배우며 자랍니다. 그리고 많은 세월이 지난 어느 날 모세는 왕궁 바깥에 나갔다가 자기 동족인 히브리인이 이집트인에게 매 맞는 것을 보게 됩니다. 하여 그 이집트인을 몰래 죽이게 됩니다.

어떻게 모세는 40년 동안 이집트 사람으로 자랐음에도 히브리 정체성을 간직했을까요. 해답은 '어머니의 젖'에 있습니다. 아기가 젖을 먹고 자라는 것은 당연한 이야기임에도 불구하고 성경에 젖 먹이는 이야기가 담긴 건 예사롭지 않습니다. 더욱이 그 아기는 히브리인 친어머니의 젖을 먹고 자랍니다. 이 젖은 오랫동안 내려온 믿음의 조상, 아브라함-이삭-야곱에게 내려진 약속의 젖줄은 아닐까요. 나그네와 노예로 살아온 400년간 하나님 약속만 믿고 살아온 믿음의 젖줄은 아닐까요. 오늘 우리 자녀에게 물려야 할 믿음의 젖은 아닐까요.

(2022. 12. 22.)

스스로 종 된 자유인

내가 모든 사람에게서 자유로우나 스스로 모든 사람에게 종이 된 것은 더 많은 사람을 얻고자 함이라(고전 9:19).

결혼해 가정을 갖는 건 우리 각자의 자유입니다. 결혼 후에는 가족에 얽매이는 즐거움도 받아들여야 합니다. 주님은 우리에게 자유를 주셨습니다. 신앙생활도 하나님에게 얽매이는 것입니다. 그리스도인은 그리스도의 몸인 교회에 얽매이는 것입니다. 더 이상 자유인이 아닙니다.

'스스로'는 헬라어로 '에아우투'로 '나 자신'이라는 말입니다. 나 자신이 종이 됐다고 합니다. 종은 자유인의 반대입니다. 그렇다면 바울은 얽매이는 종이 됐다는 말인가요 아닙니다. 그리스도의 사람을 얻으려고 바울은 종이 되는 자유를 택합니다. 이것이 그리스도인의 자유입니다. 좋은 아내를 얻기 위해 그 아내에 얽매이듯, 좋은 가정을 얻기 위해 그 가정에 얽매이듯 많은 사람을 얻기 위해 많은 사람에게 얽매이는 종이 되는 것입니다. 스스로 종 된 자유인, 이것이 바울이 말한 그리스도인의 정체성입니다. 종 되는 자유입니다. 낮아지는 자유입니다. 베푸는 자유입니다. 섬기는 자유입니다. 스스로 종 된 자유를 누리십시오.

(2022. 12. 23.)

성찰

여호와여 주께서 나를 살펴보셨으므로 나를 아시나이다(시 139:1).

신앙생활은 나를 아는 것에서 시작합니다. 하나님을 믿는 나, 예수 그리스도를 믿는 나입니다. 그런데 그 '나'가 누구인지 모른다면 내가 제대로 하나님과 예수님을 믿는다고 할 수 있을까요. 실은 언제나 한결같은 '나'가 아닙니다. 돈이 있을 때 나와 없을 때 나는 다릅니다. 높은 사람을 대할 때 나와 낮은 사람을 대할 때 나도 다릅니다. 기도할 때는 꽤 괜찮은 나로 보이지만 기도 후 사람들과 다툴 때면 한심한 나로 변해 있습니다. 어느 쪽이 진짜 나일까요. 사실 사람은 다중인격체입니다. 내 안에 내가 너무나 많습니다.

성찰(省察)은 자기를 살피고 아는 것입니다. '찰'(察)을 파자하면 집(宀)에서 제사(祭) 지낸다는 뜻입니다. 즉, 예배를 드리는 게 바로 자신을 성찰하는 일입니다. 예배는 하나님의 집에서 무릎을 꿇고 하나님의 눈으로 자기를 살피는 일입니다. 하나님은 나보다 나를 더 잘 아시는 분이십니다. 내가 하나님 앞에 있든, 피해 있든 그는 나를 샅샅이 살피고 계십니다. 속속들이 나를 아십니다. 시인은 고백합니다. "주께서 내 내장(속)을 지으시며 나의 모태에서 나를 만드셨나이다"(시 139:13). 그렇기에 나보다 나를 더 사랑하시는 분이십니다.

(2022. 12. 24.)

무엇을 원하느냐

무엇을 원하느냐(마 20:21).

너희에게 무엇을 하여 주기를 원하느냐(마 20:32).

예수님이 예루살렘에 입성하기 직전 있던 일입니다. 세베대의 두 아들과 이들의 어머니가 예수님을 찾아와 청탁하려고 하자 예수님은 "무엇을 원하느냐"고 물었습니다. 이 어머니는 두 아들을 주의 나라에서 주의 우편과 좌편에 앉게 해달라고 합니다(21절). 그러자 주님은 "너희는 너희가 구하는 것을 알지 못하는도다"(22절)라고 말합니다. 예수님의 예루살렘 입성을 나라 세우는 것인 줄 알고 두 아들을 좌의정과 우의정에 세워달라는 것입니다. 이어 두 시각 장애인의 이야기가 나옵니다. 역시 주님은 이 둘에게 "무엇을 해 주기를 원하느냐"고 물었습니다. 둘은 눈뜨길 원한다고 말했습니다.

두 아들과 두 시각 장애인의 이야기를 마태는 나란히 배치하고 있습니다. 마태의 의도적인 편집입니다. 두 아들과 어머니는 예루살렘으로 가는 길이 고난과 죽음의 길임을 보지 못했습니다(22-23절). 권력에 눈이 먼 것입니다. 이들이야말로 시각 장애인입니다. 원하는 게 바뀌어야 합니다. 지배의 길이 아니라 섬김의 길입니다. 고관의 길이 아니라 종의 길입니다(25-27절). 그 길을 제대로 볼 수 있어야 예수님을 따를 수 있습니다(34절). 우리는 무엇을 원하고 있나요.

(2022. 12. 26.)

선악을 알게 하는 나무의 열매

선악을 알게 하는 나무의 열매는 먹지 말라 네가 먹는 날에는 반드시 죽으리라 하시니라(창 2:17).

왜 하나님은 선악을 알게 하는 나무의 열매를 먹지 말라고 했을까요. 뱀의 말처럼 눈이 밝아져 하나님이 돼 선악을 알까 봐(3:5) 그랬을까요. 사실 '선악을 알게 하는 나무'라고 번역함으로 오해가 생겼습니다. 선악을 알면 좋은 것 아니냐고, 그래서 악을 행하지 않고 선을 행하면 되는 것 아니냐고 하기도 합니다.

'선'이라는 말은 히브리어로 '토브'인데, 이 말은 하나님이 세상을 창조하고 난 하루 끝에 "하나님 보시기에 좋았다"고 할 때 바로 그 '좋음'입니다. '악'은 히브리어로 '라'인데, 나쁘다는 뜻입니다. 그러므로 선과 악이 아니라 좋고 나쁨입니다.

모두 하나님이 보시기에 좋은 것입니다. 낮은 밝아서 좋고 밤은 어두워서 나쁜 것이 아닙니다. 낮은 낮대로, 밤은 밤대로 좋습니다. 하지만 인간은 하나님 보시기에 좋은 것을 '좋고 나쁨'으로 갈랐습니다. 이것이 선악과를 먹은 현실입니다. 좋고 나쁨은 고개를 쳐든 뱀 같은 욕망에서 옵니다. 아이에게까지 "아빠가 좋아, 엄마가 좋아?"라고 짓궂게 묻는 우리의 원죄입니다.

(2022. 12. 27.)

너희 힘으로

여호와께서 그를 향하여 이르시되 너는 가서 이 너의 힘으로 이스라엘을 미디안의
손에서 구원하라 내가 너를 보낸 것이 아니냐 하시니라(삿 6:14).

이스라엘 사사 시대에 이스라엘 백성들이 이방족 미디안의 침공을
받아 고통을 겪을 때입니다. 하나님은 사사 기드온을 세웠지만 그는
심히 떨었습니다. 하나님이 부르신 그날에도 기드온은 미디안 사람들
에게 들키지 않으려고 몰래 밀을 타작하고 있었습니다(11절). 이런
기드온에게 하나님은 "큰 용사여"(12절)라고 부르시며 하나님이 "너와
함께 계시다"고 말씀하십니다. 그러나 기드온은 하나님이 베푸시던
그 옛날의 이적도 없고, 이스라엘을 버렸다고 원망합니다.

하나님이 기드온에게 특별한 힘을 주는 것은 아닙니다. 기드온이
원래 갖고 있는 '이 너의 힘'으로 이스라엘을 구원하라고 하십니다.

우리는 이미 하나님이 주신 '너의 힘'이 있음을 알지 못합니다.
우리는 힘을 엉뚱한 곳에 쓸 뿐입니다. 사실 힘의 방향을 바꾸면
됩니다. 모세는 양을 치던 지팡이로 이스라엘을 인도합니다. 원래
갖고 있던 나의 힘을 하나님이 원하는 곳으로 방향 전환만 하면
됩니다.

(2022. 12. 28.)

온전한 사람

우리가 다 실수가 많으니 만일 말에 실수가 없는 자라면 곧 온전한 사람이라 능히 온 몸도 굴레 씌우리라(약 3:2).

말에 실수가 없는 사람은 온몸을 다스릴 수 있다고 합니다. '몸'은 헬라어로 '소마'인데, 육체가 아니라 삶입니다.

'다스리다'라는 뜻의 헬라어 '칼리나고게오'는 '고삐', '재갈', '굴레'를 뜻하는 '칼리노스'와 '인도하다'라는 뜻의 '아고'의 합성어입니다. 자기 삶을 마음의 고삐로 조절할 수 있다는 뜻입니다. 그리고 그 고삐는 다름 아닌 말입니다. 말을 다스릴 줄 아는 사람이 삶을 다스릴 줄 아는 사람이라는 것입니다.

이미 1장에서 야고보는 말에 대해 "사랑하는 형제자매 여러분, 여러분은 이것을 알아두십시오 누구든지 듣기는 빨리하고, 말하기는 더디 하고, 노하기도 더디 하십시오"라고 조언합니다. '말하기를 더디 한다'는 의미는 말을 통제할 줄 안다는 것입니다. 그런 사람은 노하기를 더디 하게 되고 말실수하지 않게 됩니다. 한마디 말이 성숙한 응답이 되기 위해서는 생각하는 사람이 돼야 합니다. 생각하는 말은 온전함에 이르게 합니다.

(2022. 12. 29.)

보냄 받은 사람

이르시되 실로암 못에 가서 씻으라 하시니(실로암은 번역하면 보냄을 받았다는 뜻이라) 이에 가서 씻고 밝은 눈으로 왔더라(요 9:7).

예수님이 길에서 한 시각 장애인을 봤을 때 제자들은 예수님께 이 사람이 시각 장애인 된 것이 누구의 죄로 인한 것인지 묻습니다(1-2절). 제자들은 그의 불행을 죄의 틀에 놓고 봅니다. 그러나 주님은 "하나님이 하시는 일을 나타내고자"(3절) 하는 뜻에 놓고 봅니다. 빛이신 주님은 시각 장애인에게 빛을 주어 눈을 뜨게 합니다. 그에게 실로암 못에 가서 씻으라 하십니다. 실로암은 '보냄을 받았다'는 뜻입니다. 진정한 눈 뜸은 자신이 보냄 받은 존재임을 알고 보내신 이의 일을 하는 것입니다(4절).

노아, 아브라함, 모세 그리고 예언자들과 사도들 한 사람 한 사람 모두 자신이 보냄 받은 자임을 알았고, 하나님의 일에 기꺼이 쓰임 받았습니다. 나는 보냄 받은 자라는 사실에 눈뜰 때 비로소 하나님은 나를 통해 세상을 밝게 하십니다. 눈을 뜬 이 시각 장애인의 이름은 나오지 않습니다. 이름이 없다는 것은 보냄 받은 자와 눈뜬 자 모두를 가리키는 의미가 아닐까요 오늘도 보냄 받은 자로 보내신 분의 일을 잘 감당하시길 바랍니다.

(2022. 12. 30.)

부정한 것도

너는 모든 정결한 짐승은 암수 일곱씩, 부정한 것은 암수 둘씩을 네게로 데려오며(창
7:2).

하나님은 홍수 심판을 내리면서 노아에게 짐승을 종류별로 잡아 방주로 거둬들이라고 합니다. 정결한 짐승뿐만 아니라 부정한 짐승도 거둬들이라고 합니다. 왜 그럴까요. 새롭게 시작하는 세상인데 왜 부정한 짐승까지 거두라는 걸까요. 어떻게 짐승을 두고 정결과 부정으로 나눌 수 있을까요. 모두 하나님이 만드셨는데 말이죠. 그렇다면 하나님께서 부정한 것도 새 세상의 동반자로 삼겠다는 의지가 아닐까요. 즉, 부정한 것들에게도 기회를 주는 하나님의 은총을 말하고 있는 것은 아닐까요.

1930년대 뉴욕 양키스의 전설적인 야구 선수 조 디마지오는 샌프란시스코의 어촌에서 가난한 어부의 9남매 중 여덟째 아들로 태어났습니다. 아버지는 조가 어부가 되길 바랐으나 늘 게으름을 피워 '아무짝에도 쓸모없는 녀석'이라고 말했습니다. 그러나 조는 최고의 스타가 됐습니다. 그의 56게임 연속 안타 기록은 지금까지도 깨지지 않고 있습니다. 하마터면 야구 영웅이 아버지에 의해 쓸모없는 사람이 될 뻔했습니다. 하나님 앞에서 부정한 사람은 아무도 없습니다.

(2022. 12. 31.)

석천을 그리는 사람들
(추모의 글)

우리와의 거리는 얼마나 됩니까

(시인)

유월이 없는 나라에 살았더라면

그대를 잃지는 않았을 텐데

부재의 시간은 길고

우리는 식민지에 유배된 것처럼

감정도 일상도 어딘가로 공출 당했지

절망은 무한리필 되고 그리움은 자동갱신 되었다

그대를 기억하는 데는 유효기간이 없다

견디는 일 얼마나 힘들었는지

저 조그만 꽃 이파리 어깨에 떨어져도

뼈저리게 아파라

우리는 절임 채소처럼 불행에 절궈진 채

어디에 기대어도 휘청거렸고 어디를 디뎌도 절룩거렸지

이런 불구의 마음으로 바라 본 세상은

한 번도 본 적 없는 빛깔로 해가 지고 또 달이 뜨더라

나를 어디다 두었는지 몰라 한참을 찾아야 했어

밥 먹다가 재채기한 듯 말발도리 꽃 피었다
백색의 비명이 가슴에 자욱하다
함양 가요 진주 가요 갈 곳도 많았는데
그대는 다만 사진 속에서 웃고 있다
우리의 통증은 진행형이다

김종수 목사를 기억하는 짧은 단상

이진 목사

(선민교회)

만날 때마다 언제나 웃는 얼굴로 "형님!" 하며 부르던 종수 아우님!
자네와 내가 연세 캠퍼스에서 만나 연세 신학을 논하며 더불어
지내 온 세월이 벌써 50년일세그려! 그 시간이 순식간에 지나가고
그대가 우리 곁을 떠난 지도 벌써 1년이 다 되어가는구먼. 그런데
오늘이 무슨 날인지 아시는가? 세월호참사 10주년이 되는 날일세.
아우님도 기억하겠지만 우리 부부는 1주년 때부터 작년 9주년까지
매년 목포와 팽목항에 가서 추모했기에 마음은 목포에 가 있고, 아우님
보고픈 마음도 간절하던 중 아침에 김경희 목사에게서 자네를 추모하
는 글을 써 달라는 문자를 받았네. 아우님을 그리는 김경희 목사의
마음과 내 마음이 맞닿은 모양일세. 그런데 올해는 자네가 그곳에
없어서 인천에서 하는 추모식에 참석했네.

옥천에서나 이곳 인천에서 목회하면서도 거리가 가까운 안산보다
먼 곳 목포까지 갔던 것은 참사 현장에 가까이 가서 아픔을 나누려는
뜻도 있었지만, 기회에 자네 얼굴도 보고 이야기도 나누고 싶은 마음도
컸지. 그런데 이제 그 동무가 사라졌으니 갑자기 목포가 아주 먼
느낌이 나는구먼. 고향이라 가슴에 새겨진 향수가 찐한데, 자네의

빈 자리가 그 마음마저 엷게 하는구려!

종수 아우! 그날 보셨는가? 자네를 떠나보내는 마지막 밤, 전국 각지에서 온 지인들과 목회자뿐 아니라 목포의 시민 운동과 문화단체와 활동가들 모두가 온통 난리가 났었지. 자네를 보내는 것이 못내 아쉬워서! 자네는 목포에서 겨우 12년쯤 지냈는데 그동안 자네가 벌인 일들과 그 영향력이 얼마나 컸었는지 짐작이 가고도 남네. 물론 세월호참사 기독교대책위원회를 이끈 것이 그중에서 가장 큰 일이 아니었나 싶네.

암튼 2023년 4월 초 병원에 입원하기 며칠 전 전화를 해서 자네 몸이 조금 아프다고 하면서 산돌교회를 걱정하며 대화를 나눈 것이 자네와의 마지막이 될 줄은 꿈도 꾸지 못했는데, 추모하는 글을 쓰는 상황이 그냥 먹먹하기만 하네.

종수 아우님! 예수의 길을 외치며, 열심히 그 길을 간 자네 모습에서 예수를 보며 존경스러운 마음이 가득하네. 자네 몸이 꽤 오랫동안 아팠지. 그런데도 자네는 내색하지 않고 항상 웃는 얼굴로 대하는 미소 천사였어. 그 웃는 얼굴은 모두에게 깊이 새겨질 걸세. 본받고 싶네. 그리고 목포에 내려간 후 여러 차례 나와 전화로 혹은 만나서 산돌교회와 지역 목회자들과의 현안을 의논했는데 자네는 단 한 번도 교인들에 대해 불만 불평을 한 일이 없고, 자네와 의견을 달리하는 목회자나 교인들에 대해 싫은 소리를 한 일이 없었네. 오직 서로 이해하고 평화롭게 해결할 길을 모색했고 그래서 가끔 내가 싫은 소리를 해도 자네는 "형님!" 하며 웃음으로 넘기곤 했지. 그런 아우님이 떠나고 보니 '그게 예수야!' 하는 생각에 자네가 더욱 존경스러워!

또한 연세대학교 신과대학 총동문회장을 갑작스럽게 부탁했는데,

맡아서 어려운 위기도 잘 넘기게 해 주어서 그것도 참 고마웠네. 아우님이 부러운 것이 하나 더 있지. 이제는 세상 걱정을 하지 않아도 되는 것이네. 교회도 우리가 의논한 것처럼 되지는 않았지만, 주님의 교회이니 주님께서 알아서 하실 일이고, 김경희 목사도 동안교회에 가서 잘하고 있고 또 자네 처도 이번 딸 결혼식에서 보니 많이 힘들겠지만 잘 이겨내고 계신 것 같아서 다행이었네. 모두가 다 아우님의 공복일세. 그리고 한 가지 소식은 자네를 연신회 회원 방에서 아직 탈퇴시키지 않았다는 것일세. 그러니 그곳의 좋은 소식이 있거든 우리 꿈속에서 가끔 전해 주시게나! 우리가 그곳에 가기 전까지!

그리고 나의 한 가지 바람은 산돌교회 교인들이 자네를 좋은 목사님으로 추억만 하지 않고 자네의 삶과 믿음을 본받았으면 하는 것일세. 그것이 우리의 욕심이라면 그렇게 되기를 기도하겠네. 내가 자네가 있는 곳에 갈 수 있을지 모르지만, 종수 아우님! 그곳에 터를 잘 잡아 놓으시게. 그때 다시 봅시다.

2024년 4월 16일 오후 긴 시간 아우를 생각하며

가슴은 보수적, 머리는 진보적 신앙으로
목회할 때

김경재 목사

(한신대 명예교수)

　　김종수 목사가 소천한 지 1주기를 앞두고 옛정이 그리워 신도들과 동역자들이 그리움을 달래는 글들과 추억을 엮어낸다는 소식이 왔다. 떠나간 사람에 대하여 그렇게 하기가 쉽지 않은 일인데, 복도 많은 김종수 목사라는 생각이 들고, 교인들과 동역자들의 순수한 고운 마음 씀에 내 마음이 뭉클하다.

　　67세 나이로 먼저 가버린 김종수 목사와 나는 특별한 인연이 있다. 가족사 관계로서는 필자의 처조카이지만, 김 목사의 성장 과정을 가까이에서 지켜보았고, 신학을 지망하여 목사 길을 걷게 된 일에 관하여 이모부로서의 나의 영향이 조금 있었을 것이다.

　　가신이 김 목사는 군산에 있는 고려제지공장 공장장으로서 일하시던 아버지 김광호 집사와 예장교회에 다니시던 독실한 신앙의 어머니 구정심 집사의 2남 4녀 중에 둘째 아들로 태어났다. 그런데 김 목사가 아직 어린 시절(6학년), 아버지와 형님을 암으로 투병하다가 떠나보내는 혈육 이별의 아픔을 너무 일찍이 겪었다. 가신이 김 목사는 부모로부터 영리한 두뇌를 유전으로 받아 연세대학교 신학과를 졸업했는데,

혈육과 사별이라는 인생의 생로병사를 일찍이 경험하여 신학을 공부하게 되었고, 이모부인 필자가 속한 기장 교단 목사가 되어 서울과 항도 목포 산돌교회에서 목회에 전념하였다.

김 목사를 생각해 보니 그의 신앙 노선과 목회 일념에는 3가지 요소가 통합되어 있음을 느낀다. 첫째는 그의 어머니로부터 받은 보수적 기독교 기도 신앙 유산이다. 그의 어머니는 평생 예장교회를 다니셨다. 무슨 신학적 의식은 없이 한국의 어머니들이 흔히 그러하듯이 하나님을 경외하고, 성경을 사랑하고, 성수 주일하고, 십일조 생활하는 '경건한 신앙' 유산을 어렸을 때부터 몸으로 듣고 먹고 자란 것이다. 둘째는 연세대학교 신학과에서 기초신학을 공부했지만, 그는 장공 김재준 목사의 영성신학, 진보 신학, 삶 속에서 실천하는 생활신앙 영향을 받았다. 셋째는 무엇보다도 철저한 성경 말씀 깊이에 닻을 내린 말씀 중심의 신앙을 견지하였다. 이상 3가지 요소가 한 인격체 안에서 융화되어 그는 목회를 아름답게 수행해 갈 수 있었다.

마지막으로 그는 6남매 중에서 가장 잘 다른 사람들과 어울리고 친근감을 주는 사회성이 강한 성품을 지닌 사람이었다. 6남매 중에서 유달리 인간관계의 사교성이 풍부했다. 꾸밈이거나 목회자여서 직업상 그러한 것이 아니라 타고난 성품 자체가 '사람 친화성'을 갖추고 있었다. 아마 그러한 그의 성품 덕분에 교인들의 사랑을 받고 동역자들에게도 신뢰감을 주었으리라 생각한다.

나는 이모부로서 김종수 목사가 서울목회를 접고 멀리 남도 항구 도시 목포 산돌교회로 내려간다고 할 때, 걱정이 내심 컸다. 타향이랄 수 있는 먼 곳 외지 목회에서 잘 견딜 수 있을까? 그러나 산돌 교인들의 따뜻한 마음, 김지희 사모의 조용한 내조 그리고 동역자 김경희 목사의 지혜로운 협력, 당회원들과 같은 노회 소속 목회자들의 사랑과 기대를 받으며 짧지만 불꽃 같이 목회자로서 살고 간 김종수 목사는 복 받은 목사였다고 생각하면서 나는 스스로 위로를 받는다. 사람이 90세 또는 60세 혹은 20세를 살고 가든지 나이가 중요한 것은 아니다. 영원의 시간에서 보면 모두 '찰나의 인생'인 것이다. 다만 불꽃처럼 '궁극적 관심'을 갖고 한번 삶을 불태우고 가느냐, 그저 무덤덤한 삶을 살다 가느냐 문제일 뿐이다.

그리움으로 김종수 목사를 생각하며

김원배 목사
(꿈동산교회, 빛고을평화포럼 원장)

책상 앞에 앉으니 환하게 웃던 얼굴이 그리움으로 다가온다. 아직도 곁에 있는 듯 느껴지는 그와의 시간을 돌아보며 지난 시간을 기억해 본다. 김종수 목사와 필자의 인연은 1970년대 중반 서울 경동교회 시절로 거슬러 올라간다. 당시 필자는 크리스챤 아카데미 교회사회 스텝으로 일하면서 경동교회 대학생부 지도 목사의 책임을 맡았다. 장충동에 위치한 경동교회는 장공 김재준 목사의 영향 아래 4.19혁명의 주체 세력이었던 대학생들이 다녔던 교회이기에 한국사회의 변혁을 바라는 젊은 대학생들이 선호하는 교회였다. 당시 경동교회는 김재준 목사의 후계자였던 강원용 목사가 한국교회의 에큐메니칼 진영을 대표하는 목회자로 그의 예언자적인 설교를 통해 지성인들과 젊은 세대들에게 커다란 영향력을 발휘하고 있었던 시절이었다.

김종수 목사는 경동교회 대학생부에 속했으나 필자가 활동할 당시에는 회원이 아니었고, 필자가 떠난 후에 대학생부의 활동에 참여했다. 그럼에도 필자는 후에 그의 동서가 된 오내원 박사가 대학생부 회장이었기에 그에 대하여 이미 들어 알고 있었다. 그 후 필자는 1980년 3월 독일 교회의 초청으로 에큐메니칼 선교 동역자로 부름 받아

독일로 가게 되어 크리스챤 아카데미와 경동교회를 떠나게 되었다. 필자가 김종수 목사를 본격적으로 가까이 만나게 된 것은 그가 2011년 목포산돌교회 목회자로 부임하게 되면서부터이다. 필자는 김종수 목사보다 먼저 목포에서 개척교회를 하고 있었기 때문에 필자가 경험하고 있는 목포를 그에게 소개하는 처지에 있었다. 그와 항도 목포에서의 11년이 넘는 시간을 보냈던 시간의 의미를 몇 가지 키워드로 정리하는 방식으로 그를 추모하고자 한다.

첫째, 그는 성서를 사랑하고, 그가 성서를 통해 깨달은 진리를 삶 속에 실천하고자 최선을 다하는 목회자였다는 것이다. 그는 목회에 임하면서 그가 가졌던 꿈을 얘기했다. 그는 서울에서 강일상 목사와 함께 헬라어 원문을 중심으로 성서를 탐구하면서 성서의 깊이와 의미를 깨닫게 되었다고 말하면서 그가 성서 원문과의 씨름으로 터득한 성서의 메시지를 새로 부임한 목회 현장에 본격적으로 적용해 보겠다는 포부를 말했다. 그의 포부대로 그는 그가 성서 연구를 통해 발견한 성서의 본래의 뜻을 설교의 형식에 담아 열심히 선포했고, 성도들을 가르쳤다. 그의 성서를 통한 감화력은 서서히 교회 울타리를 넘어 밖으로 알려졌고, 산돌교회의 강단은 성서의 진리를 갈구하는 사람들이 즐겨 찾는 말씀의 현장이 되었다. 그는 그가 그의 열과 성의를 다해 선포했던 설교를 설교집으로 담아 출간하고, 동역자들과 성도들을 초청하여 출판 기념회를 갖기도 했다.[*]

필자는 필자가 원장으로 섬겼던 총회교육원 교재 집필자로 소개했

---

[*] 설교집은 아니고, 「기독교사상」에 연재하던 "설교자를 위한 성서읽기"를 단행본 『예수, 위로의 마을에서 꾸짖다』(동연, 2018)로 출간했다. _ 편집자 주

고, 목회신학대학 강사로 추천하였다. 그는 목회신학대학 학생들에게 신약성서를 가르침으로 교육 참가들에게 선한 영향력을 끼쳤고, 교재 집필 팀장으로 한국기독교장로회 목회자들의 영성을 대표하는 목회자로 우뚝 섰다. 그는 바쁜 목회 일정 중에도 교재 집필을 위해 서울을 오가야 했고, 목회자의 휴식일인 월요일에도 강의를 위해 헌신해야 했다. 그는 그의 성서에 대한 열정과 사랑을 후배 목회자들과 나누기를 바랐고, 그래서 가까운 후배 목사들과 함께 설교 본문을 중심으로 공부하는 소그룹 모임을 운영하기도 했다. 무엇보다도 그의 성서를 향한 열정과 사랑은 그와 함께 동역했던 김경희 목사에게 고스란히 전수되어 김경희 목사는 그의 성서에 대한 이해와 열정을 이어받은 준비된 목회자로 성장했다. 쉴 틈 없이 동분서주했던 그의 목회 일정이 그의 건강을 악화시켰음을 그가 목회 중 쓰러져 병원에 입원하는 일이 잦아짐을 보면서 실감하게 되었다.

그와의 만남과 대화를 통해 한국기독교장로회에 속한 목회자들이 가지고 있는 부족함은 성서에 관한 지식에 머문 나머지 성서 자체를 이해하는 깊이에까지 이르지 못하고 있음을 절감하게 되었다. 이와 같은 현실 인식을 바탕으로 여러 번에 걸친 논의를 통해 목회자 성서학당의 장을 열기로 하여 목포노회 목회자들을 축으로 전남·광주 지역에서 목회하는 목회자들을 초청하여 정기적으로 목회자 성서학당을 열기로 합의하기에 이르렀다. 먼저 필자가 운영위원장으로 그리고 현재 서울 창현교회 목회자인 임승택 목사가 총무로 섬기면서 성서학당의 틀을 만들었다. 그리고 필자를 이어 김종수 목사가 제2대 운영위원장으로 섬기면서 성서학당은 전남·광주 지역의 목회자들의 사랑받는 학당으로 성장하였다.

성서학당에는 성서학 분야에서 일가를 이룬 교파를 초월한 다양한 성서학자들이 초청되었고, 목회자들에게 신선한 충격과 선한 영향력을 끼쳤다. 성서학당의 기초는 필자가 놓았지만, 제2대 운영위원장 김종수 목사의 섬김을 통해 성서학당은 장족의 발전을 이루었다. 필자는 성서학당의 참석 대상을 기장 목회자를 중심으로 했는데, 김종수 목사의 폭넓은 관계와 열린 안목으로 타 교단 목회자들에게 개방되어 지금은 다른 교단의 목회자들도 즐겨 찾는 목회자 학당으로 자리 잡았다. 제3대 운영위원장인 백은경 목사는 성서학당의 창립 정신을 이어받아 더욱 폭넓고 알찬 성서학당으로 열정을 다해 운영해 나가고 있다.

김종수 목사의 성서 사랑과 열정은 성서 자체에 대한 이해와 사랑에 머물지 않고 성서 자체가 적용되는 오늘 우리가 살고 있는 현실과 깊은 관련성을 가지고 있다. 필자는 세월호 희생자 추모 예배와 5.18 기념 예배 설교를 들으며 그의 설교가 성서 텍스트와 삶의 콘텍스트가 절묘하게 결합된 살아있는 하나님의 말씀이라는 것을 실감했다. 그의 설교야말로 성서 텍스트의 씨줄과 삶의 콘텍스트인 날줄이 절묘하게 결합된 설교의 모델을 보여 주었다. 그는 텍스트와 콘텍스트가 결합된 하나님의 말씀을 선포할 뿐만 아니라 그가 선포했던 말씀을 살기 위해 진력했던 목회자였다. 그는 전남지역 평화통일위원회 위원장으로 활동했고, 다양한 시민사회의 활동에 깊이 참여하여 그가 선포했던 말씀을 삶으로 실천하기 위해 노력했던 목회자였다. 그의 장례 절차를 지켜보며 필자가 놀란 것은 김 목사가 그 바쁜 목회 일정 가운데서도 다양한 시민단체들에 얼마나 열심히 참여했는지를 알게 된 것이었다. 그가 참여했던 시민단체 회원들의 애도 물결 속에서 그가 얼마나 한 그리스도인으로 시민사회 속에 들어가 그들과 깊은 관계를 맺었는 가를 확인할 수 있었다.

둘째, 그는 폭넓은 인격과 품성의 소유자였다. 그는 진보적인 사고를 가진 사람이었으면서도 다양한 종류의 사람들을 포용하고 그들과 폭넓은 관계를 유지하였다. 사람들은 보통 다른 생각을 가진 사람보다는 같은 생각을 가진 사람들과 어울리는 경향이 있다. 그런데 김종수 목사는 같은 생각을 가진 사람들뿐만 아니라 그와 생각이 다른 사람들과도 잘 어울리는 폭넓은 품성을 가진 사람이었다. 그는 연세대학교 신학과 동기들과의 끈끈한 우정의 관계를 유지하면서 교단의 다양한 목회자들과도 폭넓은 관계를 맺고 있었다. 노회 안에서도 거의 모든 목회자와 좋은 관계를 유지하고 있는 것을 부러운 눈으로 지켜보았다. 그의 동기생으로 교수가 된 허호익 교수와 천사무엘 교수를 성서학당의 강사로 초청하기도 했고, 연세대학교 신학과 동기회장으로 활동하기도 하는 등 그의 관계 교류 폭은 넓고 깊었다.

그는 노회 안에서 직분을 맡는 것은 극구 사양했다. 필자는 김 목사와 같은 목회자가 노회를 이끌어 가면 노회 분위기가 창조적으로 바뀔 것을 기대했으나 극구 직분을 맡는 것을 사양했다. 그런데 그는 그가 가지고 있는 에큐메니칼 신앙의 정신을 실천에 옮기기 위해 전남지역에 전남NCC를 창립하는 꿈을 실천에 옮겼다. 필자는 목포 안에 있는 교회들을 중심으로 에큐메니칼 기구를 만들어 교회일치 운동을 펼치려고 하는가 했더니 그의 지평은 목포를 넘어 전남 전체를 포용하는 것이었다.

그는 결코 사회운동가 타입은 아니었는데, 꿈을 안고 종횡무진으로 전남 지역 구석구석을 누비면서 교파를 초월하여 목회자들과 장로님들을 설득하여 전남NCC를 창립하는 놀라운 조직력을 보여주었다. 전남NCC에 모인 사람들의 면면을 보면 그가 얼마나 다양한 교파에 속한 목회자들을 모았는가를 알 수 있다. 전남NCC는 그가 평소에 가지고 있었던 에큐메니칼 정신을 실천하는 장이었다. 그는 에큐메니칼 운동의 방향이 신자유주의 문명에 도전하는 정의, 평화, 창조질서의 보전임을 정확하게 깨닫고 전남NCC 조직 안에 이러한 과제를 구체적으로 실천에 옮길 수 있는 위원회를 설치하고 구체적으로 실천함으로 "생각은 우주적으로 행동은 구체적으로"(Think globaly, Act locally)라는 에큐메니칼 비전을 실천에 옮겼다. 그가 혼신을 다해 창립한 전남NCC가 문명의 위기에 직면하고 있는 교회가 지향해야 할 하나님 나라 운동의 창조적인 기구로 발전해 갈 것을 기대한다.

셋째, 그는 무엇보다도 진정한 예수 따름이었다. 그는 성서 탐구를 통하여 인격적으로 만난 예수의 길을 진심으로 따르고자 했던 구도자였고 참믿음의 사람이었다. 그는 성서 탐구를 통한 믿음의 치열한 투쟁 가운데서 "예수가 있는 곳에 민중이 있고 민중이 있는 곳에 예수가 있음"을 발견했던 오클로스의 신학자 안병무 박사가 열어놓은 민중신학의 방향에 동의하고 공감하는 신약학자요 목회자였다고 평가하고 싶다. 그는 교회 성장을 지향하는 목회자는 아니었으나 오늘의 교회는 예수 그리스도의 십자가와 부활을 통해 완성된 복음의 기쁜 소식을 온 세상에 선포하고 증거하는, 생동하는 복음의 현장이어야 한다는 복음의 열정으로 무장된 목회자였다. 그는 예수의 부활을 경험한 제자들이 십자가와 부활 능력으로 거듭났던 복음 역사를 그의 목회 현장에 구현하기를 열망했고, 예수 그리스도를 따르는 우리에게도 부활의 능력과 증거의 삶이 이어져야 한다고 믿고 행동했다.

필자는 그와 함께했던 십수 년에 걸친 교제와 동역을 통해 그가 성서 탐구와 성서 사랑을 통해 그가 얼마나 진지하게 살아계신 예수 그리스도를 만나기를 열망했고, 그가 만난 예수 그리스도를 전하기를 기뻐했는가를 지켜보았다. 더 나아가 그가 목회 현장에서의 말씀 선포와 성서의 진리를 가르치는 기쁨과 성서의 진리를 살고자 하는 실천적 삶을 통해 예수 그리스도를 따르는 삶을 살고자 했던가를 바라보았다. 그래서 필자는 김종수 목사의 믿음의 여정을 돌아보면서 김종수 목사야말로 우리 시대의 진정한 예수 따름이었다고 평가하고 싶다. 필자는 그의 장례 과정에 참여하면서 김 목사는 비록 67세의 짧은 나이에 이 지상의 삶을 마감했지만, 그가 그토록 사랑하고 따르기를 열망했던 예수 그리스도께서 부활의 첫 열매로 열어 놓으신 부활의 영광 안으로 장엄하게 행진해 가는 모습을 지켜볼 수 있었다.

기발한 상상력과 영감 넘치는 성서 해석자,
김종수 목사님을 추모하며

김경호 목사
(강남향린교회)

고 김종수 목사님과는 특별한 인연을 가졌다. 대학 한 해 선배이기도 하고, 연세신학연구회와 한국기독교장로회 서울동노회에서 대치교회, 하늘샘교회를 목회하던 시절에 가장 가까운 교제를 나누며 함께 활동했다. 또한 예수살기, 촛불교회 등 대부분의 삶을 함께하기도 했다. 생각과 코드가 맞는 선배이고, 세상이 답답할 때 같이 울분을 토한 친구이기도 했다.

예수살기와 촛불교회에 초청했는데 선뜻 응해주었고, 특별히 목포에 내려간 이후에는 전남 지역의 예수살기 대표를 맞아 열심히 활동하셨다. 뿐만 아니라 전남NCC 등 지역의 사회활동에 매우 열심히 참여하셨다는 소식을 듣고 기뻤다.

김종수 목사님은 항상 따뜻하고 누구든지 별 문턱 없이 쉽게 친해질 수 있는 소탈한 성품을 가지셨다. 나는 구약학을 전공했고 목사님은 신약을 전공해서* 같은 성서신학 분야에서도 의견을 나누고 소통하기

---

* 전공은 '교회사'였으나 신약학 등 성서신학을 중시했으며 좋아했다. _편집자 주

도 했다. 그의 설교는 성서를 주석하는 모범적인 설교였고, 매우 영감있고 깊이가 있었다. 희랍어 원문을 통한 정확한 성서 본문의 이해는 누구나 당연하게 생각하는 것들을 뒤집는 반전의 사고를 가능케 했다. 사회와 세상을 외면하지 않는 그의 말씀은 우리 시대에 정확한 지표들을 제시하는 살아있는 말씀들이다. 그의 성서 해석은 누구도 생각지 못하는 의표를 찌르는 해석으로 듣는 이들에게 깊은 감동을 선물하기도 했다. 코로나 기간에 교회가 모임을 갖지 못하기에 매일 아침 성서 묵상의 글을 교우들과 나누고 그 글들을 모아서 발행한 『산돌의 아침 ― 구약편』에 실린 그의 목회 설교와 묵상의 글들은 김종수 목사의 번쩍이는 생동감 넘치는 사고를 잘 보여주기도 한다. 본래 전공 분야인 신약 부분의 글들이 출판을 기다리고 있다는데, 매우 기대가 된다.

특별히 목포에 내려가서 본격적으로 사회활동에 참여하면서 서울에서 벌어지고 있는 상황과 보조를 맞추기 위해 수시로 내게 전화했다. 세상에 태어난 것은 불과 일주일 빠르지만 그의 전화는 항상 경쾌했다. "어 경호냐? 나 종수 형인데"로 시작하는 정겨운 인사로 시국에 대한 생각과 수도권 운동단체들, 기장 교단이 어떤 대응을 하고 있는지 그 흐름을 살피기도 하고, 때로는 서로 답답함을 나누며 시국에 대한 견해를 나누기도 했다.

강남향린교회 당회가 함께 여행하는 중에 갑작스런 김종수 목사님의 소천 소식을 들었다. 너무나 뜻밖의 소식이었고 너무나 빨리 우리 곁을 떠나신 것이 주체할 수 없는 안타까움이었다. 바로 얼마 전에 서로 은퇴에 대한 견해도 나누고 통화를 했는데 이렇게 갑자기 떠나실 줄이야. 공감 가능한 동역자가 사라진다는 충격과 그의 기발한 상상력과 영감 넘치는 성서 해석을 들을 수 없게 되는 것은 하늘이 무너지는 듯 가슴 아픈 일이었다. 그가 꿈꾸던 세상은 아직 멀지만, 하나님과 가까이에서 사람이 사람으로 대접받는 세상을 위하여 기도하실 목사님의 목소리가 귀에 생생하게 들리는 듯하다.

김종수 목사님, 이어 살겠습니다

김거성 목사
(구민교회, 전 청와대 시민사회수석)

제가 속한 교단인 한국기독교장로회에서 지난해 5.18민주화운동 제43주년 기념 주일을 위해 보내 온 예배 자료들 가운데는 설교문도 있었습니다. "오월의 부활절"이란 제목도 범상치 않았는데, 읽어보니 정말 가슴을 뜨겁게 울리는 내용이었습니다. 보통은 앞부분에 준비해 주신 분이 누구인지를 밝히는데, 그런 정보가 없어서 조금 의아했습니다. 그 어떤 분이 헬라어 원문까지 확인하며 이처럼 철저히 설교문을 준비해 주셨을까 했는데, 마지막 부분에 이르니 "이 설교문은 목포노회 산돌교회 김종수 목사님께서 작성해 주셨습니다"라는 설명이 덧붙여져 있었습니다. 그래서 그 공동 설교를 소개하고 구민교회 교우들과 함께 나누었습니다.

제게는 신학교 2년 선배셨던 목사님은 젊었을 때부터 저를 그냥 "거성아"라고 이름으로 불렀지요. 물론 나이가 들면서 가끔씩 "김 목사"라고도 했지만, 그 호칭은 별로 익숙지 않았습니다. 제게도 늘 마음을 함께 하는 '종수 형', '형님'이었던 까닭입니다.

신학과 학부 졸업 후 학사 편입해서 또 수학을 전공했지만, 그는 작은 이들과 계속 나누고 또 "하나가 되는 것은 더욱 커지는 일"(문익환)

이라는 시구처럼 새로운 '산수'를 몸소 살았습니다. 많은 역사가는 역사를 해석하고 또 기록합니다. 그 또한 연세대 대학원에서 "Benedetto Croce의 역사인식 방법론에 관한 연구"(1983)란 석사학위논문을 제출하고 졸업했지만, 사실 그는 역사를 만들어 가는 삶을 살았습니다. 말 그대로 "역사를 살았다"고 해야 할 것입니다.

1987년 6월항쟁 과정에서 이한열 열사 때 선후배, 동료들이 나서서 그 아픔을 함께하고자 했습니다. 5.18민주화운동의 신학화를 주창했고, 그 바탕이 될 지역 교회 협의회를 조직하는 일에도 앞장섰습니다. 4.16참사가 일어나고 세월호가 목포신항에 거치되었을 때, 그는 현지에서 가족들의 '비빌 언덕'이 되었습니다. 당시 해양수산부 세월호후속대책추진단에서 단장으로 일하던 조승우 후배 등에게도 기적과도 같은 만남의 주인공이었고, '연대'(solidarity) 선배님이라는 든든한 자랑거리였습니다.

80년대 말, 제가 민주 · 통일민중운동연합이라는 재야 단체에 몸담고 있을 때, 하루는 형이 생활은 어떻게 하는지 물었습니다. 그때 저는 한 주에 3만 원 활동비를 받아 집에 2만 원을 가져다주고 나머지로 식비, 교통비 등을 써야 하는 형편이었습니다. 이런 형편을 알게 된 '종수 형'과 김지희 사모님은 활동가 대신 아내가 일할 수 있도록 여러모로 챙겨 주셨습니다. 그런 덕분으로 그 후로 제 가정은 먹고사는 것이 가능해졌습니다.

그의 치유와 소생을 간절히 빌었지만 하나님의 부르심을 받았다는 슬픈 소식을 도쿄 하네다 공항에서 뉴욕행 비행기를 기다리다가 들었습니다. 하늘을 향해 "하나님보다 우리에게 더욱 필요한 분"이라고 항변해 보고자 했습니다. 이전에 찍은 사진들을 보며 눈물을 흘렸습니다. 아내는 가족을 잃었던 때도 그리 슬퍼하지 않았는데, 엉엉 소리를 내며 울었습니다. 김종수 목사님 이야기만 나오면 바로 눈물을 흘리곤 했습니다.

"이제 남기신 삶, 우리가 이어 살아가겠습니다."
"존경합니다. 김종수 목사님!"
"사랑해요, 종수 형!"

하나님의 위로하심이 사모님, 따님 수진 부부, 가족들과 교우들, 그를 사랑하는 벗님들, 나아가 김 목사님이 그토록 사랑하신 이 땅의 하나님의 백성들과 함께하시기를 두 손 모아 빕니다.

예수살기의 모범으로 기억하겠습니다

김동한 장로

(예수살기 상임대표, 강남향린교회)

김종수 목사님과 저의 인연으로 이 글을 시작하겠습니다. 처음 목사님을 알게 된 것은 목사님이 시무하시는 기장 서울북노회 소속이었던 하늘샘교회가 서울동노회로 옮겨 오면서부터입니다. 노회 위원회 활동을 통해 더 가깝게 지냈습니다. 2007년까지만 해도 서울동노회는 상임위원회 중 교회와사회위원회에서 사회문제, 통일 문제를 주요 사업으로 다루었습니다. 2008년에 총회 구조와 걸맞게 교회와사회위원회가 교회와사회위원회와 평화통일위원회로 분리되었고, 초대 평화통일위원장을 김종수 목사님이 맡았습니다. 그리고 제가 평화통일위원회 서기를 맡아 좀 더 가까운 사이가 되었습니다. 목사님이 목포 산돌교회로 가시기 전까지 기장 서울동노회 평화통일위원회 위원장과 서기로서 환상의 호흡을 맞춰 보람 있는 성과를 거뒀었다고 회고하고 싶습니다. 2011년 2월부터는 조찬 세미나를 통해 통일 문제를 신학적으로 접근하는 노력도 게을리하지 않았습니다. 조찬 세미나에서 김종수 목사님이 발표한 주제로는 "이스라엘의 남북 그리고 한반도 평화"(2011. 3. 29.), "민족화해를 위한 걸림돌"(2011. 6. 28.) 등이 있습니다.

김종수 목사님이 초대 위원장으로 활동하시면서 평화통일강연회,

평화통일기도회, 평화통일기행 등의 사업을 통해 기장 서울동노회 평화통일위원회의 위상을 드높였던 기억이 생생합니다. 기장 총회 차원에서도 서울동노회가 통일 운동 사업을 가장 활발하게 하는 노회로 자리매김된 것도 모두 김종수 목사님의 통일에 대한 신념과 열정 덕분이었습니다.

또 하나는 수도권 예수살기 모임에서 「월례성서연구」를 맡아 여러 차례 새로운 시각의 성서 해석을 통해 참 예수살기의 길을 제시하셨습니다. 「월례성서연구」에서 발표하신 주제를 보면 "수세"(2010. 6. 8.), "부름·버림·따름"(2010. 10. 19.), "더러운 영을 쫓아낸 이야기"(2011. 1. 18.), "예수님의 하루"(2011. 2. 18.), "두 딸의 이야기, 우리 역사"(2011. 12. 6.) 등이 있습니다. 2011년 12월 6일 모임에서는 김종수 목사님의 「월례성서연구」 마지막 강의와 송별연을 겸했습니다. 2012년에 목포 산돌교회로 옮기시기로 예정되어 있어서 아쉬운 송별연을 가졌던 기억이 있습니다.

김종수 목사님 하면 떠오르는 기억 중 또 하나는 기장 총회에서 해마다 발행하는 『사순절 묵상집』과 『대림절 묵상집』을 전담 집필하신 일입니다. 이 묵상집은 처음에는 필진을 꾸려 분담하여 집필하였으나 지난해 『사순절 묵상집』까지는 단독 집필하셨습니다. 사순절, 대림절 때 목사님이 단독 집필하신 묵상집을 읽다 보면 목사님의 설교를 직접 듣는 것 같은 느낌을 받았습니다.

목포 산돌교회 담임목사 취임식에 참석하여 축하드렸던 기억도 생생합니다. 취임식에 참석하여 산돌교회에 대하여 알게 된 사실 하나가 당시 산돌교회 장로님들이 모두 여성이었다는 것이었습니다. 그 당시 제 개인적인 생각으로는 산돌교회가 남달라 보였습니다. 김종수 목사님 같은 진보 성향의 목사를 담임목사로 청빙했다는 것과 여성 장로가 드물었던 당시의 분위기 속에서 장로 모두가 여성이었다는 것 자체가 양성평등이라는 관점에서 진보 성향의 교회라고 판단했습니다. 저의 판단은 옳았고 김종수 목사님은 10년 이상 훌륭한 목회를 하셨다고 생각합니다.

김종수 목사님은 목포에 내려가셔서도 저와의 참 좋은 관계는 계속되었습니다. 한번 통화를 하면 최소한 30분이었습니다. 통화 내용은 주로 한국교회의 위기 현상에 대한 걱정, 한국 사회의 부조리에 대한 비판, 남북 통일 운동의 어려움 등이었습니다. 이러한 통화를 통해 김종수 목사님과 저와의 관계는 목사와 장로의 관계를 넘어서 신앙의 동지, 통일 운동의 동지로서 동지적 관계가 더 돋보였습니다. 다른 목사님들이 부러워할 정도였습니다. 전화를 타고 들려오는 목사님의 중후한 목소리는 상대방을 동지로 만드는 강력한 무기입니다.

서울에 오시면 서울동노회 평화통일위원장을 역임한 셋(김종수 목사, 양진균, 김동한 장로)이 마치 도원의 결의라도 한 것처럼 함께 만나 밥상 공동체를 연출하였던 기억도 아련히 떠오릅니다. 이른바 "有朋유붕이 自遠方來자원방래면 不亦樂乎불역락호아"(同志가 먼 곳으로부터 찾아온다면 즐겁지않겠는가)의 기분으로 셋은 시간 가는 줄 모르고 대화하던 때도 있었습니다. 주요 화제는 언제나 부패한 기독교 문제, 통일 문제였습니다. 더 이상 셋의 모임이 계속되지 못하는 아쉬움이 강물이 됩니다.

세월호 선체가 목포신항에 왔을 때 진상 규명을 위해 기독교 대책위 기도처를 세우고 기도회를 주도했던 것도 생각납니다. 예수살기 지역 순례 중 팽목항을 방문하고 목포신항으로 갔을 때 김종수 목사님의 현장 활동도 기억납니다. 목포를 중심으로 한 전남 지역 기독교 사회운동에 모든 열정을 쏟았던 김종수 목사님! 전남 예수살기 상임대표라는 직함을 위시해서 KNCC 전남 대표, 목정평 전남 의장 등 여러 단체의 책임을 홀로 떠맡다시피 하다 보니 몸이 많이 상하신 게 아닌가 싶습니다. 전남 지역의 진보 기독교 운동을 부흥시킨 주역으로 활동하신 모습에서 예수살기의 참모습을 보았습니다.

지난해 6월 저는 강남향린교회 원로장로로 추대받고 교우들로부터 제주도 여행권을 선물로 받아 여행하던 중에 전혀 믿기지 않는 충격적인 소식(김종수 목사 소천)을 접하게 되었습니다. 여행 중이라 직접 조문하지 못한 죄송함은 앞으로도 떨치기가 어려울 것 같습니다. 서울에서 시무하실 때도 가끔 병원 신세를 지셨지만 그러려니 했습니다. 목포에서도 그러한 소식이 들려왔을 때 쉽게 떨치고 일어나시리라 생각했습니다. 황망함은 이루 말로 표현할 수 없습니다.

김종수 목사님은 예수처럼 사셨던 '예수살기'의 전형입니다. 요즘 70세는 청춘이라는데 70세도 다 못 채우고 홀연히 우리 곁을 떠나시다니요. 아직도 믿기지 않습니다. 3명(양진균, 김동한, 김종수)의 신앙의 동지 가운데 제일 젊으신 목사님이 제일 먼저 가시다니 안타깝습니다. 누구나 하나님의 부르심을 받아 가시겠지만 현장에서 하실 일이 아직도 많이 남아 있고, 김종수 목사님께 의지하고 기대하는 동지들이 너무 많은데 그렇게 가시다니….

제가 예수살기 상임대표를 맡았는데, 저에게 큰 힘을 주실 분이 지금 제 곁에 계시지 않는다는 것이 아쉽고 또 아쉽습니다. 예수살기의 모범으로 사신 김종수 목사님의 묵상집과 다음에 나올 설교집을 통해 다시 사신 모습으로 만나겠습니다.

김종수 목사님! 하늘나라에서도 예수로 사시리라 믿습니다. '예수살기'로….

김종수 목사님과 이두수 목사님

이석주 장로

(하늘샘교회)

파격에서 필연으로

"교육 담당 전도사 좀 추천해 주시게나." 태평교회 이두수 목사님이 한빛교회 이해동 목사님께 부탁하셨습니다. 이해동 목사님은 의아했습니다. 태평교회는 예장 통합인데 자신은 기장 소속이라 기장 전도사를 추천할 수밖에 없었기 때문입니다. 이를 잘 아실 텐데도 한 부탁이니 무슨 깊은 뜻이 있겠다 싶었습니다. 이해동 목사님은 묻지도 않고 그 당시 한빛교회에 출석하고 있던 수학과 신학을 함께 전공한 김종수 목사님을 추천하셨습니다.

이렇게 태평교회가 김 목사님의 첫 사역지가 되었습니다. 당시나 지금이나 타 교단 사람을 부교역자로 모시는 것은 교파나 교단 사이의 벽을 허무는 일이기에 흔치 않았습니다.

처음에 김 목사님은 중고등부와 청년부 교육을 담당하셨습니다. 오전에는 중고등부 교사 성경 공부와 예배 설교, 오후에는 청년부 성경 공부 그리고 남는 시간에는 학생 및 청년들과 야구나 탁구 같은 운동을 즐기셨습니다. 저녁 예배 시간 이후에는 교회 주변 다방에서 늦은 시간까지 청년들과 신앙에 관하여 토론하는 것을 좋아하셨습니다. 또 권사님들께도 먼저 다가가 인사하곤 하셔서 "참 사람을 좋아하는 젊은 전도사일세"라는 이야기를 자주 들었습니다.

이 목사님은 김 목사님이 젊은 나이(당시 26세)임에도 말씀의 깊이와 성품이 남다름을 알아보시고 부임 한 달 뒤부터 주일 저녁 예배 설교를 전담으로 맡기셨습니다. 심지어는 주일 11시 예배 설교를 부탁한 적도 있습니다. 담임목사가 주일 예배 설교 강단을 젊은 교육전도사에게 내준다는 것은 파격적인 일이었습니다. 남다른 믿음과 신뢰가 있었기에 가능한 일이었습니다. 또 이 목사님은 "자네 나중에 예장 교단으로 와서 태평교회를 맡아 목회하지"라고 권하시며 사랑과 신뢰를 표하시기도 했습니다.

김 목사님은 담임 목회를 하면서 힘들 때마다 '이두수 목사님이라면 어떻게 하실까?' 하고 자주 이 목사님을 떠올리셨다고 합니다. 또한 기회가 될 때마다 이 목사님을 '신앙의 어버이'로 표현하면서 깊은 존경을 나타내곤 했습니다.

이 목사님은 돌아가시기 전에 영결 예배 순서를 정해 놓으셨는데, 기도를 김 목사님에게 맡기셨습니다. 물론 김 목사님은 그대로 하셨고, 이후 이 목사님의 5주기 추모집 발간, 이장 예배 주관, 사모님 추도 예배 등 이 목사님 관련 크고 작은 일을 도맡아 하셨습니다. 김 목사님과 이 목사님의 관계는 동역자 이상의 깊은 존경과 사랑으로 연결된 부자지간 관계였습니다.

김 목사님은 태평교회 사임 이후 1992년 7월 이 목사님 소천 때까지 10년 동안 매년 두세 번씩 찾아뵙곤 했습니다. 2014년 이 목사님의 사모님이 돌아가실 때까지 20년 이상, 거의 매년 사모님도 찾아뵈었습니다. 이두수 목사님의 아들인 제가 "아이구! 이제 그만 오세요"라고 웃으며 인사를 하자, 김 목사님은 "사모님이 이두수 목사님이지!"라며 방문을 이어가셨습니다. 김 목사님은 '한 번 맺은 인연에 참 진심이었고, 그 인연을 평생 갖고 가시는 분'이었습니다.

자기 십자가

두 분 목사님은 신앙적으로 신학적으로 공통점이 많았습니다. 김 목사님은 2021년 사순절 묵상집 『십자가와 함께 부활에 이르는 여정』에서 다음과 같이 말씀하셨습니다.

> 삶을 영위하게 하는 모든 것이 십자가의 죽음입니다. 나아가 보다 값진 것을 위해서는 그만한 값을 치러야 합니다. 그 값이 또한 십자가입니다. 그러므로 십자가는 값진 삶을 위한 치열함입니다. 단지 예수의 십자가에 편승한 싸구려 구원이 아닙니다. '자기 십자가'(막 8:34)를 요구합니다. 십자가는 값진 삶, 값진 지혜를 세우는 하나님의 능력입니다. 오늘도 십자가 앞에서 치열한 삶을 사십시오.

이렇게 2천 년 전 '예수 십자가'가 아닌 오늘의 '자기 십자가'를 지라 말씀하시며 예수 십자가 뒤에 숨어 있는 교우들을 질타하셨습니다. 늘 '자기 십자가'는 목사님 말씀의 중심이었습니다. 그래서 김 목사님 소천 후 교우들은 추모의 글과 기도문에서 '자기 십자가'를 되새기며 다짐했습니다. "아… 목사님! 십자가가 그런 것인가요! 목사님이 전한 예수의 道, 십자가의 길을 기꺼이 따르고자 합니다."

이두수 목사님은 1979년 "평화의 복음"이라는 제목의 설교에서 다음과 같이 말씀하셨습니다.

세계는 아직도 차별 때문에 불안하고 대립이 심해 가고 있습니다. 교회가 평화의 복음을 금권과 권력과 밀착시켜 지극히 한심스러운 복음으로 전파하기 때문입니다. 제대로 된 예수 십자가의 복음을 전하지 않고 있어 더 큰 문제입니다.

이 목사님에게 제대로 된 예수 십자가의 복음은 '자기 십자가'를 지라는 말씀입니다. 이 목사님은 태평교회 주보 제1면에 30도 정도 기울어져 있는 모양의 십자가를 배치하셨습니다. 어느 집사님이 "목사님! 주보의 십자가가 잘못 인쇄되었어요. 십자가가 똑바로 서 있어야지 왜 기울어져 있어요? 막 쓰러질 것 같아요!"라고 물은 적이 있습니다. 목사님은 "바로 그거야. 예수님이 십자가 짊어지시고 갈 때 기울기가 그래. 막 쓰러질 것 같지? 집사님이 뛰어가서 넘어지기 전에 짊어져야지! 집사님이 예수님의 십자가를 지라는 뜻이야!" 이 목사님은 목회를 마칠 때까지 십자가를 똑바로 세우시지 않았습니다.

무명의 자리에 '저를 보내십시오'

두 목사님께 '자기 십자가'는 '민주화와 평화 통일 운동'의 십자가였습니다. 김종수 목사님은 서울에서는 '서울겨레하나' 공동대표로 통일 운동을 하시고, 목포에서는 '목포 평화와 통일을 만드는 사람들'을 재건하고(2013), '통일의 길' 공동대표, 6.15공동선언실천 남측위원회 목포지부 공동대표 및 자문위원 등으로 일하셨습니다. 이렇게 여러 직함을 가졌지만 그 직함을 갖기 위해 일한 적은 없었습니다. 그냥 평화 통일 운동을 하기 위하여 직함이 필요했던 것뿐이었습니다. 그 직함 하나하나가 그에게는 십자가였습니다. 산돌교회에서 김 목사님과 함께 부교역자로 시무했던 김경희 목사님은 「한겨레」 "가신 이의 발자취"에서 다음과 같이 증언합니다. "목포 지방방송(mbc, kbs) 뉴스에 시민단체들의 기자회견 장면이 종종 방영되었다. 그 장면을 본 사람들이 증언한다. 머리 희끗한 사람이 늘 그 자리에, 그 모퉁이에 함께 있었다고. 그는 앞에 나서지 않았고, 언제나 뒤에서 그들과 함께했다." 김 목사님은 언제나 자신이 있는 곳을 끄트머리로 여겼고 그곳에서 최선을 다하셨습니다. "나의 의를 하나님의 의 앞에 내세우지 말라"는 말씀을 그대로 실천하신 분이었습니다.

이두수 목사님은 70, 80년대 구속자 가족들의 울부짖음이 있는 곳, 고통받는 이들의 몸부림이 있는 곳, 불의에 저항하는 곳에 언제든지 달려가셨습니다. 종로5가 기독교회관에서 열리던 목요 기도회에 10여 년 동안 빠짐없이 참석하셨습니다. 한빛교회에서 매 주일 오후에 모이던 갈릴리교회에도 참석해서 민주화와 고난받는 이들을 위하여 함께 기도하셨습니다. 함석헌 선생, 김재준 목사님과는 평생 가까이 지내시며 뜻을 함께 나누셨습니다. 태평교회 강단에 함석헌 선생, 김재준 목사, 문익환 목사, 문동환 목사, 고영근 목사, 윤반웅 목사, 서남동 교수, 김찬국 교수, 이문영 교수 등을 초청해서 교인들에게 사회 구원 의식을 심어주셨습니다. 일부 교우들은 교회 부흥에 도움이 되지 않는다고 반대 의견을 내기도 했지만, 암울하던 시대에 민주화 운동과 고난받는 이들을 위한 기도의 동참은 교회의 사명이고 목회자의 십자가라고 말씀하시곤 했습니다.

이 목사님을 옆에서 보신 김상근 목사님은『선한 싸움 다 싸우고』(이두수 목사 유고집)에서 이렇게 기록하고 있습니다:

"생각하니, 목사님은 대타 요원이었다. 기도 맡은 분이 오시지 않으면 기도를 대신하시곤 했다. 축도 맡은 분이 오시지 않으면 축도도 하셨다. 같은 목사에게 다른 목사의 순서를 대신하라는 것은 경우에 따라 불쾌한 일이 되기도 한다. 그러나 그는 한 번도 거절하시지 않으셨다. 그러마고 단에 올라가시곤 했다. 설교 한번 못하시고 대역 기도, 대역 축도만 하라는데 그래도 잰걸음으로 기도회로 달려오신 분, 그분이다. 이두수 그분이다."

이 두 분은 민주화와 통일 운동의 한 모퉁이를 담당하셨습니다. 어떠한 악의 유혹이나 협박에도 굴하지 않는 강직함과 용기가 있었으나 결코 자신을 내세우지는 않았습니다. 분명 거기 있었지만 늘 없는 듯 있으셨습니다. 하나님이 부르신다면 무명의 자리에도 "저를 보내십시오" 하고 기꺼이 가신 분들이었습니다.

참회의 기도

이두수 목사님은 다음과 같은 참회의 고백을 자신의 일기장에 기록하고 있습니다.

四旬節이 시작된 주간이다. 얼마나 예수님의 고난을 생각하며 근심하고 절제하고 조심하며 검소한 삶을 살자고 부탁하고 소리쳤든가? 그러나 과거 小子는 말로만이었고 자신이 금식 한 끼를 못 하였고 금욕 삶에 주의도 못 하였고 조심도 못 하고 입으로만 떠들었던 것이다. 고로 이제 와서 허탕이요 아니 사기였다고 자백할 수밖에 없다. 지금은 찌꺼기만 남았고 쓰레기가 되었고 뒤돌아볼 것이 전혀 없다고 자인할 수밖에 없다(1991. 2. 21. 오후 9:30).

이 목사님은 하늘나라에 가시기 1년 전 강단에서 선포한 말씀 그대로 살지 못한 것에 대한 참회의 마음을 고백하고 있습니다. 또 이 목사님은 목회 일상에 관한 것들을 평생 일기에 담으셨는데, 소천하시기 2년 전부터 태평교회에서 함께한 교우들에 관한 고마움과 미안함을 기록으로 남기셨습니다. 쓰시기 시작한 첫날 "태평에서 함께한 식구들을 생각하며 고마운 것은 고마운 대로, 미안한 것은 미안한 대로 기록하고 가는 것이 그분들에 대한 '예의'가 아니겠는가?"라고 쓰셨습니다. 교우 한 분의 이름을 맨 위에 쓰고, 그 아래 그분을 위한 성경 구절을 쓰고, 그 교우에 대한 마음을 써 내려가셨습니다. "내가 과분한 사랑을 받았지." "고맙습니다!" "충분하지 못했어. 잘못했지. 미안합니다!" 돌아가시기 몇 개월 전에는 의식이 흐릿해져 글씨가 삐뚤빼뚤, 그래도 있는 힘껏 교우들의 이름을 기억하고, 고마움과 미안함을 기록하며 '예의'를 갖추고 하늘나라에 가셨습니다. 교우들을 향한 목사님의 마지막 '예의'는 이 목사님의 마지막 '참회의 기도'였습니다.

김종수 목사님은 늘 말씀의 거울 앞에서 자신의 부족함을 깨닫고 자신의 허물을 고백하는 데 주저하지 않으셨습니다. 하늘샘교회 창립 3주년 때 "네가 사람을 취하리라"(눅 5:10)라는 참회의 글을 교회 카페에 올리셨습니다.

교회란 사람을 품는 곳이다. 그런데 왜 나는 그들을 품지 못했을까? 그들 탓이라고 하기에는 내 자신에게 걸리는 것이 눈에 보인다. 내 속에 사람을 취하지 못하게 하는 것들이 있다. '이제 후로는 네가 사람을 취하리라'고 주님이 말씀하시자 베드로를 비롯한 제자들은 '모든 것을 버리고'(눅 5:11) 예수님을 따랐다고 한다. 사람을 취하기 위해서는 '모든 것'을 버려야 한다는 것이다. 그래서 나에게 묻는다. 나는 무엇을 버리지 못하여 사람을 취하기는커녕 잃었는가? '모든 것'이 아니라 나는 단 하나도 버리지 못했다. 불신앙은 물론이고 무엇보다도 숨긴 듯한 교만이 있고, 감춘 듯한 권위주의가 있고, 없는 듯한 배타성이 있다. 나는 교우들에게 '버리라'는 같잖은 설교를 자주 한다. 저는 못 버리면서 말이다(2005. 8. 3).

목회자가 자신에게 정직하다는 것, 자신의 실수나 어리석음, 부끄러움을 직시하고 그것을 고백하는 것은 결코 쉽지 않은 일입니다. 하지만 목사님은 자주 말씀하시곤 했습니다. 교우들이 아니라 자신이 문제라고, 내가 목회를 하는 것이 아니라 교우들이 자신을 목회하고 있다는 것을 너무 잘 안다고 김 목사님은 자신이 쓴 참회의 기도집 『전에는… 이제는…』 표지 뒤에 "OO님! 죄가 많아 썼네"라고 써서 건네곤 했습니다. 정말 평생 죄인의 심정으로 참회의 기도를 하시다가 가신 목사님입니다.

김종수 목사님의 묘비에는 "세상에 있는 자기 사람들을 사랑하시되, 끝까지 사랑하셨다"(요 13:1)고 기록되었습니다. 이두수 목사님의 묘비에는 "나는 선한 싸움을 싸우고 나의 달려갈 길을 마치고"(딤후

4:7)라고 기록되었습니다. 묘비명처럼 두 목사님은 민주화와 평화통일을 위하여 선한 싸움 다 싸우고 교우들을 끝까지 사랑하시며 자신의 삶을 내어주셨습니다.

이제 두 분의 삶은 '예수'로부터 '이두수', '석천 김종수'에게 흘러 '제2의 석천'인 우리에게 흐르고 있을 것입니다. "예수님 닮았습니다", "이두수 목사님 닮았습니다", "김종수 목사님 닮았습니다"라는 인사가 오고 가는 우리의 삶을 희망해 봅니다. 그리하여 '나 다운'(참 나) 우리 삶으로 석천을 추모하기를 기도합니다.

종수 형이 말한 그리스도인

유채림[*]

(소설가)

왜 종수 형을 불렀을까? 왜 종수 형과 한용걸 신부를 불렀을까? 아무도 부를 수 없는 지옥 불구덩이에 왜 종수 형과 한용걸 신부를 불렀을까? 나는 속이 타들었다. 나는 새카맣게 속이 타들었다. 나는 종수 형과 한용걸 신부를 부르지 않을 수 없었다. 목회자와 신부가 곁에 있다면 제아무리 용역 깡패인들 뭘 어쩌겠는가. 바로 그 때문이었다.

용역 깡패들은 오후 서너 시쯤 온다고 했다. 열한 시경 철거농성장을 찾은 경찰은 매달리는 내게 그렇게 말했다. "몇 명이나 온대요" 하고 묻자, 그건 모르겠다고 말했다. 안으로 들어온 경찰은 농성장 안을 꼼꼼히 살폈다. 스티로폼 바닥에 개켜놓은 이불 더미를 살폈다. 고개를 내밀어 어두컴컴한 주방도 살폈다. 겨우 한 사람 드나들 수 있는 주방 옆 계단도 살폈다. 경찰은 부부 둘뿐이냐고 물었다. 다른 사람은 없는 거냐고 물었다. 다른 사람은 정말 없는 거냐고 다시

---

[*] 소설가. 1년 6개월 철거 농성 끝에 다시 문을 연 두리반에서 칼국수와 보쌈, 왕만두를 팔고 있다.

물었다. 한 말들이 석유통은 왜 문가에 놔둔 거냐고도 물었다. 보다시피 석유 난로 때문이라고 답했으나 그게 다는 아닐 거라고 의심하는 눈치였다.

부부 외에 또 다른 누군가가 어딘가에 숨어 있는 건 아닌가? 석유통은 왜 유리문 현관 옆에 놔둔 건가? 그런 걸 묻는다는 게 예사롭지 않았다. 나는 그때부터 계속 경찰한테 매달렸다. 억울하다. 영업을 시작한 지 2년 10개월 만에 건설사는 우리를 쫓아냈다. 이 가게 아니면 살길이 없는데 건설사는 우리를 쫓아냈다. 건설사는 대안도 없이 무작정 우리를 쫓아냈다. 우리한테는 대출금 2천5백만 원도 그대로 남아 있다. 우리는 2년 10개월 만에 빚만 지고 쫓겨난 셈이다. 건설사는 돈벌이를 위해 우리를 쫓아냈다. 그런데 우리는, 우리 네 식구는 왜 빚더미 속으로 굴러떨어져야 하는가. 건설사는 우리를 끌어내자마자 가게 앞에 펜스를 쳤다. 우리는 펜스를 뜯어내고 쫓겨났던 가게 안으로 들어가 철거 농성을 시작할 수밖에 없었다. 살아갈 앞날을 잃었으니 달리 어떤 선택을 하겠는가. 건설사가 우리 부부를 끌어내려고 경찰 입회를 청했나? 그래서 사전 답사 차 경찰이 이곳을 찾은 게 아닌가? 나는 경찰한테 매달렸다. 제발 정보과장한테 건설사의 준동을 막아달라고 건의해 주면 고맙겠다. 어떤 불상사가 일어날지 모를 매우 위험한 농성장이라고 말해준다면 더없이 고맙겠다. 내가 매달릴수록 경찰은 난처한 기색이 역력했다.

경찰은 이제 가봐야 한다고 말했다. 경찰은 실제로 현관 유리문을 열려고 했다. 나는 한 번 더 그런 경찰한테 매달렸다. 오직 지금뿐이라는 절박한 심정으로 매달렸다. 경찰은 마지못해 입을 열었다. 이게 무슨 도움이 되겠나 싶지만, 아무튼 오늘 서너 시쯤 건설사 쪽 사람들이 올 예정이라고 말했다. "몇 명이나 오는지는 모르겠으나 어쨌든 그때쯤 올 텐데, 이게 무슨 도움이 되는 정보라고 말을 하나 모르겠네" 하고는 유리문을 밀었다.

용역들도 어쩌지 못할 만큼 사람을 불러 모으라는 뜻일까? 사람을 불러 모을 수 없다면 억울해도 그냥 조용히 정리하라는 뜻일까? 그냥 조용히 정리하고 길바닥에 나앉으라는 뜻일까? 나는 침이 말랐다. 몸이 얼어붙는데도 입술이 타들고 침이 말랐다. 안 그래도 영하의 농성장인데 냉기는 몇 배나 가중되었다. 덜덜 몸이 떨렸다. 쉴 새 없이 심장이 벌렁거렸다. 오 분이 멀다 하고 나와 아내는 거칠게 숨을 몰아쉬었다. 경찰이 말한 대로라면 이제 서너 시간 뒤면 농성장은 지옥 불구덩이가 된다. 용산 남일당 같은 지옥 불구덩이가 된다. 지옥 불구덩이에 누구를 불러 어떤 도움을 청할 수 있겠는가. 나는 아무도 부를 수 없다. 덜덜 떨고만 있다. 시간 넘도록 덜덜 떨지만 나는 아무도 부를 수 없다. 덜덜 떨고만 있다. 그런데 아까부터 종수 형, 종수 형이 떠오른다. 종수 형은 내가 가장 신뢰하는 목회자다. 종수 형이 떠오르자 한용걸 신부도 떠오른다. 대학 시절 한용걸 신부는 나와 한방에서 일 년 넘도록 함께 살았다. 용역들이 덮칠 시간이 가까워질수록 종수 형과 한용걸 신부를 지울 수 없다. 종수 형과 한용걸 신부가 곁에 있어 준다면 공포와 불안도 견딜 만하겠다. 덜덜 떨수록 종수 형과 한용걸 신부를 지울 수 없다.

나는 이 불안, 이 공포에서 벗어나고 싶었다. 나는 종수 형을 불렀다. 나는 한용걸 신부를 불렀다. 종수 형과 한용걸 신부는 그런 일이 있었느냐, 당장 달려가겠다고 말했다. 종수 형과 한용걸 신부는 만사를 제쳐놓고 당장 달려가겠다고 말했다. 경찰이 말한 서너 시까지는 이제 한 시간쯤 남았을 때였다.

먼저 달려온 이는 종수 형이었다. 종수 형은 내 얘기를 들었다. 입술을 꾹 다문 채 내 얘기를 들었다. 종수 형은 듣는 사람이었다. 세 시가 다 돼서 한용걸 신부도 왔다. 한용걸 신부는 사제복을 입고 왔다. "설마 제 놈들이 사제복 입은 신부를 어쩌겠어" 하면서 한용걸 신부는 웃었다. 하지만 아무도 웃지 않았다. 농성장은 공포와 긴장뿐이었다. 그런 곳으로 나는 종수 형과 한용걸 신부를 불러들였다. 이제 우리는 네 명이 됐다. 경찰은 서너 시쯤 용역들이 올 거라고 말했다. 용역들이 올 시간이 임박해 있었다. 몇 명이 올까? 그게 무슨 상관인가. 몇 명이 오든 지옥 불구덩이가 된다. 목정평(전국목회자정의평화협의회) 의장인 종수 형이 있고, 사제복 입은 한용걸 신부가 있어도 어쨌든 지옥 불구덩이가 된다. 나는 그런 곳으로 종수 형과 한용걸 신부를 불러들였다. 나는 피가 마른다. 나는 여전히 공포와 불안을 감출 수 없다. 나는 마른 입술을 핥으면서 현관 유리문 밖을 응시한다.

세 시가 지나고 네 시가 지나기까지 용역들은 오지 않았다. 지옥 불구덩이는 지연되고 있었다. 그러나 지옥 불구덩이는 용역들이 들이닥쳐야만 비롯되는 건 아니다. 피 말리는 기다림이 지옥 불구덩이다. 온 신경이 유리문 밖으로 쏠려 있는 불안 섞인 두려움도 지옥 불구덩이다. 나는 이 공포와 긴장, 이 불안의 불구덩이 속으로 종수 형과 한용걸 신부를 불러들였다. 다섯 시가 돼도 용역들은 오지 않았다. 짧은 겨울 해가 쉽게 꺾여 바깥은 이미 어둠이 내리고 있다.

여섯 시에도 일곱 시에도 용역들은 오지 않았다. 밤 여덟 시쯤 이제 가봐야 한다고 한용걸 신부가 말했다. 용역들은 여전히 언제든들이닥칠지 모르는데 한용걸 신부는 가봐야 한다고 말했다. 나는 한용걸 신부를 보내면서 마음에도 없는 소리를 종수 형한테 했다. 한 신부와 함께 떠나도 괜찮겠다고, 오늘은 용역들이 안 올 모양이라고 말했다. 공포와 불안으로 새카맣게 타들지언정 더 이상 종수 형을 붙잡을 염치가 없었다. 종수 형은 괜찮다고 말했다. 좀 더 있다가 천천히 가겠다고 말했다.

밤 열 시가 되기까지 종수 형은 우리 부부 곁에 있었다. 떠날 생각을 하지 않았다. 별일 없을 거라고, 지하철 끊기겠다고 내가 말했으나 종수 형은 떠날 생각이 없었다. 그 밤 종수 형은 내내 우리 곁을 지켰다. 새벽녘에 잠깐 눈을 붙인 종수 형은 늦은 아침에 자리에서 일어났다. 약속이 있어서 간다고, 그러나 다시 오겠다고 말했다. 종수 형은 유리문을 밀다가 잠깐 멈췄다. 종수 형은 누가복음 12장 4절을 내게 남겼다. 육신은 죽여도 그 이상은 어떻게 하지 못하는 자들을 두려워하지 않는 것, 그게 그리스도인이라고.

김종수 목사님을 추모하며

나현승 집사

(하늘샘교회)

며칠 전, 송파구의 어느 거리를 차로 지나가다가 저도 모르게 깊은 한숨과 함께 가슴이 먹먹해졌습니다. 재작년 여름, 서울에 잠시 방문하셨던 김종수 목사님을 그 거리에 자리 잡은 호텔에 모셔 드리고 작별 인사를 나누던 때가 떠올랐기 때문입니다. 늦었으니 어서 가라고 하시며 손을 흔드시던 모습, 그것이 목사님과의 마지막 만남이었다는 것을 한참의 시간이 흐른 후에야 저는 알게 되었습니다.

김종수 목사님을 처음 만났던 것은 목사님께서 성음교회 담임목사로 부임하셨던 1998년 초였고, 당시 저는 학부 졸업과 대학원 진학을 앞두고 있었습니다. 그리고 제가 미국 유학을 떠났던 것이 2001년 여름이니 약 3년 반 정도의 기간만 목사님과 지리적으로 가까이 있었고, 그 후로는 계속 상당한 거리를 두고 떨어져 살았습니다. 그럼에도 목사님은 늘 제 곁에 가까이 계신다는 느낌을 갖게 하시며 저를 든든히 지탱해 주셨던 분이었습니다.

지금 돌이켜 보면 인생의 중요한 방향이 정해지던 20대 후반에 목사님을 만났던 것은 제게는 그야말로 홍복이었고 하나님께서 주신 귀한 선물이었습니다. 적지 않은 나이에 형편없는 학부 성적과 영어

실력에도 불구하고 객관적으로는 무모해 보였던 유학을 밀어붙일 수 있었던 데에는 김종수 목사님의 영향력이 지대했습니다. 당시 목사님의 영감 가득한 설교 말씀과 자상하고도 끊임없는 격려는 유학을 감행하고 가정을 꾸리던 젊은 시절의 제게 강력한 추진력이 되었습니다.

자신에게 익숙한 고향을 떠나 쫓기다 지쳐 쓰러져 누운 광야, 바로 그곳에서 만난 하나님, 그 하나님은 광야이기에, 아니 그 광야에서만 만날 수 있는 분이라는 말씀. 약속으로 주어진 땅이라 할지라도 자기 자신의 발바닥으로 직접 밟아야만 자신의 것이 된다는 말씀. 별을 바라보며 꿈꾸는 목회를 하실 것이며 언젠가는 그 별들이 어두운 세상을 밝게 비출 것이라는 그 말씀. 유학길의 가방 속에 소중히 챙겨 넣었던 목사님의 설교 녹음 테이프들에 담겨 있던, 젊은 날의 제게 힘이 되어 주던 생명의 샘과 같았던 그 말씀. 이 말씀들을 지금도 기억합니다.

목사님과의 수많은 추억 중에 하나는 유학 중이던 제게 해외 심방을 오셨던 일입니다. 미국 내의 여러 지인을 만나시던 중에 미시간의 저의 집에도 오셔서 함께 나이아가라 폭포에 구경 가고, 미주리에서 학교 다니다가 주말에 합류한 제 아내와 함께 늦도록 많은 얘기를 나누고, 당시 인디애나에서 목회하시던 한병철 목사님의 교회에 방문했던 그 시간은 제 인생의 참 아름다운 시절이었고 빛나는 순간들이었습니다.

제 아내는 저와 결혼하고 보니 제게 아버지가 두 분이나 더 계셨다고 말하곤 했습니다. 한 분은 제 학위 과정 지도교수이시고, 다른 한 분은 김종수 목사님이셨습니다. 물론 농담처럼 한 말이었지만 상당한 진실을 담고 있는 말이기도 했습니다. 공교롭게도 두 분은 같은 나이시고, 김종수 목사님이 미시간을 방문하셨을 때 잠시 만남을 갖기도 했었습니다.

김종수 목사님과 함께했던 그 시간을 기억하며 목사님께 너무도 죄송스러운 것은 목사님께서는 제 삶의 중요한 순간마다 어김없이 제게 큰 힘이 되어 주시고 늘 저를 위해 기도해 주셨는데, 정작 목사님이 어려우실 때마다 저는 아무런 힘도 도움도 되어 드리지 못한 것입니다. 목사님이 하나님의 부르심을 받았을 때도 미국에서 연구년 중이었던 저는 그 마지막 가시는 길에 함께하지를 못했습니다.

솔직히 고백하건대, 김종수 목사님께서 목포에 가시지 말고 서울에 계속 계셨으면 좋았겠다는 생각을 저는 여러 번 했었습니다. 좀 더 가까이 계셨더라면 더 자주 뵙고 함께 시간을 더 가질 수 있었을 텐데 하는 지극히 개인적인 아쉬움이 제 마음 한편에 자리 잡고 있었습니다. 하지만 목포에 계시는 많은 분들이 목사님을 그리워하고 목사님 떠나신 것을 애통해하는 것을 전해 들으며 저의 생각이 매우 짧고 지나치게 이기적이었음을 깨닫습니다. 어쩌면 김종수 목사님을 더욱 필요로 하는 곳에 있게 하시려는 하나님의 선하신 인도하심이 아니었을까 하는 생각을 하게 됩니다.

낮은 곳, 어려운 곳, 소외된 곳, 사랑과 관심이 필요한 바로 그곳에 늘 계셔서 묵묵히 그 자리를 채우시고 그 역할을 기꺼이 감당하셨던 김종수 목사님. 사랑이 필요한 사람들에게 따뜻한 배려와 연대로, 정의가 필요한 곳에 담대한 예언자의 목소리로 지체 없이 달려가셨던 목사님. 당장이라도 환한 웃음으로 저를 반겨 주실 것만 같은 목사님이 이제는 곁에 계시지 않습니다.

뵙고 싶어도 뵐 수 없는 아쉬움과 그리움을 이제는 마음 깊은 곳에 묻고 남은 자로서 목사님께 진 빚을 세상에 갚겠다는 다짐을 목사님께 드립니다. 제게 허락된 삶의 자리에서 낮은 시선으로 하나님 보시기에 좋을 세상을 향해 조금이라도 나아갈 수 있도록 애쓰겠다는 다짐을 드립니다. 저도 적어도 누군가에게는 따뜻하고 든든하며 선하고도 결정적인 영향력을 미치는 사람이겠다는 약속 또한 드립니다.

사랑합니다. 감사했습니다. 목사님.

내 아들에게, 아빠가

이종환 집사
(목포산돌교회)

곧 첫 번째 돌을 맞이할 사랑스러운 나의 아들 한결아.

첫눈처럼 찾아온 너의 소식을 그 누구보다 기뻐하시며 함께 맞이할 그날을 위해 기도해 주셨는데, 벌써 일 년이 되었구나. 흰머리에 동그란 안경, 볼록한 배가 괜스레 포근했던 김종수 목사님을 직접 뵙고 인사드렸으면 얼마나 좋았을까? 늘 밥은 먹었냐며 맛있는 거 먹으러 가자 하시고, 생일이면 항상 치킨 기프티콘을 선물로 주셨지. 너희 엄마랑 나눠 먹으라며 언제나 따뜻한 미소를 머금고 계셨는데…

언젠가 우리 한결이가 엄마와 아빠의 결혼식 사진을 보면 알 수 있겠지만, 목사님께서는 엄마와 아빠의 머리 위에 부부라는 인연의 끈을 맺어주시며 뱃속의 한결이를 쓰다듬어 주셨단다. 혹시 기억나니? 우리 한결이가 빨리 밖에 나오고 싶어 발길질하며 배 속을 헤엄칠 때, 목사님께서는 허리가 좋지 않으셔서 큰 수술을 하셨어. 오랫동안 병원에 계시면서도 한결이의 안부를 물어 주셨고, 잠시 퇴원하셔서 한결이에게 맛있는 것을 사 주고 싶다고 하셨어.

건강하게 잘 태어나길 바라며 오래된 2달러 지폐를 선물로 주셨어. 그리고 행복과 행운이 깃든 소중한 선물 꾸러미를 전해 주셨지. 받지 말걸…. 투병 중이신 목사님의 행운을 모두 전해 준 것이 아닐지, 부음을 전해 듣고 얼마나 울었는지… 한결이를 무척 보고 싶어 하셨는데, 마지막 인사였다니….

아빠와 엄마는 빈소를 지키면서 추모의 밤을 준비하고 목사님이 걸었던 길을 사진과 영상으로 만들기도 했어. 목사님은 사랑과 기도뿐 아니라 세상을 어떻게 살아가야 하는지 예수님과 하나님의 말씀을 빗대어 말씀해 주셨고, 시민사회 곳곳으로 행동하시며 보여 주셨어.

한결이가 조금 더 크면 알겠지만, 우리나라는 남북이 갈라져 전쟁 위협으로 대결과 갈등, 비교와 경쟁이 차별과 양극화를 낳았고 구조적 모순으로 사회적 문제가 심각한데, 우리는 평화와 통일, 자주와 민주의 정의가 회복된 세상, 나로부터 하나님 나라를 위해 살아야 한다 하시며 마음속에 언제나 십자가를 품고 살아가라고 하셨어.

한결아, 아마도 아빠는 이 말씀 따라 목사님을 기억하면서 살아가는 것 같아. 우리 한결이도 이 세상 모든 사람이 하나님의 아들과 딸임을 알고, 하나님의 몸과 같이 이웃을 사랑하라는 말씀처럼 늘 겸손하게 사랑을 나누며 공동체 안에서 한결같이 살아가길 기도할게. 목사님은 하늘에 계시지만 늘 전해 주시던 하나님의 말씀과 삶 그리고 함께했던 감동의 순간들이 우리에게 언제나 기억되길 바라며….

석천(錫川) 김종수 목사님을 마음에 심으며

최은기 집사

(동안교회)

　　흔히 돌아가신 분 앞에 '이미 지나간 사람'이라는 의미로 고(故)를 붙입니다. '고(故) 아무개 목사'처럼 말입니다. 당연히 김종수 목사님도 하나님의 부르심을 받으셨기에 '고(故) 김종수 목사'라 칭해야 합니다. 유교적 문화와 관념이 천착된 우리나라에서 '고'(故) 자를 붙이지 않으면 예의가 없는 것처럼 생각되지만 저는 김종수 목사님에게만은 '고'(故)를 붙이고 싶은 마음이 추호도 없습니다. 어쩌면 예수님이나 바울 앞에 '고(故) 자를 붙이지 않는 것처럼 김종수 목사님은 '살아계신다'는 마음이 강력하게 작동하고 있는지 모릅니다. 아니, 어쩌면 기독교의 핵심인 부활 신앙을 올곧게 적용하고 있다고 봅니다. 죽어서 육신이 땅에 묻혔음에도 내 안에 목사님이 살아있음을 봅니다. 예수의 삶과 가르침이 사도들에게 반복되어 드러나듯이 김종수 목사님의 삶과 가르침이 목사님을 따르고자 했던 나의 삶에 반복되어야 한다고 생각합니다.

　　교회에서 회중 기도를 맡거나 어떤 단체에 말씀을 전하거나 무언가를 결정할 상황이 오면 저는 김종수 목사님의 여러 설교문을 읽어보고 사색합니다. 목사님의 설교문에서 사건의 단초를 발견하거나 사태 해결의 실마리를 깨닫거나 문제의 핵심을 뚫어보려고 노력합니다. 물론 저는 김종수 목사님의 설교문을 통하여 성서와 예수를 인식해 갑니다. 목사님의 설교의 내용이 온통 '성서와 예수'가 주제이니까요 성서와 예수를 통하여 세상을 바라보고 내 삶의 행실을 꾸려갑니다. 목사님이 그렇게 강조하는 '참 나'를 찾아가는 과정입니다. 그러하기에 목사님이 남긴 약 600편의 설교문은 저에게 중요한 삶의 자료가 되었습니다.

지난 1월의 일입니다. 목포 YMCA에서 매월 드리는 직원 예배에서 이사들이 돌아가면서 말씀을 전하는데, 2월 예배 때 말씀을 전해 달라는 요청을 받았습니다. 무슨 '말씀'이냐 물으니 설교도 좋고, 살아온 이야기도 좋고, 간증도 좋다고 하였습니다. 제가 신학자도 아니요 무슨 특별한 간증이 있는 것도 아니니 살아온 이야기를 전하려고 맘먹었습니다. 그런데 제 살아온 이야기를 함축할 성경 구절이 전혀 떠오르지 않았습니다. 살아온 이야기야 살아온 것이니 생각나는 대로 자연스럽게 전하면 될 것인데 성경 구절이 문제가 되었습니다. 그래서 김종수 목사님 설교문을 뒤지기 시작했습니다. 그리고 마침내 딱 어울리는 구절을 찾았습니다. 목사님이 2013년 5월 12일 어버이주일 에 행한 설교인데, 잠언 22장 6절을 본문으로 "마땅히 걸어야 할 길을 아이에게 가르치라"라는 제목의 설교문이었습니다.

본문은 이렇습니다. "마땅히 걸어야 할 길을 아이에게 가르쳐라. 그러면 늙어서도 그 길을 떠나지 않는다." 저는 20대의 내가 '마땅히 걸어야 할 길'을 배웠기에 60대인 지금에 와서도 '그 길을 떠나지 않았음'을 주제로 제 살아온 이야기를 마칠 수 있었습니다. 이런 걸 보면 목사님의 설교문은 당신이 살아온 인생의 모든 지혜가 담겨 있는 보물 창고인 듯합니다.

김종수 목사님을 알게 된 계기는 사회운동을 하면서 알게 된 연대 출신 친구 덕분이었습니다. 그 친구는 해양수산부 산하 세월호 수습 단장을 하였고 얼마 전까지 한국해양대에서 특임교수로 일한 친구로 기독교와는 아무런 상관이 없는 친구입니다. 2018년도 가을 어느 날, 그 친구가 자기가 가장 존경하는 대학교 선배님이 계시는데 소개해 줄 테니 같이 가자고 하였습니다. 거기서 김종수 목사님을 처음 만났습니다. 비기독교인인 친구가 가장 존경하는 선배가 개신교 목사라니! 그 친구 인품으로 봤을 때 대사회 신뢰도가 밑바닥인 개신교 목사를 존경할 이유가 하나도 없는데 김종수 목사님을 가장 존경한다 하니 김종수 목사님이 어떻게 살아왔는지 충분히 짐작하고도 남았습니다.

저에게 목사님의 첫인상은 후덕하고 소탈한 아저씨 같은 분이었습니다. 그러나 보기와는 다르게 성서에 대한 해석은 날카로웠고 폐부를 찔러 왔습니다. 40년 넘게 신앙생활을 해 오면서 수많은 설교를 들었지만 성서를 이렇게 명쾌하게 알아볼 수 있게 해석해 주시는 목사님은 처음이었습니다. 그러니 목사님을 보아온 지난 5년간 매주마다 설교가 기대되지 않았겠습니까? 설교에 대한 에피소드 한 토막이 생각납니다.

목포 지역 보수 교단의 교회에서 시무하던 어느 목사님—그 교단에서 꽤 중요 업무를 맡고 있습니다—과 대화 중에 담임목사 청빙에 관한 주제가 나왔습니다. 그 목사님 왈, 자기는 다른 것 볼 것 없고 본문 한 구절을 정하고 그 본문을 주제로 다섯 번의 설교를 시켜보면 된다는 것이었습니다. 한 구절로 다섯 번의 설교를 할 수 있다는 것은 성령의 도움 없이는 불가하니 그 목사님은 성령 충만한 목사요, 성경에 해박한 목사요, 삶의 깊이가 다른 목사이니 무조건 담임목사로 청빙하겠다는 것이었습니다. 그러면서 자신은 3번까지는 무난하고 4~5번은 온갖 힘을 써야 한다면서 자기는 다섯 번 설교한 목사가 있다는 소리는 들었다는 것입니다. 그런데 말입니다. 그 목사님이 바로 김종수 목사님이었습니다.

목사님이 2017년 10월 8일부터 2018년 1월 15일까지 마가복음 7장 31-37절을 본문으로 삼아 "에바다"라는 주제로 다섯 번에 걸친 설교를 한 것이었습니다. 아! 석천 김종수 목사님! 성령이 충만한 목사요, 성서에 해박한 목사요, 삶의 깊이가 다른 우리 목사님. 얼마나 감동이 넘쳤으면 정안섭 집사님이 이 설교문만으로 『에바다』란 소책자를 만들어 무료로 배포해 주었는지 충분히 이해가 갑니다.

목사님과 같이 신앙생활 한 지 5년밖에 안 되는 짧은 기간이지만 저로서는 다시 태어난 시간이었습니다. 산돌교회에 출석한 지 6개월 정도 되었을 때 목사님이 저에게 처음으로 부탁한 일이 있었습니다. 2019년 7월 5일 이한열 열사 32주년 추모 예배에 설교를 하는데 저에게 추모 기도를 부탁한다는 것이었습니다. 그때까지 저는 추모 기도를 해본 적이 없었는데 목사님의 첫 부탁을 거절할 수 없어 그리하겠노라 하였습니다. 기도문을 쓰려고 컴퓨터 앞에 앉았으나 쓸 수 없었습니다. 긴 침묵에 빠져 생각하는데 목사님이 한 말이 생각났습니다. 아브라함의 하나님, 야곱의 하나님, 이삭의 하나님은 이스라엘의 하나님인데 우리의 하나님, 우리 민족의 하나님, 이순신, 유관순의 하나님은 어디 계시는가? 그래서 '이한열의 하나님'을 고민하기 시작했습니다. 그리고는 "가난한 자, 눌린 자, 포로 된 자의 하나님, 이한열의 하나님, 민중의 아버지시여!"로 시작되는 기도문을 쓸 수 있었습니다. 목사님의 첫 부탁이 제 가슴 속에 오래 남아 있는 것은

짧은 기간이지만 가장 강력하게 저의 삶에 개입하신 분이기 때문입
니다. 20대에 가졌던 청년 예수에 대한 열정을 다시 일으켜 주신
분이 김종수 목사님이십니다. 그러니 나의 삶이 다할 때까지 목사님을,
목사님의 정신을 마음에 심고 살아가겠습니다.

영원을 사모하는 마음과 영원한 치유[*]

허호익 목사

(전 대전신학대학교 교수)

하나님이 모든 것을 지으시되 때를 따라 아름답게 하셨고 또 사람들에게는 영원을
사모하는 마음을 주셨느니라 그러나 하나님이 하시는 일의 시종을 사람으로는
알수 없느니라(전 3:11).

우리가 다 알다시피 김종수 목사는 착하고 충성된 하나님의 종이요,
맑고 순전한 심성을 지닌 선한 목자요, 예언자적 통찰과 영감이 넘치는
설교가요, 목포의 교회 연합과 시민 운동에 앞장선 행동하는 양심이었
습니다. 무엇보다도 가까이하고 싶은 참 좋은 사람이었습니다. 그래서
그를 떠나보내는 것이 참 슬프고, 아쉽고, 마음이 아픕니다.

김종수 목사는 저에게 둘도 없는 동무요, 동생이요, 동지였습니다.
나이는 몇 살 차이 나지만 연대 신학과 졸업 동기로서 같은 강의실에서
함께 공부한 이후에도 47년이나 허물없는 친구로 지냈으니 분명
'참 좋은 나의 옛 동무'였습니다.

김종수 목사는 늘 저를 형님이라고 따뜻하게 불러 주었습니다.

---

[*] 이하 세 편의 글은 목포산돌교회 다음 카페 '석천 추모관'에서 가져온 글.

형님, 목포 산돌교회 취임 예배에 꼭 오세요. 형님, 목포에 놀러 오세요. 형님, 책 출판 기념회하니 꼭 오세요. 형님, 목포 성서학당 특강 하러 꼭 오세요. 형님, 서남동 선생님 기념사업회 행사 있으니 꼭 오세요. 늘 "형님, 꼭 오세요"라고 했습니다. 시간이 되는지, 올 형편이 되는지 물어보지도 않고 "형님 꼭 오세요"라고 했습니다. 저에게는 이처럼 좋은 동생이 따로 없었습니다.

김종수 목사는 저와 그리고 여기에 참석한 연세신학연구회 멤버들과 같이 평생 뜻을 같이해 온 동지였습니다. 특히 개인적으로 학부 때부터 신학적인 토론을 가장 많이 한 학문적 동지였습니다. 가끔 설교 준비하다가 전화해서 성경 본문에 대한 나의 의견을 물어 오기도 해서 장시간 학문과 시국에 관한 대화를 나누며 뜻을 같이한 신실한 동지였습니다.

따라서 저의 둘도 없는 동무요, 동생이요, 동지였던 김종수 목사가 우리 곁을 떠났으니 참으로 슬프고, 저보다 젊은 나이에 떠났으니 참으로 애통하고, 우리의 간절한 중보 기도에도 불구하고 끝내 병고를 떨치지 못하고 떠났으니 참으로 비통합니다. 그래서 오늘 이 위로 예배에 설교 부탁을 받았을 때, 저도 위로가 필요한데 위로 설교를 해야 하는 처지가 곤혹스러웠습니다.

저는 초등학교 5학년 때에 강에서 썰매를 타다가 얼음이 깨져 죽을 뻔한 적이 있습니다. 조선소 인부들이 장대로 건져주어 겨우 살았는데, "아, 내가 죽는구나" 하는 생각을 끝으로 기절하였다가 깨어났습니다. 그래서 철이 들면서 죽음에 대한 생각을 많이 했고 대학에 들어와서도 죽음에 관한 책들을 더러 보기도 했습니다. 어려서 교회에 다녔기 때문에 예수님께서 부활했다는 것과 예수님을 믿는 사람은 영원히 산다는 것을 배웠지만 사실 실감이 나지 않았습니다. 한때는 죽으면 모든 것이 끝이 아닌가, 살려고 몸부림쳐 봐야 결국은 모두 죽음으로 끝나는 것이 아닌가 하는 염세적인 생각을 하게 되었습니다. 그래서 전도서를 열심히 읽었습니다. "헛되고 헛되니 모든 것이 헛되다"는 생각에 빠진 것이지요. 그러다가 오늘 본문의 "하나님이 사람에게 영원을 사모하는 마음을 주셨다"는 말씀을 주목하게 되었습니다. 한동안 '영원을 사모하는 마음이 무엇일까' 하는 생각을 떨치지 못했습니다. 그래서 '영원한 것이 무엇일까' 생각해 보니 가장 먼저 떠오르는 것은 '하나님은 영원하다'는 것이고, 그다음은 '사랑은 영원하다'는 것이었습니다. 하나님이 영원하다는 것은 그렇다 치고, '왜 사랑이 영원할까' 하는 생각을 오랫동안 하게 되었습니다.

대학 1학년 때 아버지가 돌아가셨습니다. 처음으로 사랑하는 가족의 죽음을 경험한 것입니다. 장례 기간 동안 '사랑하는 아버지와는 이제 영영 이별인가, 다시 만날 기약은 없는 것인가, 이것으로 부자 관계는 끝이 나는가' 하는 슬픈 생각이 들었습니다. 그러다가 사랑이 영원하다면 사랑하는 아버지와 사랑의 관계가 아버지의 죽음으로 끝날 수 없으며, 끝나서도 안 된다는 생각에 이르게 되었습니다. 죽음으로 모든 것이 끝난다면 사랑은 절대로 영원할 수 없다는 막연한 깨달음이 큰 위로가 되었습니다.

그렇습니다. 김종수 목사님을 떠나보내는 애통하고 비통한 마음 그 누구도 위로해 주지 못하지만, 사랑은 영원한 것이니 사랑하는 남편 김종수 목사, 사랑하는 아버지 김종수 목사를 언젠가는 다시 만나 그 영원한 사랑을 확인할 날이 있으리라는 믿음으로 위로를 받으시길 바랍니다. 저는 이것이 하나님께서 우리에게 영원을 사모하는 마음을 주신 이유라고 믿습니다.

아직 더 활동할 나이에 병고로 인해 우리 곁을 떠나게 되어 슬프고 애통한 마음 가눌 수 없습니다. 무엇보다도 온 가족과 교우들과 친지들과 우리 동문들이 중환자실에서 투병하는 김종수 목사님의 쾌유를 위해 날마다 간절히 기도했음에도 불구하고 그를 데려가신 것이 한탄스럽기도 합니다. 그러나 전도서 본문에는 "하나님이 하시는 일의 시종을 사람으로는 측량할 수 없다"고 하였습니다.

하나님께서 병자를 치유하는 방식 역시 우리가 다 헤아릴 수 없습니다. 인간이 고칠 수 없는 환자를 기적적으로 치유하시기도 하지만, 그냥 데려가시기도 합니다. 그러나 하나님께서 데려가시는 것도 하나님의 치유 방식 중 하나입니다. 치유 신학에서는 그것을 영원한 치유(Eternal Healing)라고 합니다. 투병 중인 환자의 죽음이 '하나님의 치유 포기'가 아니라 '하나님의 영원한 치유'라는 것이지요. 그동안 병약하여 자주 병원 신세를 졌던 김종수 목사님을 데려가심으로 다시는 육신의 고통과 나라와 교회에 대한 근심을 더 이상 당하지 않게 되었으니, 그것이 영원한 치유일 수 있습니다. 하나님께서 우리가 측량할 수 없는 방식으로 김종수 목사님을 영원히 치유하셔서 영원한 안식을 누리게 하셨다는 믿음으로 우리 모두 위로를 받을 수 있기를 바랍니다.

(2023. 6. 29. 연신동문 추모 예배 설교)

철이 없는 순수하게 해맑은 사람

최형묵 목사
(천안살림교회)

지난해 10월 안병무 선생 탄생 100주년 학술대회 자리에서 김경재 목사님을 만났을 때 김종수 목사님 안부를 물으셨습니다. 김경재 목사님은 저의 대학 시절 교회의 담임목사님이자 대학원 시절 은사로서, 김종수 목사님의 이모부이기도 합니다. 저랑 각별한 관계를 아시고 묻는데, 첫마디에 제가 웃지 않을 수 없었습니다. "철이 없기는 하지만, 목포에 있는 김종수 목사랑은 잘 지내고 있어?" 웃으며 답했습니다. "한참 선배입니다만, 철이 없어서 한참 후배인 저랑 같이 노는 사이입니다." 그렇게 답하고 근황을 전했습니다. 얼마 후 종수 형께 그 이야기를 전했더니, 아버지를 일찍 여의어 이모부인 김경재 목사님께서 아버지 역할을 대신해 주셨던 어린 시절 이야기를 했습니다. 누구인들 '아버지'의 입장에서 철없지 않은 자식이 있을까요?

하지만 김종수 목사님을 알고 지내는 사람들은 그것이 무슨 말인지 금방 알아차릴 것입니다. 정말 순수하게 해맑은 사람이라는 뜻입니다. 남들 보기에 능력이 많은데도 불구하고 영화를 위해 세상과 타협한다거나 자기 잇속을 챙기기 위해 계산하는 인간들과 너무나 거리가 먼 사람이었습니다. 후배들을 대할 때도 절대 선배로서 권위를 내세우는 법이 없었습니다. 제 기억에 한 번도 없습니다. 늘 동료이자 친구로서 대해 주었고 그 관계 안에서 자신의 역할을 맡아 주었습니다. 그래서 오히려 후배들에게 진정한 존경심을 불러일으키고 신뢰감을 주는 사람이었습니다. 저의 친형이 계시지만, 김종수 목사님은 저랑 피를 나누지 않았음에도 늘 친형과 같이 느껴지는 분이었습니다. 아마도 많은 후배에게 같은 느낌을 주었으리라 생각합니다.

그러니 많은 일을 솔선수범하여 도맡았습니다. 저만 해도 이제 슬슬 뒷전으로 물러나는 태세인데, 종수 형은 그러지 않았습니다. 한국교회를 걱정하여 교회를 새롭게 하는 여러 일에 나섰습니다. 원래 학구적이어서 지역에서 공부하는 모임으로서 목포 성서학당도 만들고, 전남NCC를 만드는 일에도 주도적으로 나섰습니다. 여기에 응한 많은 이들은 대의에 공감하기도 했겠지만, 그가 하는 일이기에 따랐을 것입니다. 교단의 총회에서 발행하는 교재와 문서의 집필위원으로도 헌신했고, 총회와 노회의 여러 위원으로도 헌신했습니다. 뿐만 아니라 지역사회에서 세월호 가족들을 위한 활동, 평화 통일을 위한 활동, 소수자의 인권과 민주주의를 위한 활동에 헌신적으로 나섰습니다. 생태적 가치를 실현하기 위한 일에도 적극 나섰고, 그 덕분에 올해 목포 산돌교회가 '녹색교회'로 인증받게 되었습니다. 그 모든 활동 역시 그의 해맑은 성품과 인격에 힘입은 바 크리라 생각합니다. 세월호 선체 조사 책임을 맡아 목포를 오가며 종수 형을 알게 된, 제 친구 조승우의 평이기도 합니다.

그러기에 모든 자리에 그분의 빈 자리가 크게 느껴질 것입니다. 최근 저와 함께했던 일에서도 그렇습니다. 한국기독교장로회총회의 제7문서 집필위원으로 선임되었음에도 불구하고 입원하신 바람에 참여하지 못해 다들 쾌차하셔서 마무리 작업에라도 기여하시기를 기대했습니다. 광주 전남 지역 5개 노회에서 10년 계획으로 진행하는 '5.18신학 정립 사업'을 추진하는 데 좌장으로서 일이 원만하게 추진될 수 있도록 이끌어 주셨습니다. 이제 더는 그 몫을 기대할 수 없게 되었습니다.

저와는 여러 사연이 많아 하나하나 다 말하지는 못하지만, 저의 개인적인 감회를 한두 마디 하는 것으로 추모사에 갈음하겠습니다.

제가 김종수 목사님을 처음 만나 알게 된 것은 서울 은진교회에서 함께 중고등부 교사로 봉사했던 김지희 사모님을 통해서였습니다. 대학 선배였지만, 제가 학부 때 대학원 재학 중이었고 제대로 뵐 기회가 없었는데, 한빛교회 전도사를 하시던 시절 교회 일과가 끝나면 은진교회로 사모님을 만나러 오신 덕분에 인사를 나누게 되었습니다. 그 이후 마음이 통하여 그야말로 진짜 형 아우 사이로 지냈습니다. 저에게는 저를 가장 잘 이해해 주고 늘 격려를 아끼지 않은 선배이자 형이었습니다.

그런데 제가 하고자 하는 일을 심각하게 가로막은 적이 두 번 있습니다. 교회를 개척하고자 했을 때는 주동자가 되어 선후배 동료들을 몰고 저의 집에 쳐들어와 하룻밤 꼬박 새우며 만류했습니다. 교회당을 짓겠다고 했을 때도 하지 말라고 만류했습니다. 왜 그랬겠습니까? 저를 가장 잘 알기에 제가 망가지는 것을 보고 싶지 않았기 때문이었습니다. 다행히 제가 망가지지 않고 지금까지 버텨냈습니다. 얼마 전에 그런 이야기를 나눴습니다. "형이 하지 말라는 대로 하면 되더라. 그러니 내가 중대한 결단을 해야 할 때마다 그 역할을 기대한다."

이제 그 역할을 기대할 수 없게 되었습니다. 사실은 아직 끝내지 못한 이야기가 하나 있습니다. 이번에는 거꾸로 저에게 뭔가를 하라고 권유했습니다. 제가 안 하겠다고 한 바람에 더 기도해 보자며 일단락 짓기는 했지만, 형이 권유한 것과 반대로 안 할 겁니다. 얼굴을 마주하는 가운데 마지막 결판을 내지 못하여 못내 아쉽습니다.

마지막으로 한마디만 더 하겠습니다. 김종수 목사님은 저에게 생명의 은인이었습니다. 2006년 안식년 휴가로, 저희 교단과 대만 장로교가 함께 하는 5주간 어학연수를 함께 떠났습니다. 저는 감기몸살을 앓는 것으로 알고 떠났는데, 아니었습니다. 치료를 받는데도 전혀 차도 없이 고열에 시달렸고 일주일이 지나 거의 시신이 다 되는 지경에 이르렀습니다. 진짜로 죽을 것 같은 예감이 들어 하소연했습니다. 그렇지 않아도 사나흘째 되었을 때 형이 "안 되겠다. 돌아가야겠다"고 했을 때도 버티다가 일주일 만에 저 스스로 "형 나 집에 데려다줘! 죽겠어!"라고 하소연했습니다. 거의 시신이 다 된 저를 형이 데려다주었습니다. 곧바로 공항에서 병원으로 이동하여 일주일간 입원 치료를 받고 살아났습니다. 제가 사경을 헤맬 때 저의 목숨을 구해줬는데, 형이 사경을 헤맬 때 아무런 역할도 하지 못한 것 같아 어찌 말해야 할지 모르겠습니다.

제가 그 이야기를 할 때마다 그만하라고 하면서도 "최형묵이 목숨 구해준 것 하나만으로도 천국 가게 생겼다"고 웃곤 했습니다. 그뿐이겠습니까? 형은 그 이유 말고도 천국을 누려 마땅한 이유가 많습니다. 아니 몸은 고단했고 병까지 들었지만, 끝까지 스스로 보람되고 즐거운 일들에 헌신하는 가운데 이미 천국을 누려왔습니다. 이제 더 이상 육체의 질병도 없고 못된 권력자들 더러운 꼴 보지 않아도 되는 천국, 형처럼 해맑은 영혼들과 온전한 평화를 누리는 천국에서 영원한 안식을 누리기를 바랍니다.

(2023. 6. 29. 연신동문 추모예배 추모사)

錫川, 말씀이 냇물 되어 흐르다*

김경희 목사

(동안교회)

> 세상에 있는 자기 사람들을 사랑하시되, 끝까지 사랑하셨다(요 13:1).

그의 묘비명에 새긴 성경 말씀이다. 향년 67세, 아깝고 원통한 죽음이다. 그 누구도 심지어 본인조차도 이렇게 한 생명이 힘없이 스러질 줄은 예측하지 못했다. 언제나처럼 오르락내리락하는 건강 상태가 다시금 올라와 다시 세상 속으로 돌아올 것만을 기다리고 있었다. 그러나 끝내 돌아오지 못하고 그에게 주어진 생을 마감했다. 돌이켜보면 이미 그 몸은 무너지고 부서져 가고 있었기에 다시 일어난다는 소망은 어쩌면 헛된 희망이었는지 모르겠다. 다만 그러한 몸으로 끝까지 사랑을 행하고 있었을 뿐. 그 사랑이 영원할 줄로 알았을 뿐.

목포로 내려온 지 11년 7개월, 그토록 종횡무진하던 이 작은 도시를 영원히 떠난 그의 빈소에는 숨죽인 울음들이 켜켜이 쌓여갔다. 황망함이 얼굴을 붉게 물들이고 믿을 수 없는 죽음 앞에 서니 울음조차 길을 잃었다. 조문객 중에는 그저 단 몇 번의 만남이 전부인 이들도

---

* 이 글은 작년에 "가신 이의 발자취,"「한겨레신문」(23.7.27)에 실린 글의 원문이다.

있었고, 40년 이상 기나긴 인연의 줄을 잡고 먼 길 단숨에 달려온 이들도 있었다. 또는 앞서가 버린 제자를 위해 힘겨운 걸음으로 애도의 마음을 전하신 80 노령의 스승들도 계셨다. 그는 그런 사람이었다. 엔도 슈사쿠의 소설 『사해 부근에서』에 나오는 예수라는 사나이가 빌라도에게 하는 말처럼 그는 '한번 그 인생을 스쳐 가서 그를 잊지 못하게 만든 사람'이었다. 왜냐하면 '그가 그 사람을 언제까지나 사랑하기 때문에.'

고 김종수 목사는 1956년 4월 군산에서 태어났다. 연세대 신학과와 신학대학원을 졸업하고 한빛교회에서 약 5년간 전도사로 있었다. 당시 한빛교회는 이해동 목사, 문익환 목사, 이우정 장로 등이 있던 교회였고, 그들이 감옥에 가는 때면 전도사인 그가 담임 목회를 감당해야 했다. 그것이 그의 시작(아르케)이었다. 그로부터 그의 목회 인생 40년이 시작되었고, 그 마지막 12년은 이 땅의 가장 아래 끝 남도에서였다. 그가 목포로 내려올 때 어떤 선배가 그에게 이렇게 말했다고 한다. "김 목사, 목포에서 목회 실패하면 더 이상 갈 곳이 없어. 그냥 바다에 빠져 죽는 수밖에." 그러고는 이어 그는 이렇게 말한다. "그러고 보니 성공한 적이 없었습니다. 그 농담 아닌 진담이 저에게는 이 땅의 끝 목포에서 너무 좋았습니다. 더 이상 갈 곳 없는 끄트머리의 자리, 이것이 그리스도를 본받는 사도의 자리요 목회의 자리요, 그리고 그리스도를 본받는 우리 믿는 자들의 자리입니다"(21. 12. 5. 설교 중).

그 자신의 설교처럼, 그는 언제나 자신이 있는 곳을 끄트머리로 여겼고 그곳에서 최선을 다해서 사랑했다. 모든 순간, 모든 일, 모든 만남들에 마음을 담았기에, 단 한 번 그를 스치듯 만난 사람들조차도 그의 부고 앞에 터지는 눈물 앞에 속수무책이 되었던 것이다. 100여명 남짓의 교회에서 목회하면서 잃어버린 양 한 마리를 찾는 목자의 심정으로 한 사람도 잃어버리지 않으려고 몸부림쳤다. 그러나 어떤 이들은 떠나갔고 또 어떤 이들은 새로이 그의 주변으로 모여들었다. 그의 사랑에 기댄 사람들은 단지 교인들만이 아니었다.

그가 목포로 내려올 때 그런 계획을 세운 것은 아니었다. 이곳에서 그 사람들을 만나게 될 줄을, 그 사건들과 마주치게 될 줄은 그도 알지 못했다. 그는 평생 통일 운동가로서 살아왔기에 우선 '목포 평화와 통일을 만드는 사람들'을 재건했고(2012), 2014년 세월호 사건 이후로는 계속해서 '세월호 잊지 않기 목포지역 공동실천회의 참가단체 대표'를 맡았다. 그리고 그 후 통일의 길 공동대표, 목포인권포럼 참가단체 대표, 대학무상화평준화운동전남본부, 6.15공동선언실천 남측위원회 목포지부 공동대표 및 자문위원 등 그 외에도 목포의 여러 시민단체와 운동단체와 정당에서 그의 이름을 필요로 했다. 그러나 그는 한 번도 이름만 내어준 적이 없다. 항상 그는 몸으로 그곳에 있었다.

목포 지방방송(mbc, kbs) 뉴스에 시민단체들의 기자회견 장면이 종종 방영되었다. 그 장면을 본 사람들이 증언한다. 머리 희끗한 사람이 늘 그 자리에, 그 모퉁이에 함께 있었다고 그는 앞에 나서지 않았고, 언제나 뒤에서 그들과 함께했다. 그리고 가끔 그에게 발언의 기회가 주어지면, 그는 그 시간을 한 번도 함부로 마주하지 않았다. 항상 그 가슴에 담아둔 원고 몇 장을 꺼내서 그 원고를 읊어내렸다. 그 어떤 말도 한 번도 원고 없이 한 적이 없다. 그리고 그 발언은 언제나 성경 말씀에서 길을 찾아 헤맨 흔적을 담고 있었다. 그는 발언을 위해 말씀을 이용 또는 인용한 것이 아니라 언제나 그 진리의 책 안에서 길과 방법과 답을 찾았다. 그리고 그가 찾은 길을 알려주었고 그들의 손을 잡아 주었다.

그의 장례식은 목사와 교우들의 예배만이 아니라 그를 추모하고 애도하는 이 지역의 사람들, 그와 잠시 스친 사람들의 발걸음과 기억과 증언으로 채워졌다. 석천(錫川)은 목포에 내려오기 전 시무하던 교회 하늘샘교회의 교우들이 김종수 목사에게 봉정한 호다. 그는 평생 그 호를 정말로 좋아했다. 목포에서 만난 사람들은 그 호를 몰랐기에 그 호로 그를 부른 적이 없다. 그러나 그는 자신의 저서나 생일 선물로 주는 책 등에 꼭 '錫川' 두 글자를 써서 전하였다. '귀한 말씀이 시내처럼 흘러내림'을 뜻하는 그의 호. 이제 되돌아보니 그의 삶은 그 이름 같은 삶이었다. 그를 통하여 말씀이, 말씀 안에 든 생명이, 생명 안에 깃든 사랑이 흐르고 또 흘렀다.

목포라는 작은 도시, 그가 이곳에서 살았던 시간 11년 7개월. 그래서 그가 쉬었던 숨은 이 땅 곳곳에 스며 있다. 그의 흔적이 새겨져 있다. 그리고 그가 사랑한 사람들이 살아있다. 그는 일평생 수면의 어려움을 겪으며 살아왔다. 그러나 그 잠들지 못하는 시간을 애써 잠들고자 하지 않고 깨어 있었다. 그 시간 깨어 말씀을 보았고, 병든 세상과 아픈 이들을 위해 기도했다. 그가 병상에 누운 한 달여 시간 동안 우리는 겨우 그 시간만큼 그가 다시금 일어나기를 간절히 기도했지만, 그는 일평생 우리를 위해서 기도해 왔다. 그렇게 사랑하던 사람들로부터 떠나가야 했을 그이기에 보낸 우리보다 그가 더 아쉬울 것이다. 마지막 인사를 나누지 못해 아쉬운 우리보다 마지막 설교를 선포하지 못한 그의 아쉬움이 더 안타깝다.

그는 목사로서, 설교자로서, 목회자로서 언제나 마음을 담아 행하였다. 그의 생애가 67년으로 마무리된 것에 통탄해하다가도 문득 그의 질적인 시간은 67이라는 숫자로는 측량할 수 없는 시간이라는 것을 깨닫고는 그의 죽음 앞에 고개를 끄덕이게 된다. 하나님이 처음 모든 인간에게 주시는 생명의 시간이 동일하다면, 그는 그것을 누구보다 더 일찍 다 소모했을 뿐인 것이다. 그렇게 그는 더 많은 사람을 만나고, 더 많은 글을 쓰며, 더 많이 읽고, 더 많이 사랑하였다. 그래서 그의 눈에 더 많이 보였던 그 사람들 속의 하나님(신성), 그랬기에 그들에게 전하는 도(傳道)가 그에게는 항상 숙제였고 사명이었다. 그야말로 말 그대로의 전도. 그는 얼마나 그것을 요구했던가. 단지 교인을 늘리기 위한 것이 아니라 한 사람의 영혼을 일으켜 세우기 위한 것이었기에.

그는 그 많은 세상의 부름에 응하면서 그 부름에 응하는 동료, 후배들을 위한 모임을 조직한다. 2014부터 시작된 '목포 성서학당'은 지금까지 50회가량의 모임을 가졌고, 목포와 전남 지역의 목회자들에게 성서로부터 길을 찾는 길잡이가 되어 주었다. 또한 이 지역 기독교의 진보성을 회복하기 위하여 전남기독교교회협의회(전남ncc)를 재건하고 초대 회장으로 3년간 섬겼다. 그가 있는 곳에는 언제나 사람들이 모였다. 김종수라는 사람에게서 흘러나오는 '석천'의 물줄기에서 생명의 맛을 보았기 때문일까? 1년이 채 못된 또 하나의 모임, 설교 연구 모임이 그가 사랑하던 이 땅, 목포 땅을 걸어가서 모였던 마지막 모임이었다. 그 모임을 마친 그날 6월 1일, 그토록 다시 서고자 했던 사랑하던 목포산돌교회 강단을 그 힘겨운 걸음으로 겨우 올라갔다가 내려간 다음 날 그는 입원하였고, 27일 후 짧지만 깊은 숨을 마침내 거두었다.

온 갈릴리와 유다와 요단 동쪽 땅을 다니며 수많은 사람을 만나고 가르치며 깨우쳤던 예수라는 사나이. 그의 발자취를 따라 그의 제자 석천 김종수 목사도 그의 생의 마지막 12년을 종횡무진 부름이 있는 곳마다 나타났다. 그 부름에 버리고 따랐으니 그 생이 짧은 아쉬움에는 눈물이 멈출 줄 모르지만, 그를 통해 우리에게 오셨던 예수님과 함께 한 시간의 은총에 기쁨과 감사로 충만하다. 이제 우리는 그를 기억할 것이고, 우리의 삶에서 그의 부활을 볼 것이다. 그것이 그가 뿌린 사랑의 씨앗의 열매일 것이기에. 뒤늦은 '사랑의 고백'들이 마침내 닿을 이 사건의 결말이기에.

사랑합니다, 고맙습니다

아무것도 보이지 않는 암흑의 시대에
아무것도 깨닫지 못하는 반지성의 시대에
아무것도 느끼지 못하는 무관심의 시대에
김종수 목사님, 당신은 우리에게 오셨습니다.
우리는 산돌에서 만났습니다. 하나님을 아
버지로 삼은 형제자매로….

진정한 사랑을 배웠고 존중을 배웠으며
나밖에 모르는 이기심에 한없는 부끄러움
도 배웠습니다.

목사님께서는 산돌과 함께한 12년의 여정 동안
어둠을 더 큰 어둠이 덮고 있는 이 시대를 걱정하게 하시고
더 낮아지고, 더 베풀며,
내 뜻보다 주님의 뜻을 받드는 기도를 드림으로
날마다 자신의 마음을 들여다보게 하셨습니다.
외연의 껍데기만을 붙들고 살아
자기 모습에 도취되어 살아 온 우리를
때로는 치부를 까발려
마음의 경련을 일으키게 하는 비수의 말씀으로,
때로는 혼탁한 영을 정화시키는 씻김의 말씀으로,

때로는 갈급하고 목마른 영의 갈증을 해소시켜주는
생명의 말씀으로 성숙한 신앙인으로 거듭나게 하셨고,
신앙의 동지로 늘 함께하신 사모님께서는
교회의 모든 일정에 빈틈없는 조력자로
교우들의 애환에 공감하시고 권면에 애쓰셨습니다.

목사님과 사모님께서 몸소 보여주신 사랑과 헌신,
그리고 말씀을 통한 가르침을
우리 산돌 공동체의 신앙의 머릿돌로 삼아,
'하나님 형상을 입은 원래의 나'를 찾아가는 순례길에
작은 동반자가 되도록 가슴 깊이 귀히 새겨 살아가겠습니다.
하여 산돌의 이름 그대로 각자 살아있는 돌이 되어
우리 안에 작은 예수로 사신 김종수 목사님의 삶이 부활할 수 있도록
저마다의 세상을 살리는 삶을 감당하겠습니다.

주님 품에서 영생하실 목사님과
평생 목회의 동반자이셨던 사모님의 앞날에
주님의 더욱 크신 은혜가 함께 하시길 기원합니다.

2023년 10월 10일 목포산돌교회 교우 일동

석천을 그리는 사람들

목사님 달력에는 이름들이 가득합니다. 교인들 이름은 물론이요, 교인들의 자녀들, 부모님까지. 또 지금은 떠나온 옛날 교인들의 이름들까지. 아마 제가 모르는 다른 인연들도 있을 것입니다. 그 이름들이 해마다 자기 칸을 찾아가 자리를 차지합니다. 그래서 어떤 칸에는 여러 명이 함께 있고, 어떤 칸은 텅 비어 있기도 합니다. 아마 '석천을 그리는 사람들'은 그 이름들을 한데 모아 놓은 모임이 아닐까요?

목사님 1주기를 맞으며 그가 가장 기뻐할 것이 무엇일지 생각했습니다. 설교집 형식으로 유고집을 한 번쯤은 내야겠다고 생각했습니다. 그런데 많은 분들이 그의 설교를 지금도 다시 찾아 듣고 있음을 알았습니다(팟빵, 유튜브). 세상을 향해 그리고 세상을 그렇게 만든 우리들을 향해 사자후를 토하는 그의 설교를 들으며 정신을 차리는 것이었습니다. 욕심과 게으름을 떨치고 가야 할 길을 다시 걸어가는 것이었습니다. 한 번 출판하고 그만두기에는 그가 남겨둔 말씀이 너무 많았습니다. 그래서 한 번 말고 몇 년간 설교집을 내면서 목사님을 추모하는 것이 어떨까 생각하게 되었습니다.

그래서 만든 '석천을 그리는 사람들'입니다. 목사님이 산돌교회에서 11년 7개월을 목회하셨으므로 설교집을 열한 번 정도 내면 '석천 설교 전집'이 만들어질 것 같습니다. 후배 목회자들과 말씀을 그리워하는 교우들에게 또 석천을 모르지만 말씀의 길을 찾는 오늘을 사는 그리스도인들에게 좋은 선물이 될 것이라 믿습니다. 올해는 1주기라 추모집으로 첫 번째 석천 기록을 남깁니다. 십시일반 출연하여 주신 '석천 사람' 모든 분께 감사드리고, 특별히 기꺼이 추모의 글을 써 주신 모든 목사님의 선후배, 지인, 동역자, 교우들께 유가족을 대신하여 감사드립니다. 김종수 목사님을 그리워하고 사랑하는 사람들에게서 그의 부활을 봅니다. 감사합니다.

2024년 4월 19일 1주기 추모집 편집을 마치며

김경희 목사

석천을 그리는 사람들

강원구 강 진 고주현 김거성 김경호 김경희 김극배 김금숙 김남중
김대원 김대한 김덕진 김동한 김동휘 김미랑 김미영 김선구 김선화
김성복 김성태 김성희 김수진 김양수 김연희 김영일 김영임 김영제
김영춘 김영호 김옥태 김우정 김원배 김은곤 김의선 김종분 김종우
김주일 김지희 김진웅 김진환 김창주 김형준 김형진 김희상 나현승
문귀화 박권철 박미정 박석종 박수현 박의배 박종찬 박주현 박진성
백은경 서병수 서옥자 서철민 송미정 신두철 신민주 심경섭 양재성
염경숙 오내원 오성희 오승희 오진해 유선경 유채림 윤민영 윤요한
윤은자 윤종오 이권춘 이나경 이병일 이수호 이석주 이연옥 이윤선
이종환 이 진 이진아 이혜숙 임미경 임홍성 장계화 장미경 장우영
전상규 전상원 전은수 정동관 정동석 정승호 정안섭 정우담 정인숙
정일상 정종대 정준모 정찬영 조인영 조희경 주혜경 진해령 차정환
채미라 최명덕 최송춘 최승민 최은기 최장원 최현태 최형묵 한미경
한수영 한슬기 한해식 한현실 허호익 홍승호 황인갑 황현수 (이름 없이
몇 분)

(※인쇄 들어간 2024년 5월 23일까지 함께 해주신 명단입니다.)